Gerald Spyra

Datenschutz und Datensicherheit nach der neuen Datenschutz-Grundverordnung

Aus der Reihe: Die Arztpraxis

Gerald Spyra

Datenschutz und Datensicherheit nach der neuen Datenschutz-Grundverordnung

Aus der Reihe: Die Arztpraxis

ecomed MEDIZIN

Bibliografische Informationen der Deutschen Nationalbibliothek

Die Deutsche Nationalbibliothek verzeichnet diese Publikation in der Deutschen Nationalbibliografie; detaillierte bibliografische Daten sind im Internet über <http://www.dnb.de> abrufbar.

Bei der Herstellung des Werkes haben wir uns zukunftsbewusst für umweltverträgliche und wiederverwertbare Materialien entschieden.

Hinweis: Bezeichnungen mit Bezug auf männliche bzw. weibliche Personen beziehen jeweils alle Geschlechter ein bzw. sind geschlechtsunabhängig zu sehen.

ISBN 978-3-609-10367-9

E-Mail: kundenservice@ecomed-storck.de

Telefon: 089/2183-7922
Telefax: 089/2183-7620

1. Auflage 2019

www.ecomed-storck.de

Druck: CPI books Leck GmbH

Inhaltsverzeichnis

1 Grundsätzliches zum Schutz von Daten

In den heutigen Medien liest und hört man praktisch ununterbrochen, wie wichtig doch der „Datenschutz" ist. Dabei fällt auf, dass der „Datenschutz" immer mit dem „Schutz von Daten" gleichgesetzt wird. Auf den ersten Blick ist das auch nicht verwunderlich, weil man ja in beiden Begrifflichkeiten vermeintlich das Gleiche erkennt bzw. das Gleiche vermutet. „Datenschutz" klingt halt wie der „Schutz von Daten" und erscheint als eine „gekürzte" Form dieses doch recht sperrigen Wortgebildes.

Doch schon an dieser Stelle sei vor dieser Gleichstellung gewarnt. Denn es gilt, auch wenn es zunächst ein wenig abstrakt klingen mag, Daten nicht nur aus Gründen des „Datenschutzes" zu schützen. Vielmehr müssen Daten, wie *Kapitel 2* aufzeigen wird, aufgrund von unterschiedlichsten rechtlichen Gründen geschützt werden.

Dieses lässt sich sehr gut am Bereich „Ärzte" veranschaulichen. Denn Ärzte müssen nicht nur die Daten ihrer Patienten aus Gründen des „Datenschutzes", also zum Schutz der Persönlichkeit, sondern insbesondere auch zum Schutz des Vertrauens schützen. Gerade das Arzt-Patientenverhältnis prägt seit jeher eine sehr starke Vertrauensbeziehung. Ärzte müssen zwingend, aufgrund der standesrechtlichen sog. „ärztlichen Verschwiegenheitspflicht", die Daten des Patienten schützen, um dieses Vertrauensverhältnis nicht zu schädigen. Daher müssen Ärzte auch seit Jahrtausenden, sobald sie in die Ärzteschaft aufgenommen werden, den „Eid des Hippokrates" schwören, der u. a. auch dieses Vertrauensverhältnis erfasst. Dieser lautet:

„Was ich bei der Behandlung oder auch außerhalb meiner Praxis im Umgange mit Menschen sehe und höre, das man nicht weiterreden darf, werde ich verschweigen und als Geheimnis bewahren."

Dieser Eid besteht heute noch. So heißt es in der aktuellen Musterberufsordnung der Ärzte (MBO-Ä):

„Ich werde alle mir anvertrauten Geheimnisse auch über den Tod der Patientin oder des Patienten hinaus wahren."

Dass dieser Eid sich bis heute noch gehalten hat und noch immer mehr oder weniger wortgleich in der Musterberufsordnung der Ärzte enthalten ist, zeigt nur, welche Bedeutung dem Schutz dieses Verhältnisses zukommt.

Damit lässt sich schon einmal festhalten, dass der Schutz von Daten, rund um die Behandlung des Patienten, für Ärzte nichts Neues, sondern eigentlich die Grundvoraussetzung für die ordnungsgemäße Ausübung ihres Berufs ist. Dass die Herausforderungen und die Bedeutung des Schutzes von Daten immer mehr zugenommen hat, liegt jedoch an der zunehmenden Digitalisierung unserer Welt.

Auch in der Arztpraxis setzen wir immer mehr IT ein, um die mannigfaltigen Daten auf eine möglichst einfache und komfortable Weise zu verarbeiten. Kurz: Wir verlassen uns auch in der Behandlung eines Patienten immer mehr auf IT und die digitale Datenverarbeitung.

Wie die Erfahrungen zeigen, wächst mit dem Verlassen auf immer mehr IT und die diesbezügliche Datenverarbeitung jedoch auch immer mehr die Gefahr, verlassen zu sein, wenn diese IT nicht mehr funktioniert oder die Daten mal nicht vorhanden sind, z. B. weil eine sog. „Ransomware" diese verschlüsselt hat. Ferner kann es auch nicht unerhebliche Auswirkungen insbesondere auch für Patienten haben, wenn ihre Daten einfach mal, aus welchen Gründen auch immer, verändert wurden und mit den veränderten Daten diese Patienten dann behandelt werden sollen … Also ist es nur konsequent, dass wenn wir immer mehr IT einsetzen, die mannigfaltige Daten verarbeiten soll, man immer mehr die IT bzw. die von dieser zu verarbeitenden Daten schützen muss, um den Geschäftsbetrieb aufrecht zu erhalten.

Mithin lassen sich Daten, bildlich gesprochen, als eine Art Kraftstoff (Benzin) ansehen, der den Motor IT zum Laufen bringt und am Laufen hält. Fehlt der Kraftstoff oder ist der Kraftstoff falsch (Diesel statt Benzin oder umgekehrt), funktioniert der Motor IT nicht mehr. Mithin wird es immer wichtiger, den „Motor IT" mit einer **ausreichenden Menge** an **gutem** und **richtigem** „Kraftstoff" zu versorgen, damit er so arbeitet, wie wir es von ihm erwarten.

Je mehr wir uns auf die digitale Datenverarbeitung verlassen, umso wichtiger ist es, dass die Daten, die wir verarbeiten wollen/müssen:

- jederzeit vorhanden,
- in einer vernünftigen Qualität vorliegen/vernünftig „aufbereitet" und
- richtig/korrekt (dem jeweiligen Einzelsachverhalt entsprechen)

sind.

Mithin kann man bis hierhin schon einmal festhalten, dass es heute wichtiger denn je ist, Daten bzw. IT zu schützen, um selber noch handlungsfähig zu bleiben. Und dieses ist auch aus den unterschiedlichsten rechtlichen Gründen erforderlich, wie das *nachfolgende Kapitel* aufzeigen wird.

Beschäftigt man sich mit dem Thema „Daten", muss man drei wesentliche Begriffe unterscheiden, nämlich

- Daten,
- Algorithmen und
- Informationen.

Diese drei wesentlichen Begrifflichkeiten und ihr Zusammenspiel werden im Nachfolgenden dargestellt.

1.1 Der Begriff „Daten"

Auch wenn man den Begriff Daten praktisch inflationär, tagtäglich gebraucht, existiert keine einheitliche Definition dieses

Begriffs. Der Begriff „Datum“ als die wenig verwendete Singularform vom Plural „Daten“, leitet sich vom lateinischen Wort „datum“ = gegeben bzw. substantiviert „das Gegebene“ ab. Vom Wortlaut her weist dieser Begriff damit auf etwas „Feststehendes“ bzw. auf eine „Gegebenheit“ hin. Aus diesem Grund versteht der Duden unter Daten:

„Angaben, (Zahlen-)Werte oder formulierbare Befunde, die durch Messung, Beobachtung u. a. gewonnen wurden.“ (vgl. http://www.duden.de/rechtschreibung/Daten)

Durch diese Definition wird deutlich, dass Daten für sich gesehen eigentlich erst einmal einen „geringen“ Wert haben. Vielmehr sind sie die bloße Widergabe etwaiger Zahlen/Buchstaben/Werte, die auf welche Weise auch immer „gewonnen“ und auf einem entsprechenden Medium dokumentiert bzw. kommuniziert werden. Ihren Wert erlangen Daten erst, wenn sie entsprechend verarbeitet wurden. Für eine solche Verarbeitung ist ein entsprechender, wie auch immer gearteter Algorithmus bzw. sind entsprechende Algorithmen notwendig.

1.2 Der Begriff „Algorithmus“

Auch dieser Begriff wird im Zusammenhang mit der Datenverarbeitung verwendet, jedoch ist oftmals nicht klar, was ein Algorithmus ist und welche Rolle er bei der Datenverarbeitung eigentlich spielt.

„Algorithmus kommt aus dem Arabischen und beschreibt im Prinzip die Kunst des „Rechnens“: Ein Algorithmus ist eine eindeutige Handlungsvorschrift zur Lösung eines Problems oder einer Klasse von Problemen. Algorithmen bestehen aus endlich vielen, wohldefinierten Einzelschritten.“ (https://de.wikipedia.org/wiki/Algorithmus)

Vereinfacht gesagt, ist ein Algorithmus im Zusammenhang mit der Datenverarbeitung der „Berechner“, der es ermöglicht, die vorhandenen, gesammelten Daten in ein entsprechendes Verhältnis zu setzen, um hieraus ein entsprechendes Ergebnis zu gewinnen. Die Art und Weise sowie das Ergebnis der Berechnung sind jedoch abhängig vom **Kontext**, also dem **Zusammenhang**, in dem die Berechnung vorgenommen wird. Das Endprodukt der Berechnung ist die **Information** bzw. sind Informationen.

1.3 Der Begriff „Information"

Hat der Algorithmus die Daten entsprechend des jeweiligen Kontextes verarbeitet, treten bildlich gesprochen, Informationen „zu Tage".

„Information (von lateinisch in-formare ‚formen', ‚bilden', ‚gestalten', ‚ausbilden', ‚unterrichten', ‚darstellen', ‚sich etwas vorstellen') ist in der Informationstheorie eine Teilmenge an ***Wissen****, die ein Sender einem Empfänger mittels Signalen über ein bestimmtes Medium (auch ‚Informationskanal' genannt) vermitteln kann." (vgl. https://de.wikipedia.org/wiki/Information)*

Mit anderen Worten lassen sich Informationen als (Teil-) **Wissen** ansehen, das aus entsprechenden Daten mittels der verwendeten (Computer-) Algorithmen gewonnen wurde. Welches „Wissen" und welchen Wert dieses haben kann, hängt letztendlich davon ab, ob und wie der „Empfänger" die (Roh-) Daten in den entsprechenden Kontext setzen und für sich „gewinnbringend" verwerten kann.

Die vorstehend zugegebenermaßen recht abstrakten Ausführungen sollen nachfolgend konkretisiert werden.

1.4 Zusammenspiel von „Daten", „Algorithmen" und „Informationen"

Wie vorstehend angedeutet, lässt sich das Zusammenspiel von Daten, Algorithmen und Informationen, bildlich gesprochen, als ein „Veredlungsprozess" ansehen. Daher ist eine „Datenverarbeitung" etwa mit der Veredlung eines Rohdiamanten zu einem funkelnden Diamanten vergleichbar, oder mit dem Verarbeitungsprozess von „Roh-Öl" zum raffinierten Öl (Benzin).

Wie Roh-Diamanten oder Roh-Öl haben auch Daten für sich gesehen eigentlich einen relativ geringen Wert. Ferner können auch nur wenige Personen etwas mit diesem „Rohstoff" wirklich anfangen. Vielmehr braucht eine Person oder Institution erst die entsprechenden Fähigkeiten, um aus diesem Rohstoff ein veredeltes Produkt zu erstellen. Dieses nicht zuletzt auch deshalb, um mit dem veredelten Produkt bedeutend mehr Geld als mit dem Rohstoff zu verdienen.

Dass Daten für sich gesehen eigentlich wenig Aussagekraft besitzen, wenn man sie nicht entsprechend „veredelt" bzw. in einen entsprechenden Kontext setzen kann, soll das nachfolgende Beispiel verdeutlichen.

z.B.

Die Zahlenfolge **1 – 4 – 9 – 2** dürfte für sich gesehen zunächst einmal wenig aussagen.

Doch mit dem entsprechenden Hintergrundwissen (Kontext) könnte man jedoch schnell darauf kommen, dass es sich bei dieser Ziffernfolge um die Entdeckung von Amerika durch Kolumbus im Jahre 1492 handeln könnte. Ferner könnte diese Zahl stellvertretend für alle (wesentlichen) Ereignisse im Jahre 1492 stehen. Auch könnte es ein Geburtsdatum sein, wobei es jedoch schon wieder einen Unterschied macht, in welchem Land wir uns befinden. Denn befinden wir uns bspw. in England, dürfte es sich um einen Geburtstag am 4. Januar (19)92 handeln. In Deutschland wäre es jedoch der 1. April (19)92. Diese vier Ziffern könnten aber auch für den PinCode des digitalen Ziffernschlosses zu einer Praxis oder zu einem Konto stehen. Ferner könnte es sich auch um eine Medikamentendosis eines bestimmten Patienten handeln ....

Das vorliegende Beispiel soll aufzeigen, dass sich aus **einem Datum** praktisch **unendlich viele** unterschiedliche Informationen extrahieren lassen, wenn sie in den entsprechenden Kontext passen. Essenziell ist daher immer der Kontext, in den ein Datum, mit der entsprechenden Intelligenz (Algorithmen) gesetzt werden kann bzw. steht, um dann daraus die „wertvollen“ Informationen ableiten zu können. Weitere Daten, die auch in einem entsprechenden Kontext stehen, bzw. gebracht werden können, verfeinern das Ergebnis bzw. lassen weitere Rückschlüsse zu.

Aus den vorstehenden Ausführungen lässt sich daher der Rückschluss ziehen, dass, je mehr Daten und entsprechende „Intelligenz“ vorhanden ist, es immer leichter fällt, die Daten in entsprechende Kontexte zu setzen, um aus diesen Informationen zu extrahieren, die man diesem Datum vorher nicht im Ansatz hätte ansehen können. Somit ist es z. B. durchaus auch denkbar, dass aus einer E-Mailadresse eines Patienten, mittels der über ihn vorhandenen Daten, schnell auch bspw. eine etwaige HIV-Infektion abgeleitet werden kann. Dieses wird durch einen Vorfall einer Klinik deutlich, die sich auf die Behandlung von HIV-Patienten spezialisiert hat. Um allen ihren HIV-Patienten einen (kostenlosen) Service hinsichtlich der richtigen Ernährung usw. zu bieten, hat sie einen E-Mail-Newsletter entwickeln lassen, mittels dessen alle von ihr behandelten HIV-Patienten mit den entsprechenden Informationen versorgt werden sollten. Da in diesem Newslettersystem jedoch ein Fehler war, schickte das System die Newsletter an die E-Mailadressen der Patienten nicht mittels „BC“ (Blind Copy), sondern als „CC (Copy)“. Dieser Fehler hatte somit zur Konsequenz, dass jeder einzelne Empfänger nun alle (personalisierten) E-Mailadressen der anderen HIV-Patienten mitgeteilt bekommen hat. Somit haben die Empfänger automatisch durch die E-Mailadresse erfahren, dass die anderen Empfänger des Newsletter auch HIV haben…!

Diesen Gedanken weiter gedacht, ist es somit auch praktisch unmöglich zu sagen, ob ein bestimmtes Datum einer bestimmten Person zugeordnet werden kann und damit als „personenbezogen“ im Sinne des Datenschutzes gilt. Gerade weil wir als Menschen nicht in der Lage sind zu beurteilen, ob ein Datum personenbezogen ist oder nicht (denn wie dargestellt ist ein Datum immer nur ein „Wert“), empfiehlt es sich, auch wenn es zunächst ein wenig übertrieben klingen mag, bei jedem Datum einen Personenbezug anzunehmen. Denn wir wissen nicht und sind auch nicht in der Lage zu beurteilen, ob ein Datum, selbst wenn es jetzt noch keinen Personenbezug haben sollte, durch die Verkettung „unglücklicher Umstände“ schnell einen Personenbezug „erbt“. Damit kann sich ein vermeintlich „anonymes“/ unbedeutendes Datum schnell zu einem durchaus personenbezogenen, hochsensiblen Datum wandeln.

Und weil Daten Träger von Millionen ja praktisch sogar unendlich vieler Informationen sein können bzw. sind, ist es auch nicht verwunderlich, dass ein schier undurchdringbarer Dschungel von gesetzlichen Vorschriften existiert, die den Schutz von Daten mehr oder weniger explizit vorsehen. Das Datenschutzrecht mit seinen Vorschriften ist in diesem Dschungel ein sehr wesentlicher Bereich, der jedoch längst nicht die volle Bandbreite der Rechtsgebiete im Bereich „Schutz von Daten“ abdeckt. Im nachfolgenden Kapitel soll eine kleine Darstellung dieses Dschungels für den Bereich Schutz von Daten in Arztpraxen erfolgen. Damit sollte dem Leser schnell deutlich werden, dass der Schutz von Daten längst nicht nur der Datenschutz ist ....

2 Der Gesetzesdschungel im Bereich des Schutzes von Daten

Der Dschungel der Gesetze bzw. der gesetzlichen Regelungen, die einen Bezug zum „Schutz von Daten“ haben, ist schier undurchdringbar. Wie umfassend bspw. alleine die „datenschutzrechtlichen“ Implikationen sein können wird deutlich, wenn man sich eine Aussage des Bundesministeriums der Justiz hinsichtlich der damals neu geschaffenen EU-Datenschutz-Grundverordnung (DSGVO) vergegenwärtigt. So ging man bereits im Jahre 2017 davon aus, dass durch die Regelungen der DSGVO alleine auf Bundesebene ca. **300 Gesetze und Verordnungen** geändert werden müssten (vgl. http://www.handelsblatt.com/politik/international/facebook-google-und-die-eu-europa-treibt-den-datenschutz-voran/11919262.html).

Diese Schätzungen bezogen sich jedoch nur auf Bundesgesetze bzw. Verordnungen des Bundes. Wie viele Gesetze/Verordnungen auf Landesebene geändert wurden bzw. werden müssen, darüber liegen dem Verfasser bis dato noch immer keine aussagekräftigen Zahlen vor. Was jedoch durch die damals bereits angenommene Zahl deutlich werden sollte, ist, dass für den Bereich „Datenschutz“, der jedoch auch nur ein Teilbereich des „Schutzes von Daten“ ist, eine Masse an Gesetzen bzw. Bereiche existieren, die mehr oder weniger auch für einen Arzt nicht unerhebliche Relevanz entfalten können.

Dieses ist, wenn man sich das mal näher überlegt, auch nicht weiter verwunderlich. Denn wie im vorherigen Abschnitt angedeutet, werden immer mehr Prozesse aus der „realen Welt“ mittels IT und somit in der digitalen Welt abgebildet. Das wiederum hat zur Konsequenz, dass man zusätzlich die speziellen Anforderungen des „Schutzes von Daten“ in die diesbezüglich anwendbaren gesetzlichen Regelungen mit hineinlesen muss. Dieses wiederum führt dazu, dass man schnell an Grenzen stößt. Denn der (virtuelle) Bereich „IT“ ist eigentlich so speziell und hat eigene Regeln, weshalb die althergebrachten Regeln aus der „realen Welt" auch nicht so wirklich auf diesen Bereich passen wollen. Daher erfordert es oftmals einen erheblichen Begründungsaufwand, um eine sachgerechte rechtliche Lösung zu finden, die den technischen und organisatorischen Begebenheiten des Einzelsachverhalts ausreichend Rechnung trägt.

Im Nachfolgenden werden die für Ärzte im Bereich „Schutz von Patientendaten" wichtigsten rechtlichen Bereiche inkl. ihrer Schutzzwecke und ihren Bezug zu Daten dargestellt.

2.1 Das Medizinprodukterecht

Vereinfacht gesagt ist der Zweck des Medizinprodukterechts bei Medizinprodukten, den Schutz der Gesundheit von Patienten, Anwendern und Dritten sicherzustellen. Daher regelt bspw. das Medizinproduktegesetz (MPG), das bald von der EU-Medizinprodukteverordnung (oftmals als MDR abgekürzt) abgelöst wird, die (sichere) „Inverkehrbringung", die sichere Beschaffenheit und die sichere Leistungsfähigkeit von Medizinprodukten. Es richtet sich primär an die Hersteller von Medizinprodukten. Die Medizinproduktebetreiberverordnung (MPBetrV) betrifft den (sicheren) Betrieb dieser Produkte und richtet sich folglich an die Betreiber/Anwender (also Ärzte usw.) dieser Produkte. Die Regelungen dieser beiden Vorschriften zeigen deutlich auf, dass Medizinprodukte einen hohen Sicherheitsstandard erfüllen müssen und dieser auch beim Betrieb eingehalten werden muss. Medizinprodukt kann nach dem MPG auch Software sein. Besonders Software benötigt, wie in *Kapitel 1* dargestellt, zur ordnungsgemäßen Funktionsfähigkeit entsprechende Daten, die sie verarbeiten können muss. Daher muss gerade bei (Software-) Medizinprodukten sichergestellt sein, dass die Software ordnungsgemäß funktioniert, die ihr zur Verfügung gestellten Daten „richtig" sind und diese auch korrekt verarbeitet werden, da sich ansonsten für den Patienten durchaus massive Konsequenzen ergeben könnten. Aufgrund dem einer Datenverarbeitung bei

(Software-) Medizinprodukten innewohnenden Risiko wird daher der Bereich „Schutz von Daten" für (Software-) Medizinprodukte immer notwendiger.

2.2 Das Patientengeheimnis/die ärztliche Schweigepflicht

Wie in *Kapitel 1* aufgeführt, soll das Patientengeheimnis bzw. die ärztliche Schweigepflicht das Vertrauensverhältnis zwischen Arzt und Patient schützen. Daher muss der Arzt verhindern, dass Daten/Informationen, die das intime und fragile Vertrauensverhältnis zwischen Arzt und Patient betreffen, unbefugt offenbart werden. Wie aufgezeigt, ist das Patientengeheimnis Standesrecht der Ärzte, weshalb in diesem Zusammenhang immer auch die weiteren Regelungen bspw. der Musterberufsordnung der Ärzte (MBO-Ä) bzw. die entsprechenden landesrechtlichen Berufsordnungen, deren Regelungen praktisch deckungsgleich mit der MBO-Ä sind, mit beachtet werden sollten, die oftmals sogar eine Legitimationsgrundlage für die Datenverarbeitung sowie die Aufbewahrung von Patientendaten liefern können.

2.3 Das Datenschutzrecht

Zweck von Datenschutzgesetzen wie der EU-Datenschutz-Grundverordnung (DSGVO) und den dazugehörigen ergänzenden Spezialgesetzen ist es grundsätzlich, den Einzelnen davor zu schützen, dass er durch den (unsachgemäßen) Umgang mit seinen personenbezogenen Daten durch einen anderen in seinen Grundrechten beeinträchtigt wird (vgl. Art. 1 DSGVO). Es sei darauf hingewiesen, dass die DSGVO nun alle Rechte und Freiheiten einer natürlichen Person schützt und somit auch das Leben und die Gesundheit. Daraus folgt wiederum, dass nun auch unrechtmäßige Datenverarbeitungen, die zu einer körperlichen Schädigung eines Patienten führen, von der DSGVO erfasst und auch danach sanktioniert werden können. Insofern geht der Schutzbereich der DSGVO deutlich weiter als der des sog. Rechts auf informationelle Selbstbestimmung (dem deutschen Datenschutzrecht), das nur das Persönlichkeitsrecht des Betroffenen schützte. Das Datenschutzrecht erfasst „nur" die Verarbeitung „personenbezogene Daten" (*mehr dazu in Kapitel 6.1*) und ist wie ausgeführt daher auch nur ein Teilbereich des „Schutzes von Daten".

2.4 Das Wettbewerbsrecht

Der Zweck des Wettbewerbsrechts ist es, gem. § 1 des Gesetzes gegen den unlauteren Wettbewerb (UWG), die Mitbewerber, Verbraucherinnen und Verbraucher sowie der sonstigen Marktteilnehmer vor unlauteren geschäftlichen Handlungen zu schützen. Zugleich soll es das Interesse der Allgemeinheit an einem unverfälschten Wettbewerb schützen. Verstöße gegen den Datenschutz z. B. auf Webseiten von Arztpraxen können, wie uns immer neue Medienberichte aufzeigen, durchaus auch wettbewerbsrechtliche Relevanz haben und werden nunmehr auch explizit kostenpflichtig abgemahnt.

2.5 Das Zivilrecht

Das Zivilrecht und dabei maßgeblich die Regelungen des Bürgerlichen Gesetzbuches (BGB) betrifft grob gesagt die Rechte und Pflichten von privaten (juristischen/natürlichen) Personen untereinander. Besonders durch die Modifikationen des Patientenrechtegesetzes hat das Arzt-Patientenverhältnis und der Umgang mit den Behandlungsdaten/der Behandlungsdokumentation eine neue Qualität erlangt (vgl. §§ 630a ff BGB). Vieles, das u. a. auch den Umgang mit (den Daten der) Behandlungsdokumentationen betraf und richterrechtlich seit langem anerkannt war, wurde nun durch das sog. Patientenrechtegesetz im BGB gesetzlich manifestiert. Darüber hinaus gilt es zu beachten, dass gerade, weil vermehrt IT bzw. digitale Datenverarbeitung zur Patientenbehandlung eingesetzt wird, es eine ärztliche (Neben-) Vertragspflicht ist, alle erforderlichen technischen und organisatorischen Maßnahmen zu treffen, um zu gewährleisten, dass die IT-gestützte Patientenbehandlung ordnungsgemäß abläuft. Ein falscher Einsatz von IT, ein falscher Umgang mit Daten bzw. vernachlässigte technische und organisatorische Maßnahmen beim Umgang mit IT und die daraus resultierenden Folgen sind geeignet, einen beim Patienten wie auch immer gearteten Schaden herbeiführen. Diesen Schaden kann der Geschädigte, sein (gesetzlicher) Vertreter oder gesetzlicher Nachfolger bei Vorliegen der gesetzlichen Anforderungen gegen den Behandelnden (seinen Vertragspartner) als Pflichtverletzung geltend machen (vgl. bspw. § 280 Abs. 1) oder im Rahmen des sog. deliktischen Schadensersatzes (vgl. § 823 BGB). Daraus folgt wiederum, dass je mehr IT zur Behandlung des Patienten eingesetzt wird und je mehr sich ein Behandelnder auf diese IT verlässt, desto mehr es seine Pflicht ist, den Umgang bzw. den Einsatz dieser IT so zu organisieren, dass dem Patienten hieraus kein wie auch immer gearteter Schaden entsteht. Mithin erlangt auch der „Schutz von Daten" gerade für diesen Bereich eine immer stärkere Bedeutung.

2.6 Das Strafrecht

Das Strafrecht ist, wie der Name es ausdrückt, das Recht der Strafe. Das Strafrecht bzw. das Strafgesetzbuch (StGB) beinhaltet deshalb Regelungen, um Verhaltensweisen, die verboten sind, zu sanktionieren. Gerade im Bereich „Schutz von Daten" beinhaltet das StGB in §§ 201 ff StGB einige Vorschriften, die in Einzelfällen durchaus auch für einen Arzt Relevanz haben können. In diesem Zusammenhang sei besonders auf die Vorschrift des § 203 StGB verwiesen, die u. a. den Schutz des Patientengeheimnisses zum Gegenstand hat. Seit neuestem erfasst es auch die Dienstleister, die ein Arzt zur Erfüllung seiner Tätigkeiten im erforderlichen Umfang mit einbezieht. Die unterlassene Verpflichtung dieses Dienstleisters auf die Verschwiegenheit durch den Arzt kann für den Arzt auch eine Straftat darstellen (vgl. § 203 Abs. 4 StGB). Auch Datenschutzgesetze wie z. B. das BDSG, beinhalten manchmal spezielle Strafvorschriften (vgl. §§ 43, 44 BDSG).

2.7 Das Straf-/Zivilprozessrecht

Das Straf- bzw. Zivilprozessrecht hat zum Zweck, den formalen Ablauf von Straf- bzw. Zivilprozessen (von Anfang bis zum Ende) zu regeln. Einen Schwerpunkt setzen diese beiden Prozessordnungen daher auf das entsprechende gerichtliche Verfahren. Im Bereich „Schutz von Daten" sollte in diesem Zusammenhang immer die Verschwiegenheitspflicht eines Geheimnisträgers wie eines Arztes berücksichtigt werden. So ist er aufgrund seiner standesrechtlichen Verschwiegenheitspflicht grundsätzliche verpflichtet, sein „Zeugnis" bzw. Daten, die dem Patientengeheimnis unterliegen, nicht zu offenbaren. Dieses zeigen die Regelungen z. B. in §§ 383 ff. der Zivilprozessordnung (ZPO) und §§ 52 ff der Strafprozessordnung (StPO).

Darüber hinaus spielt gerade auch für das strafprozessuale Ermittlungsverfahren der Staatsanwaltschaft bzw. der Polizei, das Beschlagnahmeverbot von Daten, die dem Patientengeheimnis unterliegen, eine Rolle (§ 97 StPO). Diesen Anforderungen folgend, muss ein Arzt daher (aus Sicht des „Schutzes von Daten") alles ihm Zumutbare unternehmen, um zu gewährleisten, dass eine Staatsanwaltschaft/Polizei sich keinen Zugriff auf bzw. Kenntnis von diesen Daten verschaffen kann.

Bei der Würdigung digitaler Beweise ist es essenziell, die „technischen" Realitäten der Datenverarbeitung zu berücksichtigen. So muss man bspw. immer die Tatsache im Auge behalten, dass sich digitale Daten relativ einfach verändern lassen. Aus diesem Grund ist es umso wichtiger nachvollziehen zu können, ob Daten verändert wurden oder nicht.

2.8 Das öffentliche Recht

Das öffentliche Recht hat zum Zweck, das Verhältnis zwischen Trägern der öffentlichen Gewalt und den einzelnen Privatsubjekten zu regeln. Dieses Recht betrifft beim „Schutz von Daten" besonders die aufsichtsbehördlichen Maßnahmen in Arztpraxen z. B. durch Datenschutzaufsichtsbehörden.

PRAXIS-TIPP

Ein Arzt sollte sich insbesondere damit auseinandersetzen, welchen Behörden er welche Daten, die dem Patientengeheimnis unterliegen, offenbaren darf und welchen nicht (*vgl. dazu auch Kapitel 8 Legitimationen und Kapitel 18 Aufsichtsbehörden*).

2.9 Das Steuerrecht/das Handelsrecht

Ein Arzt, eine Praxis, ein MVZ ist gewerblich bzw. freiberuflich tätig. Damit geht auch die Verpflichtung einher, das „Geschäft" ordnungsgemäß zu führen und natürlich auch Steuern abzuführen. Damit ist jedoch gleichzeitig auch die Verpflichtung verknüpft, die „Bücher" ordnungsgemäß zu führen und alle rechnungsrelevanten Unterlagen revisionssicher aufzubewahren. Daher gilt es, dafür Sorge zu tragen, dass gerade auch die elektronischen Archivsysteme sicher und die diesbezüglich relevanten (digitalen) Daten unverfälscht sind bzw. nachvollzogen werden kann, ob diese Daten verändert wurden. Die diesbezüglich relevanten Vorschriften finden sich bspw. in §§ 239, 257 des Handelsgesetzbuchs (HGB) bzw. §§ 146, 147 der Abgabenordnung (AO).

2.10 Das Sozialrecht

Das Sozialrecht soll gem. § 1 des Sozialgesetzbuchs I (SGB I) *„zur Verwirklichung sozialer Gerechtigkeit und sozialer Sicherheit Sozialleistungen einschließlich sozialer und erzieherischer Hilfen gestalten".* Der „Schutz von Daten" wird bei Ärzten besonders in den SGB V und X relevant, wenn es bspw. darum geht, dass ein Arzt Daten, die dem Patientengeheimnis unterliegen, an Krankenkassen etc. übermitteln soll. Diesbezüglich beinhaltet die Datenschutz-Grundverordnung i. V. m. dem Sozialrecht einige Legitimationsgrundlagen, die eine Übermittlung von Daten, die dem Patientengeheimnis unterliegen und somit eigentlich nicht übermittelt werden dürften, doch noch in entsprechendem Umfang gestatten. Dass die empfangene Stelle die Daten dann wiederum ordnungsgemäß schützt, soll durch das „Sozialgeheimnis" sichergestellt werden. Nach § 35 Abs. 1 SGB I umfasst die Wahrung des Sozialgeheimnisses die Verpflichtung, auch innerhalb der entsprechenden Stelle sicherzustellen, dass die Sozialdaten nur Befugten zugänglich sind oder nur an diese weitergegeben werden. Nach § 78a SGB X haben die Leistungsträger die Verpflichtung, die entsprechenden technischen und organisatorischen Maßnahmen zu treffen, um das Sozialgeheimnis zu wahren.

Kurz & knapp

Wie durch die vorstehenden Ausführungen deutlich werden sollte, müssen bzw. sollten Daten aus unterschiedlichsten (Rechts-) Gründen geschützt werden. Diesbezüglich besteht jedoch in der Praxis vielfach die Schwierigkeit, dass die einzelnen Rechtsgebiete/rechtlichen Vorgaben nicht immer kompatibel miteinander sind. Gerade weil die Regelungen der DSGVO am umfangreichsten und detailliertesten sind und „Daten" schützen sollen, empfiehlt es sich, die Regeln und Anforderungen der DSGVO als Grundlage/Basis zu nehmen, um die rechtlichen Anforderungen an den Schutz von Daten allesamt mehr oder weniger vollständig zu erbringen.

Bevor man sich jedoch mit den einzelnen Regelungen der DSGVO beschäftigt, sollte man sich kurz damit auseinandersetzen, was die DSGVO eigentlich ist und ob es sich bei dieser um eine „Revolution" oder möglicherweise „nur" um eine Evolution des Datenschutzrechts handelt.

3 Die DSGVO als Revolution oder Evolution?! – Richtlinie vs. Verordnung und Auswirkungen auf das nationale Recht

Bei der ganzen Berichterstattung in den Medien oder in Gesprächen bekommt man schnell den Eindruck vermittelt, dass es sich bei der EU-Datenschutz-Grundverordnung um etwas ganz Neues, ja fast schon Revolutionäres handeln muss, das es vorher so nicht gegeben hat. Oder anders gesagt: Es entsteht schnell der Eindruck, dass es sich bei der DSGVO um eine wahre **Revolution** im Bereich des Datenschutzes handeln muss.

Doch beschäftigt man sich näher mit der DSGVO, ihren Anforderungen und vergleicht diese mit dem „alten" Recht, dürfte man schnell feststellen, dass es sich bei der DSGVO nicht wirklich um eine Revolution, denn mehr um eine Fortentwicklung, also eine **Evolution** handelt. Denn das, was von der DSGVO gefordert wird, kannte man eigentlich bereits schon aus dem alten Recht, auch wenn es damals nie so streng interpretiert bzw. angewendet wurde. Auch wurde der Datenschutz früher von Land zu Land in der EU unterschiedlich (streng) gehandhabt. Dieses lag wiederum an der Basis des damaligen „Datenschutzes" in Europa, denn das war eine EU-Richtlinie.

3.1 Die EU-Datenschutzrichtlinie

Datenschutz hatte seit jeher eine nicht unerhebliche Bedeutung für die EU. Denn schon früh merkte man in der Europäischen Union, dass unterschiedliche Datenschutzniveaus bzw. die unterschiedliche Behandlung des Datenschutzes zu **Handelshindernissen** innerhalb von Europa führen können, was es unbedingt zu verhindern galt.

Um eine Vereinheitlichung des damaligen Datenschutzes in Europa zu erreichen, wurde daher bereits im Jahre 1995 eine EU-Datenschutzrichtlinie (95/46/EG) verabschiedet, die von den EU-Mitgliedsstaaten in nationales Recht umgesetzt werden musste. In Deutschland erfolgte die Umsetzung final, im Jahre 2001 im Bundesdatenschutzgesetz (BDSG).

Doch weil EU-Richtlinien viele offene und interpretationswürdige Regelungen beinhalten, die von den jeweiligen nationalen EU-Gesetzgebern unterschiedlich streng in nationales Recht umgesetzt wurden/werden, kommt es immer wieder zu Problemen. So war es auch bei der EU-Datenschutzrichtlinie nicht verwunderlich, dass es aufgrund der unterschiedlichen Interpretationen der nationalen Gesetzgeber zu unterschiedlich hohen Datenschutzniveaus kam, die in Konsequenz zu Handelshindernissen führten. Damit wuchs auch immer mehr der Unmut der Länder, die die Regelungen der EU-Richtlinie (zu) streng interpretiert haben (z. B. Deutschland) gegenüber den Ländern, die die Regelungen weniger streng interpretierten (z. B. Irland).

Weil durch den zunehmenden Einsatz von IT die Bedeutung von Daten insbesondere auch als Wirtschaftsgut immer stärker wurde, sah die EU und die Mehrheit der EU-Staaten die EU-Richtlinie und darauf basierend die jeweiligen nationalen Datenschutzregelungen zunehmend als immer weniger adäquat für die Erreichung eines angemessenen Datenschutzes in Europa an. Daher gab es bereits im Jahre 2012 die ersten offiziellen Bestrebungen der EU-Kommission, den Datenschutz in Europa zu „revolutionieren" und auf eine neue Basis, nämlich die einer Verordnung, zu stellen. Der wesentliche Vorteil einer EU-Verordnung ist, dass diese mit ihren Regelungen in allen EU-Staaten direkt gilt und daher nicht mehr in nationales Recht umgesetzt werden muss.

Die EU-Datenschutz-Grundverordnung wurde in der nun geltenden Form im Jahre 2016 verabschiedet und ist seit dem 25. Mai 2018 in Europa und somit auch in Deutschland zwingend geltendes Recht! Dieses verdrängt in ihrem Anwendungsbereich die bisher geltenden, nationalen datenschutzrechtlichen Regelungen! Dass die EU-Verordnung jedoch gar nicht so viel Neues im Vergleich zur alten EU-Richtlinie bringt, wird bspw. aus Erwägungsgrund 9 deutlich, in dem es heißt:

*„Die **Ziele und Grundsätze der Richtlinie 95/46/EG** besitzen nach wie vor Gültigkeit, doch hat die Richtlinie nicht verhindern können, dass der Datenschutz in der Union unterschiedlich gehandhabt wird, Rechtsunsicherheit besteht oder in der Öffentlichkeit die Meinung weit verbreitet ist, dass erhebliche Risiken für den Schutz natürlicher Personen bestehen, insbesondere im Zusammenhang mit der Benutzung des Internets."*

Mithin lässt sich abschließend festhalten, dass die DSGVO keine wirkliche Revolution ist. Man sollte sie, weil sie die konsequente Fortführung der EU-Richtlinie darstellt, daher eher als Evolution ansehen. Diese Evolution ist eine denklogisch notwendige Weiterentwicklung, um dem rasanten Fortschritt in der IT und den damit verbundenen Herausforderungen u. a. im Bereich der ordnungsgemäßen Datenverarbeitung noch halbwegs zu begegnen. Diese Verordnung ist daher ein Mittel um zu verhindern, dass der Mensch durch den Einsatz von IT immer mehr zu einem „Objekt" degradiert und damit respektlos behandelt wird.

Ferner hat die DSGVO auch nicht unerhebliche Auswirkungen auf das nationale Recht.

3.2 Die DSGVO und das nationale Recht

Da die DSGVO zwingendes Recht in Europa ist, wird grundsätzlich gleiches nationales (deutsches) Recht durch sie verdrängt. Nur da, wo die Verordnung es noch zulässt (sog. Nationale Öffnungsklauseln), darf der nationale Gesetzgeber noch eigene Regelungen vorsehen (z. B. im BDSG), die jedoch immer (nachrangig) neben denen der Verordnung gelten und im Einklang mit den gesamten Regelungen der Verordnung sein müssen. Mit Geltung der DSGVO gilt damit der Grundsatz: „Europäisches Recht first, nationales Recht second"!

Dieser Grundsatz erschwert somit den Umgang mit den Regelungen erheblich. Denn es gilt bei der Prüfung von „Datenschutzrechtskonformität" einer Datenverarbeitung stets die nachfolgende Prüfungsreihenfolge einzuhalten:

- Prüfen der Anwendbarkeit der entsprechenden DSGVO-Regelungen
- Wenn diese bejaht wird, muss man prüfen, ob in der konkreten DSGVO-Regelung eine sog. Öffnungsklausel enthalten ist.
- Falls dem so ist, muss man prüfen, ob und in wie weit der deutsche Gesetzgeber von seiner Befugnis durch eigene Regelungen, z. B. im BDSG (neu), Gebrauch gemacht hat.
- Existiert eine solche Regelung, gilt es, diese zusätzlich zu denen der DSGVO anzuwenden.
- Bei etwaigen „Kollisionen" gilt grundsätzlich, dass das europäische Recht vor dem nationalen Recht anzuwenden ist.

Mithin zeigt sich, dass es durch die DSGVO, verbunden mit ihren nationalen Öffnungsklauseln, es nicht wirklich einfacher und rechtssicherer geworden ist. Gerade weil es eine Vielzahl an nationalen Öffnungsklauseln und diesbezüglich korrespondierenden nationalen Regelungen gibt, muss man sich die Frage stellen, ob es sich bei der Datenschutz-Grundverordnung nicht vielleicht nur um eine Richtlinie im Gewande einer Verordnung handelt …

4 Hauptakteure beim Datenschutz – Betroffener/Verantwortlicher

Will man die Regelungen der DSGVO anwenden, ist es zunächst zwingend erforderlich, die beiden Hauptakteure, nämlich den Betroffenen und den Verantwortlichen, korrekt einzuordnen. Gerade weil es bei Ärzten/Praxen die unterschiedlichsten Organisationsformen gibt, ist eine korrekte Einordnung der Verantwortlichenrolle oftmals „kriegsentscheidend". Auch ist es zwingend erforderlich, dass sich ein Arzt/eine Praxis darüber im Klaren ist, wer eigentlich bei den durchgeführten Datenverarbeitungen „Betroffener" ist.

4.1 Betroffener

Der Betroffene oder die betroffene Person ist diejenige natürliche Person (Mensch), der der Schutz der DSGVO gilt. Sie ist somit das Schutzsubjekt der DSGVO. Charakteristisch bei personenbezogenen bzw. personenbeziehbaren Daten ist daher, dass sich diese Daten auf eine natürliche Person beziehen können. Dabei geht es, wie gesagt, um eine menschliche Person, nämlich die des Betroffenen. Juristische Personen wie Unternehmen können daher niemals „Betroffene" sein. Die von der in einer Arztpraxis durchgeführten Datenverarbeitung Betroffenen können aus den unterschiedlichsten Personengruppen stammen. So sind die häufigsten Betroffenen natürlich die Patienten. Die Regelungen des sog. „Patientendatenschutzes" beziehen sich daher primär auf die Patienten. Diese sind auch „Berechtigte" des berufsrechtlichen Patientengeheimnisses/der ärztlichen Verschwiegenheitspflicht, weshalb bei der Verarbeitung von Patientendaten neben den datenschutzrechtlichen immer auch die Anforderungen des Patientengeheimnisses zu beachten sind.

Darüber hinaus gilt es bei den Betroffenen aber auch immer an die Mitarbeiter zu denken. Auch diese sind in viele Datenverarbeitungssituationen Betroffene und genießen damit den Schutz der DSGVO. Darüber hinaus fallen unter „Betroffene" natürlich auch alle, die mit der Arztpraxis/dem Arzt kommunizieren bzw. in Kontakt stehen und deren Daten man verarbeitet. Damit fallen bspw. auch Mitarbeiter von Medizinprodukteherstellern oder Dienstleistern in die Betroffenenkategorie. Gerade weil in einer Arztpraxis die Daten von unterschiedlichsten Betroffenen zu ganz unterschiedlichen Zwecken verarbeitet werden, sind auf diese Datenverarbeitung die unterschiedlichsten Legitimationsgründe anzuwenden. Daher sollte man sich auch tunlichst davor hüten, jegliche Datenverarbeitung über einen „Kamm zu scheren".

Basis für die Beurteilung der Rechtmäßigkeit ist immer ein entsprechender Überblick über die gesamte Datenverarbeitung (Transparenz – *siehe Kapitel 7.4*) und damit natürlich auch immer die Kenntnis, welche Daten, von welchen Betroffenen vom Verantwortlichen verarbeitet werden sollen.

4.2 Verantwortlicher

„Verantwortlicher" ist nach der Begriffsdefinition von Art. 4 Nr. 7:

„die natürliche oder juristische Person, Behörde, Einrichtung oder andere Stelle, die allein oder gemeinsam mit anderen über die Zwecke und Mittel der Verarbeitung von personenbezogenen Daten entscheidet; sind die Zwecke und Mittel dieser Verarbeitung durch das Unionsrecht oder das Recht der Mitgliedstaaten vorgegeben, so können der Verantwortliche beziehungsweise die bestimmten Kriterien seiner Benennung nach dem Unionsrecht oder dem Recht der Mitgliedstaaten vorgesehen werden;"

Es fällt sofort auf, dass die DSGVO, anders als bspw. das BDSG-alt, nicht mehr von „Verantwortlicher Stelle", sondern nur noch von dem „Verantwortlichen" spricht. Nach wie vor charakterisiert den Verantwortlichen jedoch, dass dieser über die Zwecke und Mittel der Verarbeitung entscheidet. Damit ist es auch mit Geltung der DSGVO entscheidend zu bestimmen, wer im jeweils zugrundeliegenden **Einzelsachverhalt** über die Mittel und Zwecke der Datenverarbeitung bestimmt oder anders gesagt, wer „Herr über die Datenverarbeitung" ist. Die korrekte Einordnung der Verantwortlichkeiten beim „Patientendatenschutz" ist bei den Einrichtungen im Gesundheitswesen oftmals alles andere als ein einfaches Unterfangen.

4.2.1 Verantwortlicher/Geheimnisträger

Im Zusammenhang mit den Verantwortlichkeiten beim „Patientendatenschutz" gilt es zu beachten, dass der für den Datenschutz Verantwortliche, nicht immer auch zwingend der Träger des berufsrechtlichen Patientengeheimnisses bzw. der ärztlichen Verschwiegenheitspflicht sein muss. Dieser Tatsache liegt die (gesetzliche) Überlegung zu Grunde, dass beim Patientengeheimnis immer nur eine natürliche Person Träger des Geheimnisses sein kann, die für die Wahrung des Patientengeheimnisses verantwortlich ist. Beim Datenschutz hingegen wird bei der Verantwortlichkeit, wie der Wortlaut von Art. 4 Nr. 7 zeigt, keine Unterscheidung zwischen natürlichen und juristischen Personen vorgenommen. Daher können je nach Sachverhalt sowohl juristische Personen als auch natürliche Personen für die Verarbeitung fremder personenbezogener Daten verantwortlich sein.

Besonders auch im Hinblick auf das Patientengeheimnis und das Konkurrenzverhältnis mit dem Datenschutzrecht ist es essenziell, sich mit den unterschiedlichen Konstellationen der ärztlichen Berufsausübung zu beschäftigen. Dieses insbesondere auch deshalb, weil je nach „Form" möglicherweise unterschiedliche Maßnahmen und Regelungen zum Schutz der Daten zu beachten sind.

4.2.2 Einzelpraxen

In Einzelpraxen ist die Frage, wer datenschutzrechtlicher Verantwortlicher und berufsrechtlich Geheimnisverpflichteter ist, relativ einfach zu beantworten: Es ist der Arzt, dem die Praxis gehört und der die Patienten auch behandelt. Die Praxishelferinnen oder auch Ärzte, die bspw. assistieren, sind Mitarbeiter und ebenso zur Geheimhaltung verpflichtet. Mehrere Ärzte in einer Praxis können auch eine Gemeinschaftspraxis bilden.

4.2.3 Gemeinschaftspraxen

Ärzte schließen sich oftmals zu sog. Gemeinschaftspraxen zusammen. Diese Praxen sind berufsrechtlich als „eine" Praxis zu qualifizieren. Aus diesem Grund schließt ein Patient auch den Behandlungsvertrag (vgl. § 631a BGB) regelmäßig nicht mit einem einzelnen Arzt dieser Gemeinschaft, sondern mit der Gemeinschaft (z. B. einer GbR).

Damit sind alle Ärzte der Gemeinschaft zur Behandlung des Patienten berechtigt. Folglich sind sie auch von der Pflicht zur Verschwiegenheit gegenüber den anderen Ärzten der Praxis befreit. Dieses wiederum hat zur Konsequenz, dass diese Praxis einen gemeinsamen Datenbestand und Dokumentationen pflegen können, auf die jeder Arzt bei Bedarf zugreifen können darf, ohne dass dabei die Verschwiegenheitspflicht des jeweiligen behandelnden Arztes beeinträchtigt wäre.

Mithin ist grundsätzlich in einer Gemeinschaftspraxis jeder Arzt Träger des Patientengeheimnisses der Praxis. Die Gemeinschaftspraxis als juristische Person ist jedoch im Sinne des Datenschutzrechts der Verantwortliche.

Ausnahmen bestehen jedoch in den Fällen, in denen ein Patient ausdrücklich mit nur einem Arzt der Gemeinschaftspraxis einen Behandlungsvertrag abschließt oder die Partner der Gemeinschaftspraxis entschieden haben, dass jeder Arzt der Praxis seine eigenen Patienten hat und für die Behandlungsdokumentation etc. eigenständig verantwortlich ist.

In diesen Fällen ist der entsprechende Arzt alleiniger Träger des Berufsgeheimnisses und darf den anderen Ärzten die entsprechenden Informationen nicht mitteilen. Dieses muss entsprechend technisch und organisatorisch abgebildet werden, z. B. durch ein entsprechendes Rollen- und Berechtigungskonzept in der Praxissoftware etc. Datenschutzrechtlich dürfte es auf die Umstände des jeweiligen Einzelsachverhalts ankommen, um zu entscheiden, ob der jeweilige Arzt oder die Praxis als solche Verantwortlicher ist.

4.2.4 Praxisgemeinschaften

Auch wenn der Begriff „Praxisgemeinschaften" fast gleich wie der Begriff „Gemeinschaftspraxis" klingt, unterscheidet diese beiden Organisationsformen einiges.

Denn bei Praxisgemeinschaften handelt es sich um einen Zusammenschluss mehrerer Praxen zu einer großen Praxis. Mithin handelt es sich eigentlich um eine Organisationsgemeinschaft. Von Rechts wegen wird dabei jede an dieser Gemeinschaft teilnehmende Praxis als rechtlich selbstständig zu qualifizieren sein. Mithin ist jede Praxis grundsätzlich für sich alleine verpflichtet, die entsprechenden technischen und organisatorischen Maßnahmen zu treffen und sicherzustellen, dass keine der anderen Praxen auf die eigenen Datenbestände zugreifen kann.

Rechtlich gesehen dürfte trotz des Zusammenschlusses jeder behandelnde Arzt bzw. in einer Gemeinschaftspraxis jeder der behandelnden Ärzte Träger des Patientengeheimnisses sein. Datenschutzrechtlich dürfte regelmäßig jede einzelne Praxis dieses Verbundes eigenständiger Verantwortlicher sein. Der Transfer von Patientendaten ist damit eine Verarbeitung im Sinne einer Übermittlung/Weitergabe von einem Verantwortlichen an einen anderen Verantwortlichen, die wiederum einer entsprechenden datenschutzrechtlichen Legitimation bedarf.

4.2.5 Medizinische Versorgungszentren

Bei medizinischen Versorgungszentren handelt es sich gem. § 95 Abs. 1 SGB V um

„ärztlich geleitete Einrichtungen, in denen Ärzte, die in das Arztregister eingetragen sind, als Angestellte oder Vertragsärzte tätig sind."

Aus dieser gesetzlichen Definition wird daher schnell deutlich, dass es bei einem MVZ problematisch sein kann zu entscheiden, wer Träger des Patientengeheimnisses ist und wer Verantwortlicher. Diesbezüglich kommt es maßgeblich darauf an, den Einzelsachverhalt zu begutachten und (am besten schon in der Planungsphase) ein entsprechendes Patientendatenschutzkonzept zu erarbeiten. Da oftmals MVZ aber als Gesellschaft zumeist als GmbH organisiert sind, dürfte jedenfalls aus datenschutzrechtlicher Sicht die MVZ-GmbH als juristische Person, vertreten durch ihren Geschäftsführer, Verantwortlicher im Sinne des Datenschutzrechts sein.

4.2.6 Krankenhäuser

Krankenhäuser sind hochkomplexe Institutionen, bei denen es oftmals alles andere als einfach ist, die Verantwortlichkeiten zu bestimmen.

In einem Krankenhaus ist das Krankenhaus der datenschutzrechtlich Verantwortliche. Im Falle eines öffentlichen Krankenhauses ist das öffentliche Krankenhaus selber, als Anstalt des öffentlichen Rechts, der Verantwortliche. Bei privatrechtlich organisierten Krankenhäusern ist die juristische Person, z. B. die jeweilige GmbH oder AG, verantwortlich für die Datenverarbeitung.

Die Verantwortung für die Einhaltung der entsprechenden datenschutzschutzrechtlichen Vorgaben bei der verantwortlichen Stelle tragen regelmäßig die mit der Leitung der verantwortlichen Stelle betrauten natürlichen Personen, wie z. B. die Geschäftsführung.

Eine weitere grundsätzliche datenschutzrechtliche Besonderheit gibt es bei Krankenhauskonzernen. Hierbei gilt es nämlich zu beachten, dass es im Datenschutzrecht kein sog. „Konzernprivileg" gibt. Das hat zur Konsequenz, dass jedes Krankenhausunternehmen eines Krankenhauskonzerns als eigenständige verantwortliche Stelle betrachtet werden muss. Das wiederum hat zur Folge, dass prinzipiell jeder Transfer von Daten zwischen den einzelnen Krankenhäusern des Konzerns datenschutzrechtlich als Datenübermittlung an einen Dritten anzusehen ist.

Träger des Patientengeheimnisses ist der ärztliche Direktor, der das Geheimnis an die behandelnden Ärzte „weiterreicht".

4.2.7 Belegärzte

Ärzte mit eigener Praxis oder in einer Gemeinschaftspraxis tätige Ärzte gehen oftmals auch Kooperationen mit Krankenhäusern ein. Sie fungieren dann vielfach als sog. Belegärzte. Charakteristisch für diese Ärzte ist, dass sie die Patientenbehandlung selbstständig vornehmen, sich dabei jedoch u. a. der Infrastruktur oder des Personals des Krankenhauses bedienen. Hinsichtlich der Nutzungsbefugnis und der diesbezüglichen Vergütung werden regelmäßig entsprechende Verträge geschlossen.

Mitarbeiter des Krankenhauses, die vom Belegarzt in die Behandlung des Patienten mit einbezogen werden, sind rechtlich gesehen als Gehilfen des Belegarztes zu qualifizieren.

Der Patient schließt den Behandlungsvertrag regelmäßig mit dem Belegarzt und nicht mit dem Krankenhaus. Dieses wiederum hat den auf den ersten Blick ein wenig kurios wirkenden Effekt, dass der Belegarzt alleiniger Träger des Patientengeheimnisses und verantwortliche Stelle zugleich ist und daher verpflichtet ist, die Daten seiner Patienten vor dem Krankenhaus „geheimzuhalten". Damit darf auch der ärztliche Direktor des Krankenhauses nicht auf die Daten des Belegarztes zugreifen. Dementsprechend muss auch im Krankenhausinformationssystem (KIS) ein entsprechendes Rollen- und Berechtigungskonzept vorgesehen werden, damit keiner der Mitarbeiter auf die Daten des Belegarztes zugreifen darf.

Eine Weitergabe von Patientendaten an das Krankenhaus ist nur in wenigen Fällen, wie z. B. zu Abrechnungszwecken der Krankenhausleistungen legitimiert. Ansonsten lässt sich eine Datenübermittlung über eine wirksame Einwilligung legitimieren, die jedoch aufgrund der hohen Anforderungen an ihre Rechtswirksamkeit immer problematisch ist.

4.2.8 Ermächtigte Krankenhausärzte

Ähnlich wie bei einem Belegarzt besteht auch die Möglichkeit, dass ein im Krankenhaus beschäftigter/angestellter Arzt aufgrund einer entsprechenden Ermächtigung an der ambulanten, vertragsärztlichen Versorgung teilnehmen darf. In dieser Konstellation schließt der Patient mit dem ermächtigten Krankenhausarzt direkt den Behandlungsvertrag ab. Der ermächtigte Arzt bedient sich (soweit zulässig und vertraglich vorgesehen) wie beim Belegarzt der Infrastruktur und dem Personal des Krankenhauses. Wie beim Belegarzt werden die Angestellten des Krankenhauses zum Gehilfen dieses Arztes. Der ermächtigte Arzt ist wie der Belegarzt Träger des Patientengeheimnisses und Verantwortlicher für die Daten der von ihm selbständig behandelten Patienten. Damit muss er auch sicherstellen, dass keiner der im Krankenhaus Beschäftigten und Dritte auf die Daten seiner Patienten zugreifen kann.

Eine von diesen Grundsätzen abweichende Vorgehensweise erfordert, wie beim Belegarzt aufgezeigt, die entsprechende Aufklärung des Patienten sowie seine explizite schriftliche Einwilligung.

4.2.9 Betriebsärzte

Betriebsärzte sind Ärzte, die in einem Unternehmen/einer Institution, aber bspw. auch in einem Krankenhaus, u. a. für die Untersuchung/Behandlung von Mitarbeitern dieses Unternehmens eingesetzt werden. Die Aufgaben der Betriebsärzte sind in § 3 des Gesetzes über Betriebsärzte, Sicherheitsingenieure und andere Fachkräfte für Arbeitssicherheit (ASiG) geregelt.

Grundsätzlich kann ein Unternehmen/eine Organisation einen internen Betriebsarzt beschäftigen. Auch ist es möglich, dass ein externer Arzt die Rolle des Betriebsarztes übernimmt.

Ein Betriebsarzt muss gem. § 8 ASiG gegenüber seinem „Arbeit- bzw. Auftraggeber" eine unabhängige Stellung haben und ihm gegenüber die ärztliche Verschwiegenheitspflicht wahren. Wie jeder andere Arzt unterliegt daher auch ein Betriebsarzt dem Patientengeheimnis.

Aus diesem Grund ist der Betriebsarzt Geheimnisträger und datenschutzrechtlich Verantwortlicher in einer Person. Er muss daher verhindern, dass der Arbeitgeber bzw. Dritte auf die Daten, die dem Patientengeheimnis unterliegen, zugreifen kann.

5 Anwendungsbereich der DSGVO (Wann ist das Datenschutzrecht/die DSGVO zu beachten?)

5.1 Einführung

Zunehmend liest und hört man, dass aus Gründen der DSGVO bzw. des „Datenschutzes" jetzt auch nichts mehr mündlich über andere gesagt oder man nicht mehr in Geschäften mit Namen angesprochen werden darf. Es drängt sich daher zunehmend der Eindruck auf, dass die DSGVO, durch die Panikmache in den Medien oder von Beratern, in den Köpfen vieler Leute immer größere „Barrieren" aufbaut. Dadurch betrachten sie vielfach auch alles das, was man früher in der Gesellschaft als „sozialadäquat" angesehen hat, heute als von der DSGVO verboten. Diese Entwicklung beobachte ich mit großer Besorgnis, denn durch diese Sichtweise bekommt die DSGVO eine Rolle zugewiesen, die meiner Ansicht nach an ihrer eigentlichen Zielsetzung vorbeiläuft.

Gerade weil sich jedoch diese beschriebene Ansicht immer mehr durchzusetzen scheint, ist es umso wichtiger, sich mit den relevanten Regelungen der DSGVO auseinanderzusetzen, um selber zu beurteilen, ob für den zu prüfenden Sachverhalt die Regelungen der DSGVO **sachlich** überhaupt gelten (vgl. Art. 2 DSGVO).

Anmerkung: Der einfacheren Lesbarkeit halber wird im Nachfolgenden beim Zitat von DSGVO-Normen auf den Zusatz DSGVO verzichtet.

Falls man zum Ergebnis kommt, dass die DSGVO sachlich nicht anwendbar ist, sollte man immer im Hinterkopf behalten, dass die Daten des Patienten möglicherweise auch aus anderen rechtlichen Gründen zu schützen sind, wie z. B. der ärztlichen Verschwiegenheitspflicht.

Die Frage, ob die Regelungen der DSGVO örtlich anwendbar sind (vgl. Art. 3) wird nachfolgend nicht weiter behandelt. Denn gerade bei Ärzten in Deutschland ist davon auszugehen, dass die von ihnen durchgeführte Datenverarbeitung in Deutschland bzw. in der EU stattfindet und somit die DSGVO-Regelungen auch stets anzuwenden sind.

5.2 Sachliche Anwendbarkeit der DSGVO

Für die Beantwortung der Frage, ob im jeweiligen Sachverhalt die Regelungen der DSGVO (sachlich) zur Anwendung kommen, gilt es zunächst immer, die genauen Umstände des jeweiligen Einzelsachverhalts zu betrachten. Denn erst, wenn diese genau erfasst wurden und bspw. geklärt ist, um was für Daten es sich handelt, wie und in welchem Kontext die Daten „verarbeitet" werden sollen usw., lässt sich entscheiden, ob die Regelungen der DSGVO überhaupt Anwendung finden.

Ob die Regelungen der DSGVO auf den entsprechenden Sachverhalt (sachlich) Anwendung finden, bestimmt sich maßgeblich nach Art. 2, in dem es in Abs. 1 heißt:

„Diese Verordnung gilt für die ***ganz oder teilweise automatisierte Verarbeitung personenbezogener Daten*** *sowie für die* ***nichtautomatisierte Verarbeitung*** *personenbezogener Daten, die in* ***einem Dateisystem gespeichert sind oder gespeichert werden sollen****."*

5.2.1 Personenbezug der Daten

Grundvoraussetzung für die Anwendbarkeit der DSGVO ist, dass „personenbezogene Daten" verarbeitet werden sollen. An die Ausführungen in *Kapitel 1* anknüpfend, muss sich also aus den entsprechenden Daten im jeweiligen Kontext die Information ableiten lassen, dass diese der Person „XYZ" zugeordnet werden können. Folglich ist für personenbezogene

Daten charakteristisch, dass mit ihnen eine Person identifizierbar wird. In der Praxis wird schnell deutlich, dass es oftmals schwer bis unmöglich ist zu entscheiden, ob ein Datum einen Personenbezug aufweist oder nicht. Denn je nach Kontext, in den man ein Datum setzen kann, kann dieses Datum Informationen (wie den Personenbezug) enthalten, die man diesem Datum niemals angesehen hätte. Ferner ist es auch unmöglich final zu entscheiden, ob ein Datum, das es zu verarbeiten gilt, zu den „normalen" oder zu den „besonderen Kategorien" von Daten gezählt werden muss (vgl. auch Art. 9 Abs. 1). Weitere Ausführungen zum Personenbezug von Daten finden sich in *Kapitel 6.1*.

5.2.2 Verarbeitung

Für die Anwendbarkeit der DSGVO müssen die Daten ferner in irgendeiner Weise „verarbeitet" werden. Der Begriff der Verarbeitung ist in Art. 4 Nr. 2 definiert und ist sehr weit zu verstehen. Er erfasst quasi alle nur denkbaren Tätigkeiten, die mit Daten möglich sind. Die Erhebung, Speicherung, Löschung usw. sind davon nur eine kleine Auswahl. Der in der DSGVO verwendete Begriff „Verarbeitung" dürfte dem in Deutschland z. B. im BDSG-alt verwendeten Begriff des „Datenumgangs" entsprechen. Weitere Ausführungen zum Begriff der Verarbeitung finden sich in *Kapitel 6.2*.

5.2.3 Automatisierte Datenverarbeitung

Zunächst ist für die sachliche Anwendbarkeit der DSGVO-Regelungen maßgeblich, dass „digitale" personenbezogene Daten automatisiert verarbeitet werden. Daher werden alle digitalen Verarbeitungen von personenbezogenen Daten erfasst, bei denen IT eingesetzt wird. Somit fällt bspw. auch das Einscannen eines Briefs, die digitale Videoaufnahme, das Tippen eines Briefes mit Word oder einer E-Mail unter den Begriff der automatisierten Datenverarbeitung.

5.2.4 Datenverarbeitung in einem „Dateisystem"

Darüber hinaus finden die Regelungen der DSGVO aber auch auf die „analoge" Verarbeitung dieser Daten in einem sog. „Dateisystem", wie z. B. Papierlisten, Anwendung. Der Begriff „Dateisystem" ist in Art. 4 Nr. 6 definiert als

> *„jede strukturierte Sammlung personenbezogener Daten, die nach bestimmten Kriterien zugänglich sind, unabhängig davon, ob diese Sammlung zentral, dezentral oder nach funktionalen oder geografischen Gesichtspunkten geordnet geführt wird;"*

Wesentliches Merkmal von Dateisystemen ist, dieser Definition folgend, die ihnen immanente „Ordnung" bzw. die Möglichkeit, Daten zu kategorisieren/nach entsprechenden Kriterien zu ordnen. Denn gerade weil durch die Kategorisierungsmöglichkeit „Dateisystemen" ein inhärentes Risiko für die in diesen Systemen aufgeführten Betroffenen innewohnt, findet aufgrund der Risikogeneigtheit dieser Systeme die DSGVO sowohl auf digitale als auch auf analoge Dateisysteme Anwendung (vgl. Erwägungsgrund 15). Somit sind bspw. auch Papierlisten, auf denen Patientendaten nach bestimmten Kriterien geordnet sind, vom Schutzbereich der DSGVO erfasst. Jedoch gilt es diesbezüglich festzustellen, dass bei einer analogen Datenverarbeitung die Risiken deutlich niedriger sein dürften, als bei einer Verarbeitung mittels IT (*vgl. Kapitel 12*). Näheres zu dem Begriff „Dateisystem" findet sich in *Kapitel 6.4*.

5.2.5 Ausnahmen bei der Anwendung

Art. 2 Abs. 2 enthält gewisse Fallkonstellationen, in denen die DSGVO trotz Vorliegens der in Abs. 1 genannten Voraussetzungen keine Anwendung findet. Dazu zählt bspw. die Verarbeitung, die ausschließlich zu persönlichen oder familiären Zwecken erfolgt (enge Auslegung).

5.2.6 Schlussfolgerung

Durch die vorstehenden Ausführungen sollte deutlich werden, dass die Frage, ob die DSGVO zur Anwendung kommt, nicht pauschal bejaht werden sollte. Vielmehr kommt es für die Beantwortung der Frage immer auf den Einzelsachverhalt an. Geht es z. B. um die Frage, ob ein Patient, wenn andere Patienten sich im selben Raum befinden, aufgerufen werden darf, streng genommen NICHT um die Regelungen der DSGVO. Vielmehr sind hier nur die wenig konkreten Regeln der ärztlichen Verschwiegenheit, die nämlich anders wie die DSGVO auch das gesprochene Wort erfassen, betroffen.

6 Relevante Begrifflichkeiten

Die DSGVO verwendet in ihren Regelungen Begriffe, deren Auslegung für die korrekte Interpretation/rechtliche Bewertung des jeweiligen Sachverhalts „kriegsentscheidend" sein kann. Einige dieser Begriffe sind in Art. 4 näher definiert.

Doch an dieser Stelle schon eine Warnung: Wer annimmt, dass mit diesen Definitionen vollends Klarheit über die korrekte Auslegung aller der mit den entsprechenden Begriffen in Zusammenhang stehenden Fragen geschaffen wurde, dürfte schnell enttäuscht werden. Zwar werden in den einzelnen Regelungen von Art. 4 entsprechende Begriffe näher definiert. Jedoch fällt schnell auf, dass diese Definitionen selbst Begrifflichkeiten enthalten, die wiederum einer eigenen Definition bedürfen. Eine solche sucht man in der DSGVO jedoch oftmals vergebens, was das Ganze nicht gerade erleichtert.

Ferner wird bei näherer Auseinandersetzung mit den in der DSGVO enthaltenen Definitionen auch schnell deutlich, dass diese sehr sperrig und in Bandwurmsätzen formuliert sind. Um ein tieferes Verständnis von diesen Definitionen zu erhalten, empfiehlt es sich daher, diese lieber einmal mehr zu lesen und „logisch" zu strukturieren.

Nicht alle der in Art. 4 enthaltenen Definitionen dürften für einen Arzt/eine Praxis auch von Relevanz sein. Daher werden nachfolgend nur die Definitionen näher dargestellt, die meiner Meinung nach für einen Arzt/eine Praxis eine Relevanz für den Arbeitsalltag haben. Manche der in Art. 4 enthaltenen Definitionen werden ferner aufgrund ihrer Komplexität und Relevanz in einem eigenen Kapitel in diesem Buch gesondert behandelt.

Im Nachfolgenden wird zunächst die in der DSGVO enthaltene Begriffsdefinition mit einem entsprechenden Strukturierungsvorschlag dargestellt. Im Anschluss daran folgt eine hoffentlich verständliche und nachvollziehbare Erklärung dieser Definitionen mit Beispielen aus Ihrer Praxis.

6.1 Personenbezogene Daten

Art. 4 Nr. 1

„Personenbezogene Daten" [sind] alle Informationen, die sich auf eine

- *identifizierte oder*
- *identifizierbare*

natürliche Person (im Folgenden „betroffene Person") beziehen;

als identifizierbar wird eine natürliche Person angesehen, die

- *direkt oder*
- *indirekt,*

insbesondere mittels Zuordnung

- *zu einer Kennung wie einem Namen,*
- *zu einer Kennnummer,*
- *zu Standortdaten,*
- *zu einer Online-Kennung oder*
- *zu einem oder mehreren besonderen Merkmalen*

identifiziert werden kann, die Ausdruck der

- *physischen,*
- *physiologischen,*
- *genetischen,*
- *psychischen,*
- *wirtschaftlichen,*
- *kulturellen oder*
- *sozialen*

Identität dieser natürlichen Person sind;"

Art. 4 Nr. 1 definiert somit den Begriff, um den sich bei der DSGVO alles dreht. Die „personenbezogenen Daten". Dem Wortlaut dieser Definition folgend, ist wesentliches Merkmal dieser speziellen Daten, dass sich aus ihnen ein wie auch immer gearteter „Personenbezug" ergibt bzw. ergeben kann.

Bei der Ermittlung, ob ein Datum/Daten personenbezogen bzw. personenbeziehbar sind, gilt die Grundregel, dass je „individueller" Daten sind bzw. jemanden aus der Masse heraustreten lassen, umso eher wird diese Person identifizierbar und umso eher lässt sich ein Personenbezug annehmen.

Gerade in meiner Beratungspraxis stelle ich immer wieder fest, dass gerne schnell über diese „kriegsentscheidende" Begrifflichkeit der DSGVO hinweggegangen wird, indem man gewisse Daten per se als **nicht** personenbezogen bzw. personenbeziehbar ansieht. Folglich schenkt man mangels vermeintlich fehlender Personenbeziehbarkeit der Daten den datenschutzrechtlichen Regelungen auch keine weitere Aufmerksamkeit.

Doch an dieser Stelle sei ein Wort der Warnung angebracht. Gerade bei der Masse an Daten, die von uns Menschen bereits gespeichert sind, lässt sich meiner Ansicht nach ein Personenbezug einzelner Daten bzw. die Möglichkeit, einen Personenbezug herstellen zu können, immer weniger leugnen. Vielmehr sollten wir im Gegenteil, gerade um uns umständliche Argumentationen zu ersparen, per se von einem Personenbezug von Daten ausgehen, weshalb bei praktisch allen Daten, die in einer Arztpraxis verarbeitet werden, ein Personenbezug anzunehmen ist.

Unabhängig davon, ob man eine direkte oder indirekte Personenbeziehbarkeit der Daten annimmt, sollte man sich gerade als Arzt und damit Berufsgeheimnisträger die weiteren Konsequenzen, die aus dem Personenbezug von Daten resultieren, vor Augen führen:

Dadurch, dass ein bestimmtes Datum wie z. B. der Name eines Patienten im Zusammenhang mit dem Arzt und der Patientenbehandlung steht bzw. gebracht werden kann (wie z. B. die Kontaktinformation des Patienten in einem dienstlichen Smartphone), lässt sich daraus automatisch die zusätzliche Information gewinnen, dass die Person Patient des

Arztes ist. Mithin findet auf dieses Datum/diese Information auch direkt die ärztliche Verschwiegenheitspflicht Anwendung. Falls der Arzt auch noch ausgewiesener Spezialist in einem bestimmten medizinischen Gebiet ist, lässt diese Information ferner sogar Rückschlüsse auf die Gesundheit/Krankheiten des Patienten zu.

Daraus folgt zwangsläufig auch, dass, wenn ein Datum erst einmal einer bestimmten Person zugeordnet werden kann, jedes weitere Datum, das sich mit diesem kombinieren lässt, dieses mit weiteren u. U. sensibleren Informationen „infiziert". Das wiederum bedeutet, dass je mehr Daten man hat, die sich miteinander kombinieren lassen, umso sensibler wird jedes einzelne Datum aus diesem „Datenpool", da sich aus der Kombination dieser Daten miteinander immer mehr Informationen (Wissen) gewinnen lassen.

Das wiederum hat zur weiteren Konsequenz, dass jedes weitere Datum, das mit dem entsprechenden Datum kombiniert werden kann, automatisch auch die Höhe eines vermeintlichen Schadens steigert, der bei einer unbefugten Offenbarung der Daten droht. Mit steigender Höhe des Schadens wächst automatisch das Risiko der Datenverarbeitung (*siehe hierzu auch Kapitel 12 Sicherheit der Datenverarbeitung – Risiko*).

Wie durch den Wortlaut von Art. 4 Nr. 1 deutlich wird, sieht die dort enthaltene Definition hinsichtlich des Personenbezugs von Daten zwei Alternativen vor.

Bei der ersten nimmt die DSGVO einen Personenbezug von Daten an, wenn eine Person aus dem entsprechenden Datum bzw. den Daten **direkt** identifiziert werden kann. Mithin handelt es sich um Daten, die einen direkten Personenbezug bereits von sich aus zulassen. Ein Beispiel wäre bspw. der Name und Vorname eines Patienten, der so einzigartig ist wie z. B. mein Name „Gerald Spyra", dass nur durch dieses Datum die Person direkt identifiziert werden kann. Denn wie bspw. eine Google-Suche zeigt, scheint es weltweit nur eine Person mit dem Namen „Gerald Spyra" zu geben, nämlich mich. Das bedeutet somit, dass sobald mein Name irgendwo auf einer Webseite im Netz auftaucht, ich direkt identifizierbar bin und auf welche Weise auch immer mit dieser Webseite in Verbindung gebracht werden kann. Somit ist ein weltweit einzigartiger Name zugleich Segen aber auch Fluch, denn man muss höllisch aufpassen, was man sagt, mit wem man in Verbindung gebracht werden will usw.

Lässt ein Datum nicht direkt einen Rückschluss auf die Person zu, bspw. wenn es sich um einen Patientennamen handelt, der in Deutschland weit verbreitet ist, wie Peter Müller, gilt es sich dann zu fragen, ob es möglich ist, dieses Datum mit weiteren Daten wie Kennziffern usw. zu kombinieren und damit die Person identifizierbar werden zu lassen. An die vorherigen Ausführungen anknüpfend bedeutet dieses wiederum, dass je mehr Daten sich miteinander kombinieren lassen, umso „individueller" werden diese und umso wahrscheinlicher wird damit die Identifizierbarkeit des Patienten inkl. weiterer sensibler Informationen zum Patienten.

Damit diese Daten aber auch in den Anwendungsbereich der DSGVO bzw. des BDSG fallen, müssen sie der Definition von Art. 4 Abs. 1 folgend einen weiteren, zusätzlichen Informationsgehalt aufweisen. Sie müssen nämlich „Ausdruck der physischen, physiologischen, genetischen, psychischen, wirtschaftlichen, kulturellen oder sozialen Identität" der betroffenen Person sein. Dieser komisch anmutende Annex dürfte meiner Ansicht nach bei Daten, die sich auf eine Person beziehen, immer vorliegen. Denn dadurch, dass Daten „persönlich" sind, lassen sich aus diesem Datum auch weitere Informationen, die auf die vorstehenden Merkmale schließen lassen, ableiten.

Wie die vorstehenden Ausführungen deutlich machen sollten, ist es in der Praxis schwer bis unmöglich zu entscheiden, ob ein einzelnes, vermeintlich nicht personenbezogenes Datum nicht doch bspw. durch ein weiteres Datum, das man diesem Datum zuordnen kann, einen Personenbezug aufweist bzw. erwerben kann. Denn wie aufgezeigt, kann dieses Datum je nach zur Verfügung stehenden anderen Daten und je nach Kontext, in dem man das Datum setzen kann, Informationen „erben", die man diesem einen Datum niemals angesehen hätte.

Gerade weil es einem Menschen praktisch unmöglich ist zu entscheiden, ob ein Datum einen Personenbezug aufweist oder nicht, sollte man im Zweifel, alleine aus Praktikabilitätsgründen bei Patientendaten immer einen Personenbezug eines Datums annehmen. Denn der Aufwand zu begründen, wieso dieses eine Datum gerade nicht personenbezogen sein soll, ein anderes, das im direkten Zusammenhang mit dem Ersteren steht, aber schon, dürfte schnell Überhand nehmen. Ferner besteht die Gefahr, dass man sich schnell in Widersprüche verwickelt und man letzten Endes dadurch auch den notwendigen Blick für das Wesentliche verliert.

Gerade wenn es um aggregierte (zusammenhängende) Daten von Patienten geht, unterliegen alle diese Daten auch der ärztlichen Verschwiegenheitspflicht. Da hierdurch automatisch immer auch ein Bezug zur Gesundheit des Patienten ableitbar ist, stellen diese Daten praktisch allesamt auch eine besondere Kategorie von Daten (vgl. Art. 9 Abs. 1) dar, die eines besonderen Schutzes, z. B. durch entsprechende technische und organisatorische Schutzmaßnahmen (*siehe Kapitel 12 und 16*), bedürfen.

6.2 Datenverarbeitung

Art. 4 Nr. 2

„Verarbeitung" [bezeichnet] jeden mit oder ohne Hilfe automatisierter Verfahren ausgeführten Vorgang oder jede solche Vorgangsreihe im Zusammenhang mit personenbezogenen Daten wie

- *das Erheben,*
- *das Erfassen,*

- *die Organisation,*
- *das Ordnen,*
- *die Speicherung,*
- *die Anpassung oder Veränderung,*
- *das Auslesen,*
- *das Abfragen,*
- *die Verwendung,*
- *die Offenlegung durch Übermittlung,*
- *Verbreitung oder eine andere Form der Bereitstellung,*
- *den Abgleich oder die Verknüpfung,*
- *die Einschränkung,*
- *das Löschen oder*
- *die Vernichtung;"*

Auch der Begriff der „Verarbeitung" ist ein sehr wesentlicher Begriff der DSGVO, um den sich quasi alles in der DSGVO dreht. Denn die DSGVO findet nur Anwendung, wenn „personenbezogene Daten" (Art. 4 Nr. 1) „verarbeitet" (Art. 4 Nr. 2) werden.

Beim Begriff der „Verarbeitung" handelt es sich, wie aus der vorstehenden Definition schnell deutlich wird, um einen sehr weit gefassten Begriff. Durch das in dieser Regelung enthaltenen Wort „wie" wird ferner direkt ersichtlich, dass diese dort aufgeführten Beispiele für eine „Verarbeitung" auch nicht als abschließend zu verstehen sind. Mithin dürfte der Begriff der „Datenverarbeitung" der DSGVO, dem in Deutschland z. B. im BDSG-alt verwendeten Begriff des „Datenumgangs" entsprechen. Der Begriff der „Verarbeitung" ist damit der Oberbegriff für jegliche Form des „Umgangs" mit Daten und erfasst den kompletten „Datenlebenszyklus". Daraus folgt somit, dass sobald man etwas mit „personenbezogenen Daten" anstellt, man diese automatisch „verarbeitet". Folglich muss man sich (bei Eröffnung des sachlichen Anwendungsbereichs) dann zwangsläufig mit den Regelungen der DSGVO auseinandersetzen!

Auch wenn die DSGVO den Oberbegriff der „Verarbeitung" gewählt hat, verwendet sie, wie vorstehend erwähnt, in manchen ihrer Regelungen bestimmte Begrifflichkeiten, wie z. B. die „Erhebung" (vgl. Art. 13), die jedoch wiederum nicht von der DSGVO näher definiert werden. Eine Form der „Verarbeitung" ist, auch wenn diese Begrifflichkeit nicht explizit genannt wird, die Pseudonymisierung.

6.3 Pseudonymisierung

Art. 4 Nr. 5

„Pseudonymisierung" [bezeichnet]

die ***Verarbeitung*** *personenbezogener Daten in einer Weise,*

dass die personenbezogenen Daten **ohne Hinzuziehung zusätzlicher Informationen**

nicht *mehr einer spezifischen betroffenen Person zugeordnet werden können,*

sofern *diese zusätzlichen Informationen gesondert aufbewahrt werden und technischen und organisatorischen Maßnahmen unterliegen, die gewährleisten, dass die personenbezogenen Daten nicht einer identifizierten oder identifizierbaren natürlichen Person zugewiesen werden;"*

Wie durch die Definition in Art. 4 Nr. 5 deutlich werden sollte, handelt es sich bei der Pseudonymisierung um eine **Verarbeitungsform**, auch wenn diese, was schwer nachvollziehbar ist, nicht in die Auflistung von Art. 4 Nr. 2 mit aufgenommen wurde. Daraus folgt wiederum, dass auch die Pseudonymisierung, als weitere Verarbeitungsform, einen entsprechenden Rechtfertigungsgrund (vgl. Art. 6, 9) benötigt.

Der Definition von Art. 4 Abs. 5 folgend, handelt es sich bei der Pseudonymisierung um eine Änderung eines Datums bzw. mehrerer Daten in der Weise, dass keiner mehr (außer den Berechtigten) ohne die Hinzuziehung zusätzlicher Informationen (bspw. mittels einer entsprechenden Zuordnungstabelle) die

Person anhand der zur Verfügung stehenden „pseudonymisierten" Daten identifizieren kann.

Mithin charakterisiert pseudonymisierte Daten nach der DSGVO (auch wenn das ein wenig widersprüchlich klingen mag), dass sie für die Berechtigten ihren Personenbezug behalten, jedoch für Außenstehende „anonym" sein müssen. Die Berechtigten dürfen nur mittels einer entsprechenden Zuordnungstabelle bzw. einer anderen Zuordnungsmöglichkeit in der Lage sein, aus den pseudonymisierten Daten den Personenbezug wiederherzustellen.

In diesem Zusammenhang ist darauf hinzuweisen, dass die DSGVO keine Definition zur „Anonymisierung" von Daten beinhaltet und auch sonst mit der Verwendung des Begriffs „anonyme Daten" sehr sparsam ist. Das BDSG-neu hingegen sieht weiterhin die Möglichkeit einer Anonymisierung vor (siehe z. B. § 27 Abs. 3 BDSG), ohne jedoch selbst zu definieren, was unter einer Anonymisierung zu verstehen ist. Klar dürfte jedoch sein, dass mit Geltung der DSGVO die sog. faktische Anonymisierung des BDSG-alt, nach der keiner mehr (außer dem Verantwortlichen) ohne verhältnismäßigen Aufwand einen Personenbezug aus dem Datum ableiten können darf, nicht mehr existiert. Vielmehr ist die „faktische Anonymisierung" nun als „Pseudonymisierung" zu verstehen. Daher gilt es, Daten, die man früher als „faktisch anonymisiert" angesehen hat, aufgrund des neuen Begriffsverständnisses der DSGVO hinsichtlich der Pseudonymisierung sowie der Personenbeziehbarkeit eines Datums als pseudonymisierte Daten zu betrachten, sofern eine entsprechende Zuordnungstabelle bzw. Zuordnungsmöglichkeit besteht.

Es gilt sich daher stets klarzumachen, dass eine „Pseudonymisierung" den Personenbezug eines Datums nicht ausschließt! Mithin ist die Pseudonymisierung kein Synonym für die „Anonymisierung"! Denn bei einer Anonymisierung dürfte keiner mehr in der Lage sein (auch nicht der Verantwortliche), einen Personenbezug wiederherzustellen.

Durch die theoretische Möglichkeit, bei pseudonymisierten Daten den Personenbezug wiederherzustellen, folgt somit zwangsläufig, dass die Regelungen der DSGVO auf pseudonymisierte Daten weiterhin Anwendung finden. Die „Pseudonymisierung" ist deshalb als (technische) Maßnahme der Risikominimierung im Rahmen der Datenverarbeitung (*vgl. Kapitel 12*) zu verstehen. Sie ist damit ein wesentliches Mittel, um den in Art. 5 Abs. 1 enthaltenen Grundsatz der Datenminimierung zu erfüllen.

Was ferner durch das in der Begriffsdefinition von Art. 4 Nr. 5 verwendete Wort **„sofern"** deutlich wird ist, dass ein wesentliches Merkmal bzw. zwingende Voraussetzung einer Pseudonymisierung ist, dass die zusätzlichen Informationen (Zuordnungsmerkmale) gesondert und entsprechend gesichert aufbewahrt werden müssen (Tatbestandsmerkmal). Mithin ist es zwingend erforderlich, dass keiner außer den Berechtigten die Möglichkeit erhält, an diese Zuordnungsmöglichkeiten zu kommen, um aus den für ihn vermeintlich „anonymen" Daten den Personenbezug wiederherzustellen.

Beispiel einer Pseudonymisierung in der Arztpraxis:

In einer Arztpraxis erfolgt eine Pseudonymiserung von Patientendaten oftmals (wenn sie korrekt durchgeführt wird) automatisiert, durch die verwendete Praxissoftware. So weist diese Software einem Patienten, vielfach automatisiert, eine entsprechende, vielfach zufällig generierte Patientennummer zu.

Wenn die Software diese Kennziffer „zufällig" vergibt, sollte theoretisch keiner, der keine weiteren Informationen zu diesem Datum hat, einen Rückschluss auf den dieser Nummer zugeordneten Patienten ziehen können. Vielmehr dürfte niemand mit dieser Nummer alleine etwas anfangen können, weshalb der Schutzbedarf dieses Datums auch nicht so hoch sein dürfte wie bei einem Klarnamen.

Praktisch nur die „Eingeweihten"/Berechtigten der Praxis bzw. die Personen, die einen entsprechenden Zugriff auf das Praxissystem haben, sollten in der Lage sein herauszufinden, wer sich hinter der Patientenkennziffer genau verbirgt.

Ein Praxissystem, das entsprechende Kennziffern vergibt, beinhaltet daher systemimmanent entsprechende Zuordnungstabellen, mit deren Hilfe der entsprechende Patient der Kennziffer schnell wieder zugeordnet werden kann.

Weil die Software mit ihren Tabellen praktisch der Schlüssel zur „Personenbeziehbarkeit" ist, gilt es, durch entsprechende Schutzmaßnahmen sicherzustellen, dass Außenstehende keinen Zugriff auf die Software/diese Zuordnungstabellen nehmen können.

Das Problem, das sich gerade bei der Übermittlung pseudonymisierter Daten an Dritte stellt ist, dass vielfach nicht nur das eigentlich pseudonymisierte Datum, wie z. B. die Kennziffer der Patienten übermittelt werden soll, sondern eine Vielzahl an anderen (Behandlungs-)Daten, die mit dem pseudonymisierten Datum in unmittelbarem Zusammenhang stehen. Dieser Datenpool kann wiederum, wie aus den vorstehenden Ausführungen deutlich werden sollte, bewirken, dass mittels dieser Daten ein Personenbezug des pseudonymisierten Datums ermöglicht wird. Will man pseudonymisierte Daten an andere Stellen so „datensparsam" wie möglich übermitteln, sollte man sich daher anschauen, welche Daten für die Datenverarbeitung durch den Dritten, der die Daten erhalten soll, wirklich notwendig sind. Ggf. sollte man andere der zu übermittelnden Daten, die einen Personenbezug zulassen, entweder weglassen oder auch verändern. Bei all dem gilt es aber auch immer, „die Kirche im Dorf" zu lassen. Daher sollte man sich auch nicht zu sehr fragen, ob die Daten wirklich pseudonym sind oder nicht, sondern sollte vielmehr Wert darauf legen, dass man dem Dritten nur die Daten zukommen lässt, die er für die Erfüllung seiner Pflichten benötigt (Zweckbindung) und dass er vertraglich gezwungen ist, die Daten ordnungsgemäß zu verarbeiten. Ferner gilt es sicherzustellen, dass die Übermittlung so sicher wie möglich erfolgt.

6.4 Dateisystem

Art. 4 Nr. 6

„Dateisystem [bezeichnet] ***jede strukturierte Sammlung*** *personenbezogener Daten,*

die nach bestimmten Kriterien zugänglich sind,

unabhängig *davon, ob diese Sammlung*

- *zentral,*
- *dezentral oder*
- *nach funktionalen oder*
- *geografischen Gesichtspunkten*

geordnet geführt wird;"

Der in Art. 4 Nr. 6 verwendete Begriff des „Dateisystems" ist ein wesentlicher Begriff der DSGVO und spielt u. a. im Bereich der sachlichen Anwendbarkeit der DSGVO-Regelungen eine bedeutende Rolle (*vgl. Kapitel 5.2*). Denn den Regelungen aus Art. 2 folgend, findet die DSGVO insbesondere (auch) auf die Datenverarbeitung in bzw. mittels „Dateisystemen" Anwendung.

Wesentliches Merkmal von Dateisystemen ist die ihnen immanente„Ordnung" bzw. die Möglichkeit, Daten zu kategorisieren/nach bestimmten Kriterien zu ordnen. Gerade diese Ordnungs- bzw. Kategorisierungsmöglichkeit lässt die Datenverarbeitung in „Dateisystemen" für Betroffene risikoreich werden. Denn durch die ihnen immanente Ordnung nach bestimmten Eigenschaften/Kategorien wird sofort ersichtlich, dass die in den Systemen aufgeführten Personen diese „Eigenschaften" haben bzw. bestimmten Gruppen zugeordnet werden können. Aufgrund der einem Dateisystem immanenten Ordnung lassen sich die Systeme einfach durchsuchen.

Eine Arztpraxis trägt in eine Papierliste alle Patienten ein, die HIV infiziert sind und wählt auch eine entsprechende Bezeichnung für diese Liste. Fällt diese Liste in fremde Hände, weiß derjenige, der nun im Besitz dieser Liste ist, automatisch, dass alle die in dieser Liste aufgeführten Patienten „HIV-infiziert" sind.

Aufgrund der Risikogeneigtheit der Datenverarbeitung in „Dateisystemen", ist es daher nur konsequent, dass die Regelungen der DSGVO sowohl auf die Datenverarbeitungen in digitalen als auch in analogen Dateisysteme Anwendung finden (siehe auch Erwägungsgrund 15).

Für eine Arztpraxis bedeutet dieses somit, dass bspw. Papierlisten, auf denen Patientendaten nach bestimmten Kriterien geordnet sind, vom Schutzbereich der DSGVO erfasst werden. Daher finden auf die Datenverarbeitungen mittels dieser Papierlisten die DSGVO-Regelungen Anwendung. Gleiches gilt auch für die „Papierpatientenakte"/Patientenkarteikarten. Ein Arzt ist daher gut beraten, wenn er praktisch nur mit „Papier" arbeitet, nicht kategorisch die Anwendbarkeit der DSGVO abzulehnen. Vielmehr sollte er prüfen, ob es sich bei den von ihm verwendeten „Listen", Karteikarten usw. um Dateisysteme handelt, was in den meisten Fällen zu bejahen sein dürfte.

Auch wenn auf diese Datenverarbeitung die Regelungen der DSGVO Anwendung finden dürften, muss man diesbezüglich aber zugegeben, dass die Erfüllung der DSGVO-Regelungen bei reiner „Papierarbeit" deutlich einfacher fallen dürfte als bei einer intransparenten Datenverarbeitung mittels IT.

7 Allgemeine Prinzipien beim Schutz von Patientendaten

7.1 Allgemeines

In meiner Beratungspraxis traf und treffe ich immer wieder auf folgendes Phänomen: Bei der Frage, ob eine bzw. mehrere Datenverarbeitungen in Arztpraxen, Krankenhäuser etc. „datenschutzkonform" sind, war und ist oftmals das erste was getan wird, wild im Gesetz/der Verordnung zu blättern und zu schauen, ob sich dort eine „Legitimation" für die entsprechende Datenverarbeitung finden lässt. Auch wenn dieses Verhalten durchaus nachvollziehbar ist (man will ja schließlich schnell eine „gesetzeskonforme" Lösung haben), dürfte es jedoch wenig zielführend sein. Vielmehr sollte man sich meiner Ansicht nach von der Mär, dass man im Datenschutzrecht die Rechtmäßigkeit einer Datenverarbeitung nur aus dem Gesetz bzw. der Verordnung ableiten kann, verabschieden. Denn wie uns Art. 5, in dem die wesentlichen Prinzipien des Datenschutzes aufgeführt sind, zeigt, gehört zur Rechtskonformität einer Datenverarbeitung weitaus mehr als nur eine „gesetzliche" Legitimation.

Aufgrund der Tatsache, dass die Regelungen zur DSGVO schwer verständlich und in ihrer Komplexität auch nur schwer vollständig zu erfassen sind, sollte man sich meiner Ansicht nach auch nicht zu sehr in diesem Gesetzes-Wirrwarr verlieren. Vielmehr dürfte es weitaus zielführender sein, sich bei der Fragestellung nach der Rechtmäßigkeit einer Datenverarbeitung lieber mit den grundlegenden Prinzipien des (Patienten-) Datenschutzes auseinanderzusetzen und diese auf den jeweiligen Einzelsachverhalt anzuwenden.

Ferner bekommt man, wenn man die jeweilige Datenverarbeitung (inklusive der relevanten Umstände des jeweiligen Einzelsachverhalts) an diesen Grundprinzipien misst, ein besseres Gespür für diese Datenverarbeitung, da man gezwungen ist, den Sachverhalt zu ergründen und sich Gedanken zu der Verarbeitungspraxis zu machen.

Erst wenn man die Prinzipien offen und ehrlich auf den jeweiligen Sachverhalt angewendet hat, sollte man in einem letzten Schritt verifizieren, ob sich die gefundenen Ergebnisse mit dem Gesetzeswortlaut in Einklang bringen lassen.

Die in Art. 5 enthaltenen Prinzipien sind die Grundpfeiler des Datenschutzrechts und der DSGVO. Auch unser Bundesverfassungsgericht hat diese mehr oder weniger vor Geltung der DSGVO schon recht früh, z. B. im sog. „Volkszählungsurteil", entwickelt und in seiner weiteren Rechtsprechung immer weiter konkretisiert. Alle heute geltenden (Datenschutz-) Gesetze bzw. Regelungen mit Datenschutzbezug sind im Prinzip die Ausprägung dieser Prinzipien und müssen sich an diesen messen lassen!

Das wiederum hat zur Konsequenz, dass sich jeder Datenumgang bei einem Arzt/einer Praxis/MVZ usw. an diesen Prinzipien zu orientieren hat bzw. an diesen Prinzipien gemessen werden muss. Diese Prinzipien finden auf den „Patientendatenschutz" wegen der hohen Schutzbedürftigkeit der zu verarbeitenden Daten in einem verstärkten Maße Anwendung. Aufgrund der hohen Schutzbedürftigkeit dieser Daten/Informationen gilt es daher konsequenterweise, diese Grundprinzipien „eng" auszulegen, um der Sensibilität, Bedeutung und den Schutzzwecken dieser Daten ausreichend Rechnung zu tragen.

Dass die DSGVO diesen Grundprinzipien eine erhebliche Bedeutung beimisst, wird nicht zuletzt durch die Sanktionen deutlich, die bei einem Verstoß gegen diese Grundsätze drohen. So ist ein Verstoß gegen diese (Allgemein-) Grundsätze bußgeldbewehrt und kann mit einem Bußgeld bis zu 20 Mio. € oder 4 % des Jahresumsatzes des Vorjahres (je nachdem, welcher Betrag höher ist) sanktioniert werden (*vgl. Kapitel 19 Sanktionen*).

Aufgrund ihrer immensen Bedeutung werden im Nachfolgenden diese Prinzipien zunächst wortlautgemäß zitiert, wobei die meiner Ansicht nach wichtigen Wörter/Passagen hervorgehoben wurden. Danach erfolgt eine Kommentierung der einzelnen Prinzipien.

Beim Lesen von Art. 5 dürfte dem Leser schnell eine „Kuriosität" auffallen. Denn schon beim Wortlaut von Art. 5 zeigt sich, dass bestimmte Prinzipien, die bei der Bewertung der „Datenschutzkonformität" einer Datenverarbeitung eine herausragende Rolle spielen, vielfach nur genannt, aber nicht näher erläutert werden. Hingegen werden andere Prinzipien, die meiner Ansicht nach nicht von so überragender Bedeutung sind, sehr extensiv behandelt und beschrieben. Wieso der Gesetzgeber sich für diesen Schritt entschieden hat, erschließt sich mir nicht wirklich. Er wirkt sich jedoch meiner Ansicht nach kontraproduktiv aus. Denn durch das „Ungleichgewicht" bzw. durch den unterschiedlichen „Detailgrad" der Prinzipien entsteht bei einem nicht tief im Datenschutz verwurzelten Leser möglicherweise der Eindruck, dass bspw. die in Art. 5 Abs. 1 a) lediglich genannten, aber praktisch gar nicht erklärten Begrifflichkeiten eine weniger hohe Bedeutung haben wie etwa das in Art. 5 Abs. 1 e) umfassend beschriebene Prinzip der Speicherbegrenzung.

Klar ist jedoch durch die Formulierung von Art. 5, dass die in diesem Artikel benannten Prinzipien kumulativ zu verstehen sind. Daher müssen diese bei einer rechtmäßigen Datenverarbeitung theoretisch alle gleichermaßen erfüllt sein. Mithin kann bspw. eine Datenverarbeitung nie „datenschutzkonform" sein, wenn bei ihr nicht eine ausreichende Sicherheit gewährleistet ist (vgl. Art. 5 Abs. 1 f und *Kapitel 12*). Da sich jedoch, wie im Nachfolgenden aufgezeigt, praktisch alle der in Art. 5 genannten Prinzipien mehr oder weniger aus denen von Art. 5 Abs. 1 a) und b) ableiten lassen, sollte man m. A. nach, auch wenn es aus dem Gesetzeswortlaut nicht hervorgeht, zunächst maßgeblich den Betrachtungsfokus auf die in a) und b) genannten Prinzipien legen.

Art. 5 DSGVO hat folgenden Wortlaut:

„Abs. 1

Personenbezogene Daten müssen

*a) auf **rechtmäßige Weise**, nach **Treu und Glauben** und in einer für die **betroffene Person nachvollziehbaren Weise** verarbeitet werden („Rechtmäßigkeit, Verarbeitung nach Treu und Glauben, Transparenz");*

*b) für **festgelegte**, **eindeutige** und **legitime Zwecke erhoben** werden und **dürfen*** **nicht** *in einer mit diesen **Zwecken nicht** zu **vereinbarenden Weise weiterverarbeitet** werden; eine Weiterverarbeitung für im öffentlichen Interesse liegende Archivzwecke, für wissenschaftliche oder historische Forschungszwecke oder für statistische Zwecke gilt gemäß Artikel 89 Absatz 1 nicht als unvereinbar mit den ursprünglichen Zwecken („Zweckbindung");*

*c) dem **Zweck angemessen** und erheblich sowie auf das für die **Zwecke** der **Verarbeitung notwendige Maß** beschränkt sein („Datenminimierung");*

*d) **sachlich richtig** und **erforderlichenfalls** auf dem **neuesten Stand** sein; es sind **alle angemessenen Maßnahmen** zu **treffen**, damit personenbezogene Daten, die im Hinblick auf die Zwecke ihrer Verarbeitung **unrichtig** sind, **unverzüglich gelöscht** oder **berichtigt** werden („Richtigkeit");*

*e) in einer **Form gespeichert** werden, die die **Identifizierung** der **betroffenen Personen** nur so **lange ermöglicht**, wie es für die **Zwecke**, für die sie **verarbeitet werden, erforderlich** ist; personenbezogene Daten dürfen länger gespeichert werden, soweit die personenbezogenen Daten vorbehaltlich der Durchführung geeigneter technischer und organisatorischer Maßnahmen, die von dieser Verordnung zum Schutz der Rechte und Freiheiten der betroffenen Person gefordert werden, ausschließlich für im öffentlichen Interesse liegende Archivzwecke oder für wissenschaftliche und historische Forschungszwecke oder für statistische Zwecke gemäß Artikel 89 Absatz 1 verarbeitet werden („Speicherbegrenzung");*

f) in einer Weise verarbeitet werden, die eine angemessene Sicherheit der personenbezogenen Daten gewährleistet, einschließlich Schutz vor unbefugter oder unrechtmäßiger Verarbeitung und vor unbeabsichtigtem Verlust, unbeabsichtigter Zerstörung oder unbeabsichtigter Schädigung durch geeignete technische und organisatorische Maßnahmen („Integrität und Vertraulichkeit");

Abs. 2

*Der **Verantwortliche** ist für die **Einhaltung** des **Absatzes 1 verantwortlich** und muss dessen **Einhaltung nachweisen** können („Rechenschaftspflicht")."*

7.2 Rechtmäßigkeit

Die Rechtmäßigkeit einer Datenverarbeitung entspricht im Prinzip dem bisher mehr oder weniger bekannten datenschutzrechtlichen Prinzip des „Verbots mit Erlaubnisvorbehalt". Früher wie heute ist es daher für eine Datenverarbeitung essenziell, dass sich diese auf eine gesetzliche Legitimation stützen bzw. sich der Verantwortliche auf eine entsprechende Legitimation berufen kann.

Mit Geltung der DSGVO kann sich eine Legitimation **NUR** noch aus zwei Vorschriften ergeben.

Wichtig! Die einzige Legitimationsvorschrift, die sich auf die Verarbeitung **normaler Kategorien personenbezogener Daten** bezieht, ist Art. 6 mit all seinen (verschachtelten) Regelungen. Bei **besonderen Kategorien** von Daten wie bspw. Gesundheitsdaten (Patientendaten) lässt sich eine Legitimation **NUR** aus der nicht weniger verschachtelten Regelung von Art. 9 ableiten!

Den Regelungen von Art. 6 und Art. 9 folgend, kann daher eine Datenverarbeitung nur:

- aufgrund der dort enthaltenen Regelungen, inkl. der diesbezüglich korrespondierenden nationalen Regelungen

oder
- durch eine Einwilligung des Betroffenen legitimiert werden.

Diese Legitimationsformen werden in *Kapitel 8* näher behandelt …

7.3 Treu und Glauben/Fairness

Eng mit dem Grundsatz der „Rechtmäßigkeit" hängt der Grundsatz von „Treu und Glauben" zusammen. Denn eine rechtmäßige Datenverarbeitung muss immer auch gem. „Treu und Glauben" erfolgen. Bei diesem Grundsatz handelt es sich um einen weit verbreiteten, aber wenig konkreten Rechtsgrundsatz, der immer einer Auslegung im Einzelfall bedarf.

Im Prinzip beschreibt dieser Grundsatz im deutschen Recht die Verhaltensweisen, „die ein billig und gerecht Denkender (Betroffener)" regelmäßig von einem anderen (Verantwortlichen/Auftragsverarbeiter) erwarten kann. Diesem Grundsatz folgend, sollte deshalb bei der Beurteilung, ob eine Datenverarbeitung die Anforderungen nach „Treu und Glauben" erfüllt, regelmäßig vom „Erwartungshorizont" eines „Otto Normalverbrauchers" (Betroffenen) ausgegangen werden.

Der in der deutschen Fassung der DSGVO verwendete Begriff „Treu und Glauben" ist die Übersetzung des englischen Begriffs „Fairness". Ob die deutsche Übersetzung wirklich gleichbedeutend mit dem englischen Begriff ist oder anders ausgelegt werden muss, wird die Zukunft zeigen. Meiner Ansicht nach handelt es sich jedoch um unterschiedliche Begriffe mit einer unterschiedlichen Gewichtung. Denn meiner Ansicht nach steckt im Begriff „Fairness" mehr „Menschlichkeit". Daher dürfte der Begriff der Fairness auch eher menschenfreundlicher ausgelegt werden, als der eher „kalt" und unpersönlich wirkende Begriff von „Treu und Glauben". Eine „faire" Datenverarbeitung bedeutet für mich immer die Einhaltung des notwendigen Respekts gegenüber dem Betroffenen bei der Verarbeitung. Im

Prinzip lässt sich in dem Gebot der Fairness auch die „goldene Regel" erkennen. In der Praxis sollte sich daher ein Arzt vor Einführung einer bestimmten Datenverarbeitung immer selber fragen, ob er mit dieser Datenverarbeitung einverstanden wäre, wenn er der Patient wäre. Wenn der Arzt aufgrund der Kenntnis über bestimmte Datenübermittlungen usw. dann ein schlechtes Gefühl hat, sollte er vielleicht die Einführung dieser Datenverarbeitung, soweit er darauf Einfluss hat, überdenken. Diesen Ausführungen folgend, hat daher das Gebot der Fairness bzw. von Treu und Glauben meiner Ansicht nach auch viel mit Empathie/Einfühlungsvermögen zu tun, was ja auch eine wesentliche Komponente für die Patientenbehandlung ist bzw. sein sollte.

Unzweifelhaft bestehen auch Parallelen zwischen dem „Fairness"-Gebot und den deutschen Regelungen zu Allgemeinen Geschäftsbedingungen (AGB). Daher kann es in bestimmten Konstellationen sachgerecht sein, bei der konkreten Auslegung/Interpretation des Begriffs „Fairness" bzw. „Treu und Glauben" im datenschutzrechtlichen Sinne auf die Erwägungen der deutschen Gerichte hinsichtlich der Rechtsprechung zu §§ 305 ff. BGB zurückzugreifen. In Konsequenz dürften daher bspw. etwaige in Patienteneinwilligungserklärungen enthaltene, „überraschende Klauseln" sowohl aus AGB-rechtlicher wie auch aus datenschutzrechtlicher Sicht nicht dem Gebot der „Fairness" entsprechen, da ein „Otto Normalbetroffener" mit solchen Regelungen nicht rechnen kann und rechnen muss.

Darüber hinaus beinhaltet eine „faire" Verarbeitung immer auch, dass der Betroffene (Patient) stets ausreichend über die Umstände der Datenverarbeitung aufgeklärt bzw. informiert wird. Eine weitere wesentliche Voraussetzung für eine „faire" Datenverarbeitung ist daher immer auch eine ausreichende Transparenz über diese.

7.4 Transparenz

„Transparenz" im Sinne des Datenschutzrechts bedeutet „Kenntnis" des Betroffenen von der Verarbeitung seiner Daten bzw. die Möglichkeit des Betroffenen, sich (umfassend) Kenntnis davon zu verschaffen. Die umfassenden, in den Art. 12–14 enthaltenen Informationspflichten stellen eine Ausprägung dieses Grundsatzes dar. Die *Kapitel 9.2 bis 9.4* enthalten diesbezüglich weitere Ausführungen. Eine umfassende Information eines Betroffenen/Patienten ist essenziell, da er bspw. immer erst dann, wenn er ausreichende Kenntnis über die konkrete Datenverarbeitung hat, in der Lage ist, eine wirksame (informierte) Einwilligung zu erteilen. Auch der zivilrechtliche Einsichtsanspruch des Patienten in seine Patientenakte gem. § 630 g BGB, lässt sich als Ausprägung des datenschutzrechtlichen Transparenzprinzips ansehen.

Zwar adressiert der Transparenzgrundsatz der DSGVO vermeintlich nur den Betroffenen. Doch sollte man diesen Grundsatz meiner Ansicht nach noch weiter verstehen. Denn auch wenn es zunächst nicht so deutlich wird, adressiert die DSGVO mit diesem Grundsatz implizit den bzw. die Verantwortlichen (Arzt/Praxis)! Ein Verantwortlicher kann einem Betroffenen nämlich nur ausreichende Transparenz über die Datenverarbeitung liefern, wenn er in seiner Organisation bzw. über die bei ihm stattfindenden Datenverarbeitungen selber den „Durchblick" hat. Mithin enthält meiner Meinung nach der Transparenzgrundsatz die implizite Aufforderung an den Verantwortlichen, sich zunächst selbst einmal den Durchblick über die von ihm eingesetzten Datenverarbeitungen und die diesbezüglich zugrundeliegenden Umstände zu verschaffen. Die Feststellungen sollte er entsprechend dokumentieren, wozu das Verarbeitungsverzeichnis, wenn man es ein wenig erweitert, ein durchaus probates Mittel sein dürfte (*Kapitel 11*).

Wie in *Kapitel 12* aufgezeigt, ist „Transparenz" ferner auch eine essenzielle Grundbedingung für die Gewährleistung einer ausreichenden „Sicherheit" der Datenverarbeitung. Ohne eine entsprechende Transparenz über die geplante Datenverarbeitung kann bspw. eine Entscheidung für oder gegen gewisse technische und organisatorische Schutzmaßnahmen immer nur eine wenig belastbare „Pi mal Daumen"-Entscheidung sein, was sich wiederum schnell „rächen" kann (siehe hierzu auch die Ausführungen weiter unten zur Rechenschaftspflicht in *Kapitel 7.10*).

Ferner lässt sich erst, wenn man einen umfassenden Überblick über die Verarbeitungsprozesse inkl. der ihnen zugrundeliegende Verarbeitungszwecke gewonnen hat, prüfen, ob man den weiteren wesentlichen Grundsatz der Zweckbindung im ausreichenden Maße beachtet hat.

7.5 Zweckbindung

Wie bisher im deutschen Recht, darf auch nach der DSGVO gem. Art. 5 Abs. 1 b) eine Datenverarbeitung grundsätzlich immer nur zu einem bzw. mehreren klar (gesetzlich) festgelegten, legitimen Zwecken erfolgen. Daher ist es auch so essenziell wichtig, sich **VOR** jeder Datenverarbeitung darüber im Klaren zu sein, warum man diese durchführen bzw. welchen Zweck man mit der Datenverarbeitung erreichen will. Dieses sollte man sofort entsprechend dokumentieren.

Ferner bedeutet der Grundsatz der Zweckbindung aber auch, dass man sich über die geplante Datenverarbeitung immer eine entsprechende **Transparenz** verschaffen muss. Denn nur, wenn man bspw. Kenntnis darüber hat:

- zu welchen Zwecken man selber,
- ob und wer bzw. welche weiteren (externen) Stellen noch in die Datenverarbeitung involviert sein sollen,
- ob und zu welchen Zwecken diese weiteren Stellen eine Verarbeitung der Daten durchführen wollen,
- ...

lässt sich überprüfen, ob diese Datenverarbeitung und die ihr zugrundeliegenden Zwecke legitim sind. Ferner lassen sich erst bei einer entsprechenden Transparenz über die Datenverarbeitung die Verantwortlichkeiten dieser Stellen bei der Verarbeitung beurteilen und Anhaltspunkte dafür finden, ob und wenn ja welche Verträge/Vereinbarungen man mit diesen Beteiligten abschließen muss (*siehe Kapitel 17*). Denn so ist es gerade bei einer Auftragsverarbeitung essenziell, dass der Auftragsverarbeiter die Daten **NUR** zu den Zwecken verarbeitet, zu denen der Verantwortliche die Daten verarbeiten will. Dieses muss auch in einem Vertrag deutlich und klar dargestellt werden (*siehe Kapitel 17.3*).

Wie beim Prinzip der Rechtmäßigkeit aufgezeigt, lassen sich die gesetzlich als legitim angesehenen Zwecke grundsätzlich nur in Art. 6 und Art. 9 inkl. der damit korrespondierenden nationalen Gesetze finden. Falls sich eine Datenverarbeitung bzw. die Zwecke, die mit der Datenverarbeitung verfolgt werden, nicht unter die dort genannten Zwecke fassen lassen, besteht die einzige Möglichkeit zur Legitimation der Datenverarbeitung nur noch in der Einholung einer wirksamen Einwilligung, was jedoch, wie in *Kapitel 8* aufgezeigt, alles andere als ein einfaches Unterfangen darstellt. Denn gerade bei einer Einwilligung des Betroffenen gilt es darauf zu achten, dass auch die Zwecke der Verarbeitung dem Betroffenen in ausreichendem Maße kommuniziert werden.

Will man Daten, die man ursprünglich für Zweck A verarbeiten wollte, nunmehr für Zweck B verarbeiten, muss stets sichergestellt sein, dass sich diese „neue" Verarbeitung auch auf einen legitimen Zweck stützen lassen kann. Ferner wird aus Art. 5 Abs. 1 b) ersichtlich, dass bei einer „neuen" Verarbeitung derselben Daten, Zweck A und Zweck B „komplementär" miteinander sein müssen. Somit dürfte daher ein Arzt bspw. nicht die Daten seiner Patienten, die er während der Behandlung erhalten hat, zu Werbezwecken (weiter) nutzen.

Die DSGVO sieht in Art. 5 Abs. 1 b) hinsichtlich der Datenweiterverarbeitung für im öffentlichen Interesse liegende Archivzwecke, für wissenschaftliche oder historische Forschungszwecke oder für statistische Zwecke (vgl. Art. 89) eine Vereinbarkeit mit den ursprünglichen Zwecken vor. Dies wiederum hat letzten Endes zur Konsequenz, dass sich der Verantwortliche hinsichtlich der Rechtsgrundlage für die Weiterverarbeitung auf die ursprüngliche Legitimationsgrundlage berufen kann, die bereits für die Erstverarbeitung galt, wenn er die Datenverarbeitung zu diesen Zwecken vornimmt. Wenn sich bspw. ein Arzt an wissenschaftlichen Forschungen beteiligen will, erhält er hinsichtlich der Verarbeitung zu wissenschaftlichen Zwecken eine gewisse Privilegierung, die jedoch nicht zu extensiv interpretiert werden sollte (*vgl. Kapitel 8 Legitimationen*)

Der Grundsatz der Zweckbindung steht in engem Zusammenhang mit dem der Datenminimierung. Denn nach wie vor gilt, dass man als Verantwortlicher immer nur so viele Daten verarbeiten darf, wie für die Erreichung des intendierten Zwecks notwendig sind.

7.6 Datenminimierung

„Datenminimierung" ist praktisch gleichbedeutend mit den im alten BDSG verwendeten Begriffen der „Datenvermeidung"/ „Datensparsamkeit".

Wie bisher dürfte deshalb auch mit der DSGVO der Grundsatz gelten, dass ein Verantwortlicher am besten gar keine personenbezogenen Daten verarbeiten sollte (Datenvermeidung). Falls er jedoch personenbezogene Daten des Betroffenen zur Zweckerreichung benötigt, gilt nach dem Grundsatz der „Datenminimierung", dass er immer nur so viele Daten verarbeiten sollte, wie für die Erreichung des Zwecks notwendig sind. Es wird daher sehr schnell deutlich, wie die Grundsätze der Transparenz, der Zweckbindung im Prinzip der Datenminimierung enthalten sind. Eine Datenminimierung lässt sich daher, den vorherigen Ausführungen folgend, nur erreichen, wenn der Arzt/MVZ/Krankenhaus einen Überblick/**Durchblick** (Transparenz) über die zu verarbeitenden Daten, die mit der Datenverarbeitung intendierten **Zwecke** und die an der Datenverarbeitung **Beteiligten** hat. Denn erst dann kann er abschätzen, welche Daten des Betroffenen er letzten Endes wirklich benötigt, um die mit der Datenverarbeitung intendierten Zwecke zu erreichen.

Im Prinzip liegt meiner Ansicht nach dem Grundsatz der Datenminimierung ein sehr nachvollziehbarer Gedanke zu Grunde. Denn je weniger Daten ich verarbeite, umso weniger muss ich mir darum Sorgen machen, dass bei der Datenverarbeitung Fehler auftreten. Je mehr Daten da sind, umso intransparenter und schwerer beherrschbar wird automatisch die Datenverarbeitung, weshalb die Datenminimierung ein probates Mittel ist, die Risiken, die mit einer Datenvereinbarung einhergehen, halbwegs beherrschbar zu halten.

Durch die Verbindung dieses Grundsatzes mit dem Zweckbindungsgrundsatz dürfte sich weiter ergeben, dass Daten gelöscht werden müssen, wenn der intendierte Zweck erreicht ist bzw. nicht (mehr) erreicht werden kann. Nur so ist es ferner möglich, dem weiteren, in der DSGVO enthaltenen Grundsatz der „Speicherbegrenzung" Rechnung zu tragen.

7.7 Speicherbegrenzung

Wie vorstehend dargestellt, gilt es nach dem Grundsatz der Speicherbegrenzung im Einklang mit dem Grundsatz der Zweckbindung und der Datensparsamkeit, so wenige Daten wie möglich zu speichern. Dieses insbesondere deshalb, weil je weniger Daten gespeichert sind, dieses umso weniger Risiken für den Betroffenen mit sich bringt. Denn je weniger Daten man speichert, umso geringer sind die Auswirkungen, die ein Datenverlust oder eine missbräuchliche Datenverarbeitung haben kann. Je weniger Daten vorhanden sind, umso weniger ist man bzw. ein Dritter, der unbefugt Zugriff auf die Daten genommen hat, in der Lage, diese miteinander zu kombinieren, um daraus weitere, sensible Informationen abzuleiten.

Ferner enthält der Grundsatz der Speicherbegrenzung auch eine zeitliche Komponente. Denn es gilt Daten zu löschen, wenn eine gewisse (gesetzlich definierte) Aufbewahrungszeit abgelaufen ist.

Daraus folgt somit grundsätzlich, dass Patientendaten zu löschen sind, wenn ihre Speicherung unzulässig ist oder sie zur Erfüllung der legitimen Zwecke nicht mehr erforderlich sind. Ferner sind die Daten natürlich auch immer zu löschen, wenn die durch Rechtsvorschriften oder durch die ärztliche Berufsordnung vorgeschriebenen Aufbewahrungsfristen abgelaufen sind und kein Grund zu der Annahme besteht, dass durch die Löschung schutzwürdige Belange der Patienten beeinträchtigt werden.

Damit wird abermals deutlich, wie wichtig ein entsprechender (legitimer) Zweck für die Patientendatenverarbeitung bzw. -aufbewahrung ist. Fehlt nämlich ein solcher Zweck, sind (gespeicherte) Patientendaten nach dieser Vorschrift zwingend zu löschen. Näheres zu diesem Thema findet sich in *Kapitel 9 (Rechte der Patienten)*.

7.8 Richtigkeit

Daten müssen den Regelungen der DSGVO folgend auch immer „richtig" sein, insbesondere auch deshalb, weil die Richtigkeit der Daten die Grundlage für eine korrekte Datenverarbeitung ist. Denn der mit der Zweckbindung verfolgte Zweck lässt sich nur erreichen, wenn „richtige", den entsprechenden Sachverhalt korrekt sich widerspiegelnde Daten verarbeitet werden.

Ferner wird auch gerade bei den hochsensiblen Gesundheitsdaten schnell deutlich, welche Auswirkungen „falsche" Daten haben können. Denn auch wenn man dieses nicht gerne hören will, können falsche Daten, besonders, wenn man sich bei der Patientenbehandlung einzig und alleine auf diese bzw. auf die automatisierte Datenverarbeitung verlässt, dazu führen, dass letzten Endes eine falsche Behandlung durchgeführt wird und dieses wiederum mit massiven Konsequenzen für den Patienten verbunden sein kann.

In Konsequenz gilt daher besonders für Patientendaten, dass „falsche" Daten, bzw. Daten, die den entsprechenden Sachverhalt nicht richtig widerspiegeln, zu berichtigen sind. Näheres zur Berichtigung findet sich in *Kapitel 9* (*Rechte des Patienten*).

Um die Richtigkeit der Daten zu gewährleisten, muss ein Verantwortlicher deshalb regelmäßig seinen Datenbestand (im Rahmen der Zumutbarkeit) auf Richtigkeit hin überprüfen. Aus diesem Grundsatz folgt in Kombination mit dem Zweckbindungs- und dem Datenminimierungsgrundsatz auch, dass unrichtige Daten berichtigt, gesperrt oder gelöscht werden müssen!

Daneben muss ein Arzt immer gewährleisten, dass die Datenverarbeitung immer sicher erfolgt.

7.9 Integrität und Vertraulichkeit

Sicherheit und Vertraulichkeit sind die Schutzziele der Informationssicherheit und müssen bei jeder Datenverarbeitung jederzeit gewährleistet sein. Art. 24 und insbesondere Art. 32 sind die maßgeblichen gesetzlichen Konkretisierungen dieses Grundsatzes. Neben diesen beiden Grundsätzen enthält Art. 32 darüber hinaus noch einen weiteren Grundsatz, der so nicht zu den klassischen Informationssicherheitszielen gezählt werden kann, nämlich die Belastbarkeit der Datenverarbeitungssysteme. Ferner gilt nach Art. 32 die Anforderung, dass die Wirksamkeit der getroffenen Maßnahmen evaluiert und entsprechend getestet werden muss.

Mithin gilt bei einer Datenverarbeitung in einer Arztpraxis, dass bei diesen stets ein adäquates Sicherheitsniveau gewährleistet sein muss. Näheres zur „Sicherheit" findet sich in *Kapitel 12*.

Mit Geltung der DSGVO wird es nunmehr schnell deutlich, dass es nicht reicht, sich an den vorstehenden Prinzipien zu orientieren. Vielmehr ist es nunmehr durch den Grundsatz der sog. „Rechenschaftspflicht" gem. Art. 5 Abs. 2 nunmehr essenziell, dass man dokumentiert und jederzeit nachweisen kann, dass und wie man diesen Prinzipien bei der Datenverarbeitung Rechnung getragen hat.

7.10 Rechenschaftspflicht

Diese primär dem Verantwortlichen obliegende Pflicht bildet die „Klammer" aller vorstehend aufgeführten Prinzipien. Denn die Rechenschaftspflicht besagt zum einen ganz klar, dass der Verantwortliche zur Einhaltung aller vorstehenden Prinzipien inkl. ihrer gesetzlichen Ausgestaltung verpflichtet ist. Mithin muss ein Arzt gewährleisten, dass alle der in Art. 5 Abs. 1 genannten Prinzipien von ihm im erforderlichen Rahmen erfüllt werden. Wie aufgezeigt, sollte man meiner Ansicht nach jedoch besonders auf die Prinzipien in Art. 5 Abs. 1 a) und b) den Fokus legen.

Darüber hinaus – und das stellt vielleicht eine der größten Neuerungen und mit die größte Herausforderung für die Umsetzung in der Praxis dar – ist der Verantwortliche (Arzt/Praxis) nach dem Grundsatz der Rechenschaftspflicht verpflichtet, die Einhaltung all dieser Prinzipien (bei Bedarf) jederzeit nachweisen zu können! Auch wenn das zunächst wenig spektakulär klingen mag, hat es diese Regelung in sich. Denn das nunmehr in der DSGVO verankerte Prinzip der Rechenschaftspflicht enthält letzten Endes eine Beweislastregelung.

War es früher möglich, bei einem behaupteten Datenschutzverstoß die Beweisführung auf denjenigen zu schieben, der diese Verletzung behauptet, bzw. war die Behörde von Amts wegen verpflichtet, selber Ermittlungen anzustellen und man sich als „Beschuldigter" nicht selber belasten musste, hat sich dieses mit der Rechenschaftspflicht geändert.

Denn nunmehr gilt die Vermutung, dass bei einem Datenschutzverstoß den Verantwortlichen (Arzt) die Schuld trifft. Der Verantwortliche (Arzt) ist daher nun in der Pflicht, seine Unschuld zu beweisen bzw. nachzuweisen, dass er bei der Datenverarbeitung alles „richtig" gemacht hat. Einen solchen Nachweis kann er jedoch nur bei entsprechend aussagekräftigen Dokumentationen führen. Kann er seiner Rechenschaftspflicht nicht genügen, dürfte dieses letztlich den Ausgang des einen oder anderen (gerichtlichen) Rechtstreits maßgeblich beeinflussen.

Daher resultiert aus der Rechenschaftspflicht automatisch die Pflicht an den Verantwortlichen, die Datenverarbeitungen inkl. der Umstände transparent darzustellen und zu dokumentieren. Aus dieser Dokumentation muss ersichtlich werden, wie der Arzt die Prinzipien in Art. 5 Abs. 1 bei seiner Datenverarbeitung rechtskonform abgebildet hat.

Insbesondere sollte er darin aufzeigen, auf welchen Legitimationen er seine Datenverarbeitung stützt.

8 Legitimationen zur Verarbeitung von Patientendaten in einer Arztpraxis

8.1 Allgemeines

Wie bereits beim Rechtmäßigkeitsgrundsatz (*vgl. Kapitel 7.2*) dargestellt, muss ein Verantwortlicher (Arzt/Praxis) gewährleisten, dass sämtliche Datenverarbeitungstätigkeiten, die er durchführt, immer ausreichend rechtlich legitimiert werden können (Art. 6/9).

Die einzigen beiden Möglichkeiten, die die DSGVO zur Legitimation einer Datenverarbeitung bereithält, finden sich in Art. 6 für „normal schützenswerte" und in Art. 9 für „besonders schützenswerte Daten", wie z. B. Gesundheitsdaten eines Patienten. Ergänzend zu diesen Regelungen können auch einzelne nationale Spezialregelungen zur Anwendung kommen. Dieses jedoch immer nur dann, wenn in der entsprechenden Regelung von Art. 6 oder Art. 9 eine „nationale Öffnungsklausel" enthalten ist und der deutsche Gesetzgeber von seiner Rechtssetzungsbefugnis Gebrauch gemacht hat (zu den Öffnungsklauseln *siehe Kapitel 3.2*). Die für Ärzte relevanten Spezialregelungen, die die DSGVO-Regeln ergänzen, finden sich bspw. im Bundesdatenschutzgesetz (BDSG), im SGB V, im Infektionsschutzgesetz (IfSG) oder in den Landeskrebsregistergesetzen. Diese Regelungen enthalten vielfach besondere Anforderungen, die z. B. bei Einwilligungen oder bei Datenübermittlungen zu beachten sind. Es sei diesbezüglich darauf hingewiesen, dass die Neuregelung/Modifikation einiger nationaler Spezialregelungen, die für Ärzte von Relevanz sind, noch nicht abgeschlossen ist.

Bei der Verarbeitung von Patientendaten sind unterschiedliche Legitimationsgründe denkbar, die im Nachfolgenden mit entsprechenden Beispielen aus der Praxis dargestellt werden.

8.2 Wichtige Rechtsgrundlagen für die Verarbeitung von Patientendaten

Wie in *Kapitel 6.1* (*Personenbezogene Daten*) dargestellt, dürfte es sich bei Patientendaten praktisch durchgehend um besondere Kategorien personenbezogener Daten handeln, deren Verarbeitungslegitimation aus den Regelungen in Art. 9 Abs. 2 hergeleitet werden muss.

Auch wenn es zunächst ein wenig undogmatisch erscheint, sollen im Nachfolgenden zunächst die wichtigsten gesetzlichen Legitimationstatbestände (Art. 9 Abs. 2 c) – j) behandelt werden. Im Anschluss daran folgen Ausführungen zur vielfach als „Allheilmittel" angesehenen Einwilligung des Betroffenen gem. Art. 9 Abs. 2 a).

Ich habe diese Reihenfolge gewählt, um aufzuzeigen, dass eine Einwilligung meiner Ansicht nach eigentlich immer nur ein „Notanker" sein sollte. Es sollte daher immer nur dann auf eine Einwilligung zurückgegriffen werden, wenn kein gesetzlicher Legitimationsgrund die Verarbeitung stützen kann.

Aufgrund der im Nachfolgenden näher dargestellten „Besonderheiten" einer Einwilligung sollte ein Arzt/eine Praxis daher immer erst genau prüfen, ob sich die von ihm geplante/durchgeführte Datenverarbeitung nicht durch einen entsprechenden gesetzlichen Tatbestand legitimieren lässt. Denn wenn eine gesetzliche Regelung auf den entsprechenden Sachverhalt Anwendung findet, braucht man keine Einwilligung mehr einzuholen. Vielmehr wäre die ergänzende Einholung einer Einwilligung sogar schädlich, weshalb sich ein Arzt/eine Praxis lieber zweimal überlegen sollte, ob eine Einwilligung wirklich Mittel der Wahl ist.

8.2.1 Verarbeitung zum Schutz lebenswichtiger Interessen bei Einwilligungsunfähigkeit des Patienten

Der erste Legitimationsgrund, der für Ärzte durchaus relevant werden kann, ist die Verarbeitung von Gesundheitsdaten, um lebenswichtige Interessen eines Betroffenen (z. B. Patienten) zu schützen (Art. 9 Abs. 2 c). Dieser Legitimationsgrund greift jedoch immer nur dann, wenn der Betroffene nicht in der Lage ist einzuwilligen bzw. seinen Willen zu äußern. Ist ein Patient daher bspw. in einem Notfall nicht ansprechbar, dürfen seine Gesundheitsdaten zum Schutz seines Lebens oder des Lebens eines Dritten verarbeitet werden.

Gerade weil der Betroffene in diesen Fällen nicht in der Lage ist, seinen Willen zu erklären, geht das Gesetz implizit davon aus, dass die Verarbeitung der Betroffenendaten zum Schutz seiner lebenswichtigen Interessen in seinem (vermeintlichen) Interesse erfolgt. Denn grundsätzlich dürfte ein Betroffener durchaus ein Interesse haben, am Leben zu bleiben und sich deshalb auch (höchstwahrscheinlich) mit der diesbezüglich notwendigen Datenverarbeitung einverstanden erklären.

Die Dokumentation dieser Behandlung kann darüber hinaus notwendig sein, um nachträglich Rechtsansprüche geltend zu machen oder sich gegen Rechtsansprüche zu verteidigen.

8.2.2 Verarbeitung zur Geltendmachung/Verteidigung von Rechtsansprüchen

Ein weiterer, für einen Arzt/Praxis relevanter Legitimationsgrund dürfte Art. 9 Abs. 2 f) sein. Denn hiernach ist eine Verarbeitung von Patientendaten zur Geltendmachung, Ausübung oder Verteidigung von Rechtsansprüchen gestattet, wenn diese Verarbeitung **erforderlich** ist.

Dreh und Angelpunkt bei dieser Regelung ist der Begriff der „Erforderlichkeit". Dieser Begriff erfasst mehrere Dimensionen bzw. Stufen, die man bei der Anwendung dieser Regelung berücksichtigen sollte.

Zum einen spricht der Erforderlichkeitsbegriff die Notwendigkeit der Datenverarbeitung an. Eine Datenverarbeitung ist erforderlich, wenn sie notwendig ist, das intendierte Ziel zu erreichen. Damit steht die Erforderlichkeit unmittelbar mit dem Zweckbindungsgrundsatz in Zusammenhang (*siehe hierzu Kapitel 7.5*). Darüber hinaus ist die Erforderlichkeit aber immer auch als ein Teil der Verhältnismäßigkeit zu sehen. Es geht bei der Erforderlichkeit daher auch darum, das mildeste, am wenigsten in die Rechte des Betroffenen einschneidende Mittel zur Zweckerreichung zu wählen. Damit berührt die Frage nach Erforderlichkeit auch immer Fragen der datenschutzfreundlichen Ausgestaltung und des richtigen Umfanges der Datenverarbeitung. Daher tangiert dieser Aspekt der Erforderlichkeit immer die datenschutzrechtlichen Grundsätze der Fairness, der Zweckbindung, der Datenminimierung und der Speicherbegrenzung (*siehe Kapitel 7.3 und folgende*).

Den vorstehenden Ausführungen folgend, gilt es sich daher bei der Prüfung der Legitimität nach Art. 9 Abs. 2 f) zum einen damit auseinanderzusetzen, zu welchem Zweck man die Daten selber verarbeiten (insbesondere speichern) oder an externe Stellen übermitteln will. Legitime Zwecke sind wie dargestellt die **Geltendmachung, Ausübung** oder **Verteidigung von bzw. gegen Rechtsansprüche.** Somit dürfte es durchaus legitim sein, Daten des Patienten, die im Rahmen seiner Behandlung angefallen sind, zu verarbeiten, um diese u. U. an Gerichte, Rechtsanwälte zur Rechtsverteidigung oder Durchsetzung eigener Ansprüche zu übermitteln. Denkbare Fälle sind hier etwa die Datenübermittlung, um sich gegen Behandlungsfehlervorwürfe zu verteidigen oder seine eigenen Honorarforderungen durchzusetzen.

Bei jeder Verarbeitung/Übermittlung von Patientendaten zu diesen Zwecken muss gem. Art. 9 Abs. 2 f) aber immer weiter geprüft werden, ob dieses auch im erforderlichen Umfang/Maße geschieht. Als Arzt sollte man daher bspw. darauf achten, dass man einem Rechtsanwalt oder dem Gericht nur wirklich die Teile einer Patientenakte zusendet, die für die Verteidigung bzw. Durchsetzung der eigenen Ansprüche relevant sind. Ferner sollte man Daten anderer Betroffener, die nicht für den Rechtstreit etc. relevant sind, aus den zu übersendenden Dokumenten so weit wie möglich entfernen. Im Falle eines Rechtsstreits sollte man mit seinem Rechtsanwalt erörtern, welche Daten an das Gericht aus der Akte übermittelt werden sollen.

8.2.3 Verarbeitung zu Behandlungszwecken u.V.m.

Der für die Datenverarbeitung eines Arztes im Rahmen des Umgangs mit dem Patienten wohl am wichtigste Legitimationstatbestand dürfte Art. 9 Abs. 2 h) sein. Diese Regelung beinhaltet eine Vielzahl an Alternativen. So ist die Verarbeitung von Gesundheits- bzw. Patientendaten z. B. für nachfolgende Zwecke gestattet:

- für die Gesundheitsvorsorge oder die Arbeitsmedizin,
- für die Beurteilung der Arbeitsfähigkeit von Beschäftigten,
- für die medizinische Diagnostik, die Versorgung oder Behandlung im Gesundheits- oder Sozialbereich oder
- für die Verwaltung von Systemen und Diensten im Gesundheits- oder Sozialbereich auf der Grundlage des Unionsrechts oder
- aufgrund eines Vertrags mit einem Angehörigen eines Gesundheitsberufs.

Eine Datenverarbeitung zu diesen Zwecken ist jedoch gem. Abs. 3 immer nur gestattet, wenn die Patientendaten von Trägern des Patientengeheimnisses oder von Trägern einer anderen Geheimnispflicht (vgl. § 203 StGB) verarbeitet werden. Alleine aus diesem Grund gilt es daher, darauf zu achten, dass nur Personen die Daten des Patienten verarbeiten, die in den Geheimnisbereich des Arztes, z. B. durch eine entsprechende Geheimnisverpflichtung, mit einbezogen wurden.

Aufgrund der in Art. 9 Abs. 2 h) enthaltenen nationalen Öffnungsklausel war es dem deutschen Gesetzgeber möglich, diesbezüglich konkretisierende Regelungen zu schaffen, womit er insbesondere in § 22 Abs. 1 Nr. 1 b) BDSG Gebrauch gemacht hat. Diese Regelungen entsprechen im Wesentlichen den Regelungen von § 13 Abs. 2 Nr. 7 und § 28 Abs. 7 BDSG-alt. § 22 Abs. 1 Nr. 1 b) BDSG erfasst zum einen die Gesundheitsbereiche, in denen bspw. die Gesundheitsvorsorge (und die damit verbundene Datenverarbeitung) ohne vertragliche Grundlage durchgeführt wird. Beispiele dafür sind gem. § 22 Abs. 1 Nr. 1 b) BDSG erster Halbsatz, die Beurteilung der Arbeitsfähigkeit des Beschäftigten, die medizinische Diagnostik, die Versorgung oder Behandlung im Gesundheits- oder Sozialbereich oder die Verwaltung von Systemen und Diensten im Gesundheits- und Sozialbereich.

Zum anderen erfasst § 22 Abs. 1 Nr. 1 b), dem Wortlaut des zweiten Halbsatzes folgend, auch den Gesundheitsbereich, in dem die Behandlung aufgrund eines Vertrags zwischen Patienten und einem Angehörigen eines Gesundheitsberufs zustande kommt (vgl. §§ 630a ff. BGB). Nach dem Willen des deutschen Gesetzgebers findet deshalb diese Regelung insbesondere für den Bereich der Humanmedizin, für (Zahn-)Ärzte, psychologische Psychotherapeuten, Kinder- und Jugendlichenpsychotherapeuten Anwendung. Darüber hinaus werden vom Behandlungsvertrag auch Angehörige anderer Heilberufe erfasst, deren Ausbildung durch Bundesgesetz geregelt ist, wie etwa Heilpraktiker, Hebammen, Masseure/medizinische Bademeister, Ergotherapeuten, Logopäden und Physiotherapeuten.

Um auch in diesen Verarbeitungskonstellationen eine entsprechende „Sicherheit" zu gewährleisten, muss der Verantwortliche insbesondere die in § 22 Abs. 2 BDSG aufgeführten Maßnahmen umsetzen. Bei diesen aufgeführten Maßnahmen handelt es sich jedoch praktisch um eine mehr oder weniger komprimierte Wiedergabe der bereits von Art. 24 und 32 (*siehe Kapitel 12 „Sicherheit"*) geforderten Pflichten, weshalb auf diese nicht gesondert eingegangen wird. Was jedoch durch die Regelung von § 22 Abs. 2 BDSG deutlich wird, ist, dass man bei den zu treffenden technischen und organisatorischen Maßnahmen immer der hohen Sensibilität von Gesundheitsdaten und dem mit der Verarbeitung dieser sensiblen Daten einhergehenden Risiko besonders Rechnung tragen muss.

Aufgrund der Relevanz des Art. 9 Abs. 2 h) sollen im Nachfolgenden kurz die beiden für einen Arzt/eine Praxis wichtigsten Fälle dargestellt werden:

Der für Ärzte wichtigste Fall ist die **Datenverarbeitung im Rahmen der ärztlichen Behandlung.** Damit wird insbesondere die Datenverarbeitung im Rahmen der Anamnese, der Befunderhebung, die Diagnostik, die Therapie und die Nachsorge erfasst. Einer Einwilligung bedarf es für diese Fälle somit NICHT, außer sie ist von Gesetzes wegen vorgeschrieben (*siehe Kapitel 8.3.7 „Zwingende Notwendigkeit der Einwilligungseinholung"*). Soweit die Behandlungsmaßnahmen nicht aufgrund gesetzlicher Vorschriften erfolgen (im GKV-Bereich nach Vorschriften aus dem SGB V), ist die Verarbeitung von Patientendaten auch erlaubt, wenn sie aufgrund eines Behandlungsvertrags (vgl. §§ 630a ff. BGB) zwischen Patient und Arzt oder einem anderen Angehörigen eines Gesundheitsberufs erforderlich ist (vgl. § 22 Abs. 1 Nr. 1 b) BDSG). Dabei ist, wie vorstehend dargestellt, jedoch immer darauf zu achten, dass diese Gesundheitsdaten nur von ärztlichem Personal oder sonstigen Personen, die einer entsprechenden „Geheimhaltungspflicht" unterliegen, oder unter deren Verantwortung verarbeitet werden.

Darüber hinaus ist gem. Art. 9 Abs. 2 h) die **Verarbeitung zur Erfüllung spezieller Pflichten aus dem Sozialrecht** gestattet. Dieser Legitimationsgrund betrifft daher die Datenverarbeitung zur Erfüllung sämtlicher Pflichten und Rechte aus den Sozialgesetzbüchern (insbesondere das SGB V) im Zusammenhang mit der Übermittlung z. B. an die gesetzliche Krankenversicherung, die Pflegeversicherung, die Unfallversicherung oder die Rentenversicherung. Ferner können etwaige Übermittlungs- bzw. Mitteilungspflichten für Vertragsärzte gegenüber den Kassenärztlichen Vereinigungen, Krankenkassen oder gegenüber dem Medizinischen Dienst der Krankenversicherung sowie zu Zwecken der Qualitätssicherung bestehen. Dabei gilt es jedoch stets dafür Sorge zu tragen, dass die „Erforderlichkeit" gewahrt wird. Somit gilt es darauf zu achten, diesen Institutionen wirklich auch nur die Daten im entsprechend notwendigen Umfang zu übermitteln, die sie zur Erfüllung ihrer gesetzlich obliegenden Pflichten benötigen bzw. die vom Gesetz so vorgesehen sind. Darüber hinaus kann für den Arzt eine Auskunftspflicht (und damit Legitimation zur Datenübermittlung) über die Behandlung und den Zustand eines Verletzten gegenüber dem Unfallversicherungsträger bestehen.

8.2.4 Verarbeitung aufgrund des Interesses der öffentlichen Gesundheit

Da der Arzt mit seinen Tätigkeiten auch immer einen Beitrag zur öffentlichen Gesundheit leistet, beinhaltet Art. 9 Abs. 2 i) entsprechende Legitimationstatbestände. Daher ist die Verarbeitung von Patientendaten aufgrund eines entsprechend (großen) öffentlichen Interesses im Bereich der öffentlichen Gesundheit gestattet, wie etwa zur Gewährleistung hoher Qualitäts- und Sicherheitsstandards bei der Gesundheitsversorgung oder zum Schutz vor schwerwiegenden grenzüberschreitenden Gesundheitsgefahren.

Somit kann es durchaus legitim sein, dass der Arzt die erforderlichen Daten an Medizinprodukte- bzw. Arzneimittelhersteller übermittelt, wenn dieses zum Zwecke der Qualitätssicherung oder der Verbesserung der „Sicherheit" dient. Ferner wäre ein Arzt zu einer Datenübermittlung legitimiert, wenn dieses der Verhinderung eines Ausbruchs bzw. der Meldung von Pandemien oder anderen schwerwiegenden Erkrankungen dient.

In den von Art. 9 Abs. 2 i) aufgeführten Fällen geht das Interesse der Allgemeinheit dem Eigeninteresse des Betroffenen vor. Um jedoch auch hier einen entsprechenden „Ausgleich" zu schaffen, sieht § 22 Abs. 1 Nr. 1 c) vor, dass ein Verantwortlicher neben der Beachtung des Treffens der erforderlichen technischen und organisatorischen Maßnahmen (*siehe Kapitel 12 Sicherheit*) gem. § 22 Abs. 2 insbesondere immer auch die berufsrechtlichen und strafrechtlichen Vorgaben zur Wahrung des Berufsgeheimnisses einhalten muss. Diesbezüglich gilt es daher in Deutschland immer sicherzustellen, dass die Verarbeitung im Rahmen des Art. 9 Abs. 2 i) bzw. des § 22 Abs. 1 Nr. 1 c) der auch vom „Geheimnis" erfassten Daten nicht gegen § 203 StGB verstößt.

8.2.5 Verarbeitung zu Forschungszwecken

Immer häufiger werden Ärzte angefragt, sich an wissenschaftlichen Forschungsvorhaben zu beteiligen. Die für die Datenverarbeitung im Rahmen dieser Forschungsvorhaben einschlägige Legitimation findet sich in Art. 9 Abs. 2 j). Diese Regelung betrifft die Verarbeitung besonderer Kategorien personenbezogener Daten für

- im öffentlichen Interesse liegende Archivzwecke,
- wissenschaftliche oder historische Forschungszwecke oder
- statistische Zwecke gemäß Artikel 89 Absatz 1.

Aufgrund der großen nationalen Interessen, die besonders im wissenschaftlichen Forschungsbereich bestehen, enthält Art. 9 Abs. 2 j) eine entsprechende Öffnungsklausel, von der der deutsche Gesetzgeber mit den §§ 27 und 28 BDSG vollumfänglich Gebrauch gemacht hat. Da eine „ordnungsgemäße" Forschung durchaus im öffentlichen Interesse steht, wird die dafür notwendige Datenverarbeitung als privilegiert betrachtet. Um jedoch auch hier die Betroffeneninteressen nicht ganz zu vernachlässigen, sieht Art. 9 Abs. 2 j) wie bereits Art. 9 Abs. 2 i) vor, dass immer ausreichende „Garantien" zur Gewährleistung der Betroffeneninteressen gegeben werden müssen. Daher verweist auch § 27 in Abs. 1 S. 2 BDSG auf die Regelung von § 22 Abs. 2 S. 2 BDSG, weshalb bei einer Datenverarbeitung zu Forschungszwecken stets die erforderlichen technischen und organisatorischen Maßnahmen zu treffen sind. Hinsichtlich der Gewährleistung ausreichender Garantien bei der Verarbeitung zu Forschungszwecken sieht § 27 Abs. 3 BDSG ergänzend zu den Garantien in § 22 Abs. 2 BDSG vor, dass die entsprechenden Daten so schnell und so weit wie möglich zu anonymisieren sind. Was der deutsche Gesetzgeber unter der „Anonymisierung" versteht, sagt er jedoch nicht (*siehe hierzu auch Kapitel 6.3 Begriffe/Pseudonymisierung*). Sollte eine „Anonymisierung" nicht möglich sein, sind diese Daten in jedem Fall in ausreichendem Umfang zu pseudonymisieren.

Diese Anforderungen dürften jedoch gerade bei genetischen Daten schnell ins Leere laufen ...

8.2.6 Verarbeitung von genetischen Daten

Gemäß Art. 9 Abs. 4 können die EU-Mitgliedstaaten zusätzliche Bedingungen, einschließlich Beschränkungen, einführen oder aufrechterhalten, soweit die Verarbeitung von genetischen, biometrischen oder Gesundheitsdaten betroffen ist.

Zunehmend spielen genetische Daten für die Patientenbehandlung eine immer größere Rolle wie z. B. im Bereich der „personalisierten" bzw. „individualisierten" Medizin. Weil es sich meiner Meinung nach bei genetischen Daten um „tickende Datenbomben" handelt, bedarf es für diese Daten, die oftmals mit anderen sensiblen Daten kombiniert werden, eines besonderen Schutzes und damit auch besonderen Regelungen, die diese hohe Schutzbedürftigkeit adressieren.

Als Beispiel für ein Gesetz, welches weitere Bedingungen und Beschränkungen bei der Verarbeitung von Gesundheitsdaten festlegt, ist das Gendiagnostikgesetz (GenDG) zu nennen. In diesem Gesetz, das aufgrund der DSGVO komplett neugestaltet werden soll, sind detaillierte Anforderungen zu finden, wie die Datenverarbeitung dieser höchst sensiblen Daten zu erfolgen hat.

Auch wenn viele Datenverarbeitungen gesetzlich legitimiert werden können, gibt es immer wieder Verarbeitungen, für die keine gesetzliche Legitimation existiert. In diesen Fällen ist eine Einwilligung möglicherweise der letzte „Rettungsanker", um diese legitimieren zu können.

8.3 Einwilligung des Patienten

Wie angedeutet, war und ist in der Praxis das Einholen einer Einwilligung beim Patienten immer noch das Mittel der Wahl, um die Verarbeitung von Patientendaten auf vermeintlich einfache Weise zu legitimieren. So ist es nicht selten der Fall, dass der Patient vor seiner Behandlung zu praktisch allen in einer Praxis mit seinen Daten durchgeführten Verarbeitungen seine Einwilligung erteilen muss (Art. 9 Abs. 2 a) i. V.m. Art. 7). Vielfach wird ihm in Aussicht gestellt, dass er, wenn er seine Einwilligung nicht erteilt, nicht behandelt werden kann. Ein Patient wird dann doch, weil er schnell behandelt werden will, möglicherweise mehr oder wenig widerwillig seine „Einwilligung“ erteilen. Mangels „Freiwilligkeit“ der Einwilligung steht dann jedoch schnell die Unwirksamkeit der Einwilligung im Raum.

Wie durch diese in der Praxis nicht unübliche Konstellation klarwerden sollte, ist eine Einwilligung, gerade im Bereich der Patientenbehandlung, bei der es immer ein gewisses Machtungleichgewicht zwischen Arzt und Patient gibt, alles andere als einfach zu erfüllen. Für die Wirksamkeit einer Einwilligung müssen einige Anforderungen erfüllt sein, die im Nachfolgenden näher dargestellt werden. Diese Anforderungen/Charakteristika finden sich in Art. 4 Nr. 11.

Eine Einwilligung muss der Formulierung von Nr. 11 folgend stets

- freiwillig
- auf einen konkreten/bestimmten Fall bezogen,
- informiert und
- unmissverständlich (klar und deutlich)

sein.

Eines der wesentlichen Merkmale einer Einwilligung ist damit die „Freiwilligkeit“.

8.3.1 Freiwilligkeit/Kopplungsverbot

Eine Einwilligung steht und fällt mir der „Freiwilligkeit". Freiwilligkeit bei einer Einwilligung meint, dass die Willenserklärung vom Betroffenen aus freiem Willen heraus und damit ohne Zwang, Druck oder unter Täuschung abgegeben wurde. Bereits ein nur empfundener Zwang lässt die Freiwilligkeit einer Einwilligung entfallen. In Konsequenz bedeutet dieses somit, dass die Freiwilligkeit immer in den Fällen fragwürdig ist, in denen ein Über-/Unterordnungsverhältnis bzw. Machtungleichgewicht besteht. Ein solches Ungleichgewicht sieht die DSGVO etwa in der Beziehung vom Bürger zu einer Behörde, weshalb gem. Erwägungsgrund 43 eine Freiwilligkeit ausscheidet. Damit wäre eine von einer Behörde eingeholte Einwilligung unwirksam. Auch im Verhältnis Arbeitgeber zum Arbeitnehmer sieht das BDSG in § 26 eine Freiwilligkeit als problematisch an. Ein diesen beiden Konstellationen vergleichbares Machtungleichgewicht besteht möglicherweise aber auch zwischen Arzt und Patient. Besonders bei Notfällen oder bei Fällen, in denen der Patient auf die Behandlungsleistung des Arztes unbedingt angewiesen ist, dürfte die Freiwilligkeit der Einwilligung durchaus fraglich sein. Denn ein Patient würde gerade in diesen Fällen in praktisch alles einwilligen, nur um behandelt zu werden.

Da jedoch, wie vorstehend beschrieben, in den meisten Fällen im Rahmen der ärztlichen Behandlung eine gesetzliche Legitimation vorliegen dürfte, ist es nicht notwendig, eine Einwilligung einzuholen. Die Frage der Freiwilligkeit einer Einwilligung dürfte sich damit zumeist in den Konstellationen stellen, die außerhalb der eigentlichen Patientenbehandlung liegen. In diesen Fällen gilt es daher, besonders zu prüfen, ob die Freiwilligkeit des Patienten in gewisser Weise eingeschränkt sein könnte. Es gilt insbesondere darauf zu achten, dass man soweit wie möglich, auf welche Art auch immer, den „Druck" vom Patienten nimmt und ihn somit frei und selbstbestimmt einwilligen lassen kann.

Eng mit der Freiwilligkeit steht auch der Grundsatz des sog. Kopplungsverbots einer Einwilligung im Zusammenhang. Kurz gesagt bedeutet dieser Grundsatz, dass eine Einwilligung nie von anderen Bedingungen abhängig gemacht werden darf, die außerhalb des eigentlichen Zwecks, wie z. B. der Patientenbehandlung, liegen. So würde es etwa gegen das Kopplungsverbot verstoßen, wenn man die Einwilligung in die Datenverarbeitung zu Behandlungszwecken gleichzeitig mit der Verarbeitung der Daten zu Werbezwecken verbinden würde. Denn wenn der Patient meint, dass er in alles einwilligen muss, um behandelt zu werden, wäre dieses nicht freiwillig. Somit ist bei der Erstellung von Einwilligungserklärungen essenziell darauf zu achten, dass man soweit wie möglich eine Kopplung der einzelnen Verarbeitungstätigkeiten vermeidet. Vielmehr ist es unumgänglich, separate Einwilligungen für die einzelnen Verarbeitungstätigkeiten einzuholen und diese nicht voneinander abhängig zu machen.

Oftmals wird die Einwilligung eines Patienten im Rahmen eines vorformulierten Behandlungsvertrags eingeholt. In einem solchen Fall gilt es bei der Entwicklung des Vertrags besonders darauf zu achten, dass die Einwilligungserklärung nicht im Vertragstext untergeht, sondern prominent hervorgehoben wird. Es muss sichergestellt sein, dass der Patient sofort erkennt, dass es sich bei der Einwilligungserklärung um eine separate Erklärung handelt. Somit muss er sofort erkennen können, dass das Erteilen bzw. das Nichterteilen der Einwilligungserklärung losgelöst von dem Behandlungsvertrag zu sehen ist.

Daher gilt, dass bei einer Einwilligung immer klar und deutlich dargestellt werden muss, auf was bzw. welche Verarbeitung sich die Einwilligung bezieht. Somit kommt auch der Bestimmtheit einer Einwilligung stets eine nicht unerhebliche Bedeutung zu.

8.3.2 Bestimmtheit der Einwilligung

Wie angedeutet, gilt bei einer Einwilligung der Grundsatz, dass diese sich immer auf einen bestimmten Verarbeitungssachverhalt bzw. bestimmte Datenverarbeitung beziehen muss.

> **!** Dieses wiederum hat zur Konsequenz, dass eine Pauschaleinwilligung, bei der eine Einwilligung für mehrere Datenverarbeitungen gleichzeitig eingeholt wird, gegen diesen Bestimmtheitsgrundsatz verstößt.

So wäre bspw. bereits eine (General-)Einwilligung, mit der der Patient sein Einverständnis in die „Verarbeitung von personenbezogenen Gesundheitsdaten zu Forschungszwecken" geben soll, ohne diese genau zu spezifizieren, zu unbestimmt. Vielmehr ist es z. B. bei Forschungsvorhaben zwingend erforderlich, das Forschungsvorhaben so genau wie möglich zu benennen. Möglicherweise fällt das Forschungsvorhaben auch unter die vorstehend genannten Legitimationstatbestände, weshalb man die Einwilligung aus datenschutzrechtlicher Sicht möglicherweise gar nicht benötigt.

Will man eine Einwilligung beim Betroffenen einholen, gilt es deshalb darauf zu achten, dass man die jeweilige Datenverarbeitung so konkret wie nur möglich benennt. Soll die Einwilligung für unterschiedliche Datenverarbeitungstätigkeiten eingeholt werden, sollte man unbedingt darauf achten, diese nicht als einen „dicken Batzen", sondern getrennt voneinander bspw. als einzelne Ankreuzfelder darzustellen. Denn der Patient muss immer sofort erkennen können, für welche Verarbeitungstätigkeit bzw. Verarbeitungszweck er seine Einwilligung erteilen soll. Wie vorstehend erwähnt, ist unbedingt soweit wie möglich eine Kopplung der unterschiedlichen Erklärungen zu vermeiden.

Bei mehreren Datenverarbeitungstätigkeiten, für die die Einwilligung eingeholt werden soll, trifft man jedoch schnell auf das Problem, dass jede dieser einzelnen Tätigkeiten so umfassend wie möglich beschrieben werden muss, um der Anforderung der Informiertheit des Betroffenen zu genügen.

8.3.3 Informiertheit des Betroffenen

Eine Einwilligung kann immer nur wirksam sein, wenn der Patient weiß, worin er eigentlich einwilligt. Er muss daher erkennen können, was seine Einwilligung eigentlich für ihn bedeutet bzw. welche Konsequenzen mit seiner Einwilligung verbunden sind. Daher ist ein Verantwortlicher (Arzt/Praxis) verpflichtet, den Patienten so umfangreich wie möglich über die konkrete Datenverarbeitung aufzuklären, für die die Einwilligung eingeholt werden soll. Ferner gilt es auch darauf zu achten, dass diese Informationen für den Patienten so „transparent", verständlich und nachvollziehbar wie möglich sind (*siehe hierzu Kapitel 7.4 Prinzipien/Transparenz*). Dabei sollte insbesondere Folgendes angegeben werden:

- den genauen Verarbeitungszweck bzw. die Verarbeitungszwecke,
- die zu verarbeitenden Daten und der Verarbeitungsumfang,
- die an der Verarbeitung beteiligten Personen/Stellen (auch Auftragsverarbeiter oder andere Verantwortliche – *siehe Kapitel 17*),
- ggf. Angaben über wissenswerte technische und organisatorische Begebenheiten (wie z. B. Verwendung von „Clouds" usw.),
- etwaige Risiken, die mit der Verarbeitung für den Patienten verbunden sein könnten,
- weitere notwendige und wissenswerte Angaben.

Ist ein Arzt sich nicht sicher, ob er alles Wissenswerte aufgeführt hat, sollte er sich selber in die Lage des Patienten versetzen. Er sollte sich dabei fragen, ob er mit den Informationen, die ihm mit dem Einwilligungsdokument zur Verfügung gestellt werden, in die Lage versetzt wird, informiert und guten Gewissens seine Einwilligung zu geben. Kommen ihm dann etwaige Zweifel, sollte er möglicherweise nochmals „Hand" an das Dokument anlegen und die Einwilligungserklärung entsprechend modifizieren/erweitern usw. Gegebenenfalls bietet es sich auch an, externe Personen, wie Familienmitglieder o. Ä., als „Versuchspersonen" zu wählen, um von ihnen ein ehrliches Feedback hinsichtlich der Verständlichkeit etc. zu erhalten.

8.3.4 Unmissverständlichkeit der Einwilligungserteilung

Wie durch den Wortlaut in Art. 9 Abs. 2 a) deutlich wird, muss bei Gesundheitsdaten aufgrund ihrer Sensibilität und dem Risiko, das mit der Verarbeitung für den Patienten einhergeht, die Einwilligung **ausdrücklich** erfolgen. Durch diese Anforderung will der Gesetzgeber wohl erreichen, dass der Patient klar und deutlich zum Ausdruck bringen muss, dass er mit dem im Dokument Stehenden einverstanden ist. Möglicherweise ist die Intention des Gesetzgebers mit dieser Anforderung auch, dass ein Patient sich immer genau überlegen soll, ob er wirklich mit all dem im Dokument Stehenden einverstanden ist, bevor er durch eine ausdrückliche Handlung sein Einverständnis erteilt.

In der Praxis ist damit immer eine eindeutige Handlung des Patienten, wie z. B. das Leisten seiner Unterschrift, notwendig. Eine bestätigende Handlung, wie z. B. Nicken oder anderes „schlüssiges" Verhalten (sog. konkludente Einwilligung), dürfte damit für die Einwilligung in die Verarbeitung von Gesundheitsdaten nicht ausreichend sein. Damit stellen auch „Stillschweigen" oder „Untätigkeit" niemals eine wirksame Einwilligung dar. Im engen Zusammenhang mit der Unmissverständlichkeit steht damit auch immer die „Form" einer Einwilligung.

8.3.5 Form der Einwilligungserklärung

Um insbesondere den Anforderungen der Digitalisierung Genüge zu tun, sieht die DSGVO vor, dass die Einwilligung des Patienten sowohl schriftlich, in Textform, elektronisch oder mündlich erteilt werden kann. Sie muss, wie vorstehend dargestellt, jedoch immer „unmissverständlich" sein. Aufgrund der Rechenschaftspflicht (*siehe Kapitel 7.10*) ist es dringend zu empfehlen, die Einwilligung, wo immer es nur geht, schriftlich einzuholen. Somit sollte bei einer Einwilligung darauf geachtet werden, dass der Patient die Erklärung eigenhändig unterschreibt. Bei einer elektronischen Einwilligungserklärung ersetzt eine sog. qualifizierte elektronische Signatur die Schriftform. Jedoch gibt es diesbezüglich noch viele offene Fragen, weshalb es derzeit noch nicht empfehlenswert ist, dieses „Unterschriftsäquivalent" einzusetzen.

Für eine Einwilligung reicht, wie dargestellt, im Prinzip auch eine normale elektronische Bestätigung (z. B. durch Klicken auf einen „Button"), wenn zweifelsfrei erwiesen ist, dass der „Klickende" auch wirklich der Einwilligungsberechtigte ist. Insofern ist es gerade bei einer elektronischen Einwilligungserklärung essenziell, dass alle notwendigen Begebenheiten entsprechend dokumentiert/protokolliert werden. Ferner muss sichergestellt sein, dass der Patient für die Erklärung der Einwilligung „aktiv" tätig wird. Daher sind Ankreuzlösungen auf einer Webseite, z. B. in der Datenschutzerklärung, bei denen der Patient selber die entsprechenden Felder entsprechend seines freien Willens anklicken muss (sog. „opt-in"), durchaus zulässig. Lösungen, bei denen die Felder jedoch bereits „vorausgefüllt" sind (sog. „opt-out") und der Patient diese Kreuze (aktiv) entfernen muss (Widerspruch), sind hingegen nicht gesetzeskonform.

Ein weiterer Aspekt, weshalb Einwilligungen immer als problematisch angesehen werden sollten, ist ihre Widerrufbarkeit.

8.3.6 Widerrufbarkeit der Einwilligung

Als Ausprägung des vorstehend beschriebenen „Freiwilligkeitsgrundsatzes" ist es zwingend erforderlich sicherzustellen, dass eine Einwilligung, die ein Patient freiwillig erteilt hat, auch jederzeit freiwillig von ihm widerrufen werden kann. Grundsätzlich dürfen mit dem Widerruf der Einwilligung auch keine negativen Konsequenzen für ihn verbunden sein, die wiederum die „Freiwilligkeit" der Einwilligung in Frage stellen würden.

Der Widerruf der Einwilligung bewirkt, dass mit erklärtem Widerruf die Einwilligung (für die Zukunft) entfällt. Die Wirksamkeit der Verarbeitung in der Vergangenheit wird vom Widerruf jedoch nicht berührt.

Mit Erklärung eines Widerrufs entfällt konsequentermaßen auch der Legitimationsgrund für die zukünftige Verarbeitung. Wenn man sich dann jedoch darauf beruft, dass man die Daten ja auch aus gesetzlichen Gründen verarbeiten darf und man damit auch gar nicht mehr auf die Einwilligung angewesen ist, würde dieses einen klaren Verstoß gegen das Grundprinzip der „Fairness" bedeuten (*siehe Kapitel 7.3*). Ein solcher Verstoß führt zwangsläufig zur Unzulässigkeit der Datenverarbeitung.

Gerade aufgrund der jederzeitigen Widerrufbarkeit einer Einwilligung sollte ein Arzt vor Einholung einer Einwilligung prüfen, ob er wirklich die Einwilligung benötigt oder sich nicht die Verarbeitung doch auf einen gesetzlichen Legitimationsgrund stützen lässt.

Ferner muss der Arzt/die Praxis sicherstellen, dass dem Patienten für einen Widerruf keine „Steine in den Weg gelegt werden". Denn nach der DSGVO gilt, dass die Erklärung des Widerrufs genauso einfach wie die Erteilung der Einwilligung möglich sein muss. Das bedeutet somit, dass gewisse Hürden, die eingebaut wurden, um den Widerruf der Einwilligung zu erschweren, möglicherweise dazu führen können, dass die Einwilligung insgesamt als unwirksam zu behandeln ist.

Es existieren darüber hinaus auch Konstellationen, in denen das Gesetz vorschreibt, dass eine Einwilligung des Patienten zwingend erforderlich ist.

8.3.7 Zwingende Notwendigkeit einer Einwilligung durch Gesetz

Es existieren diverse Fachgesetze mit Regelungen, in denen die Einholung einer Einwilligung für bestimmte Konstellationen zwingend vorgeschrieben ist.

So ist es bspw. im Rahmen der vertragsärztlich geregelten „besonderen Versorgung" zwingend notwendig, die Einwilligung des Patienten zur Verarbeitung seiner Daten zum Zwecke der Durchführung der Tätigkeiten (Erfüllung der Verträge) einzuholen (vgl. § 140a SGB V). Ferner setzt auch der Einsatz bestimmter freiwilliger Anwendungen der neuen elektronischen Gesundheitskarte eine Einwilligung des Versicherten voraus. Ferner ist es bei der Einbeziehung privater Verrechnungsstellen zwingend erforderlich, vor Durchführung der ärztlichen Abrechnung eine Einwilligung einzuholen. Auch im Rahmen der hausarztzentrierten Versorgung ist eine Einwilligung gesetzlich gefordert.

Vereinzelt verlangen die Regelungen überdies eine besondere Form der Einwilligung. So ist beispielsweise für die Teilnahme an strukturierten Behandlungsprogrammen (vgl. § 137 f SGB V) die schriftliche Einwilligung des Versicherten für die Erhebung, Verarbeitung und Nutzung von Daten zwingend notwendig.

Ob in bestimmten Fällen aus berufsrechtlichen Gründen (vgl. MBO-Ä und § 203 StGB) eine Einwilligung eingeholt werden muss, gilt es im Einzelfall zu bestimmen.

Darüber hinaus stellt sich immer wieder die Frage, wie mit Einwilligungen von Minderjährigen umzugehen ist.

8.3.8 Einwilligung von Minderjährigen

Es kommt immer wieder die Frage auf, ob sich durch die DSGVO auch etwas im Bereich „Einwilligung von Minderjährigen" getan hat, bzw. wie man mit Geltung der DSGVO mit den Einwilligungen von Minderjährigen umgehen sollte. Dieses insbesondere deshalb, weil Kinder von der DSGVO als besonders schützenswert angesehen werden und die Verarbeitung ihrer Daten somit hohe Anforderungen zu erfüllen hat.

Neben den vorstehend beschriebenen allgemeinen Aspekten einer Einwilligung kommt es bei Kindern für die Beurteilung der Wirksamkeit ihrer Einwilligung besonders auf deren Einsichtsfähigkeit an. Eine starre Altersgrenze gibt es daher nicht. Vielmehr gilt es darauf abzustellen, inwieweit der minderjährige Patient selbstständig und verantwortungsbewusst die Bedeutung und Tragweite seiner datenschutzrechtlichen Einwilligung einschätzen und überblicken kann, was es in der Praxis nicht gerade einfacher macht. Je nach Kenntnis- und Entwicklungsstand des Minderjährigen kann es daher durchaus sein, dass auch ein 15-Jähriger wirksam einwilligen kann. Besondere Bedingungen für die Einwilligung von Minderjährigen enthält Art. 8, der eine Altersgrenze (in Deutschland) für eine wirksame Einwilligung von 16 Jahren vorsieht. Zu beachten ist jedoch, dass diese Regelung nur für „Dienste der Informationsgesellschaft" gilt. Daher soll Art. 8 eher Dienste wie Facebook etc. erfassen. Für Ärzte kann der Art. 8 möglicherweise im Rahmen für rechtlich zulässige Fernbehandlungen relevant werden. Durch die Regelung von Art. 8 sieht man jedenfalls mal wieder einmal mehr, wo der Fokus bei Schaffung der DSGVO lag. Nämlich Diensten wie Facebook, Google und Co. bei ihrem Treiben ein wenig „Einhalt" zu gebieten. Auch wenn Art. 8 einen Arzt daher selten tangieren dürfte, lässt sich dennoch meiner Ansicht nach aus dieser Regelung ableiten, dass bei Jugendlichen ab einem Alter von 16 Jahren von einer notwendigen Einsichtsfähigkeit auszugehen ist.

Daraus folgt somit zusammenfassend, dass wenn der Minderjährige aufgrund seiner Entwicklung noch nicht ausreichend einsichtsfähig ist oder alternativ noch nicht das 16. Lebensjahr vollendet hat, seine Einwilligung grundsätzlich nicht wirksam ist. In einem solchen Fall muss der Träger der elterlichen Verantwortung (Eltern/Erziehungsberechtigter) stellvertretend für das Kind einwilligen oder die Einwilligung des Kindes genehmigen.

Kurz & knapp

Wie aufgezeigt, dürfen Ärzte durchaus mannigfaltige Daten im Rahmen der ärztlichen Behandlung, zur Erfüllung spezieller Pflichten aus dem Sozialrecht, zur Erfüllung spezieller Pflichten im öffentlichen Gesundheitsinteresse, zum Schutz lebenswichtiger Interessen bei Einwilligungsunfähigkeit des Patienten oder zur Wahrung von Rechtsansprüchen verarbeiten. Hierfür stehen ausreichende gesetzliche Grundlagen zur Verfügung, weshalb gerade **nicht** eine Einwilligung vom Patienten eingeholt werden muss. Wohl aber muss er immer auf die entsprechenden Datenverarbeitungen auf transparente Art und Weise hingewiesen werden (*siehe Kapitel 9.3 und 9.4 Recht der Patienten – Informationspflichten*).

Gerade bei der Verarbeitung von Patientendaten gibt es eine Vielzahl an gesetzlichen Legitimationstatbeständen, auf die man sich als Arzt stützen kann. Für einen Arzt empfiehlt es sich daher dringend, seine eigenen Datenverarbeitungen zu analysieren und zu prüfen, ob für diese ein entsprechender gesetzlicher Legitimationstatbestand einschlägig ist. Eine Einwilligung sollte aufgrund der vorstehenden Ausführungen immer nur die Ausnahme oder der „Notanker" sein, um eine Datenverarbeitung zu legitimieren. Beim Einsatz von Einwilligungen gilt es darauf zu achten, dass diese immer nur auf einzelne Sachverhalte beschränkt sind. Will man mehrere Einwilligungen zu unterschiedlichen Sachverhalten einholen, gilt es darauf zu achten, diese entsprechend getrennt voneinander darzustellen. Ferner sollte man gewährleisten, dass keine „Kopplung" entsteht. Gerade bei hochkomplexen technischen Sachverhalten besteht oftmals eine große Herausforderung darin, den Betroffenen (Patienten) so umfassend, transparent und nachvollziehbar wie nur möglich über die Gegebenheiten zu informieren, um ihn in die Lage zu versetzen, informiert einwilligen zu können.

9 Rechte der Patienten

9.1 Allgemeines

Wesentliches Ziel der DSGVO war die Stärkung des Datenschutzes (für den Betroffenen). Dieses hehre Ziel wollte die DSGVO u. a. mit der Stärkung der Betroffenenrechte in Verbindung mit hohen Sanktionen, die bei der Missachtung der Betroffenenrechte drohen können, erreichen (*vgl. hierzu Kapitel 19 Sanktionen*).

Daraus folgt wiederum, dass aus der Stärkung der Betroffenenrechte automatisch auch erhöhte Verantwortlichenpflichten resultieren. Mithin lässt sich festhalten, dass die gestärkten Betroffenenrechte bedingen, dass zwangsläufig auch die Anforderungen an den Verantwortlichen steigen.

Die Erfüllung der Betroffenenrechte dürfte für Ärzte in Zukunft eine noch höhere Bedeutung haben. Denn wenn sich ein Patient nicht gut „behandelt" fühlt, ist es nicht unwahrscheinlich, dass er die ihm zustehenden Rechte vollumfänglich ausübt und damit einen Arzt, der nicht darauf vorbereitet ist, durchaus in Bredouille bringen kann.

Auch wenn diese gestärkten Betroffenenrechte als lästig und übertrieben angesehen und dargestellt werden, sollte man meiner Ansicht nach diesen Themenkomplex jedoch auch noch aus einer anderen Perspektive betrachten. Denn wenn man ehrlich ist, sind diese Rechte die einzige Möglichkeit eines Betroffenen, sich überhaupt noch Kenntnis von dem zu verschaffen, was bei einem anderen, der mit seinen Daten umgeht, vorgeht. Im Prinzip sind die Betroffenenrechte daher Kontrollrechte, die dem Motto folgen: Vertrauen ist gut, Kontrolle ist besser. Mithin sind die Betroffenenrechte, die jedem Betroffenen einem Verantwortlichen gegenüberzustehen, die letzte und einzige Möglichkeit, dem oftmals wilden und für ihn intransparenten Treiben mit seinen Daten halbwegs Einhalt zu gebieten.

Die Erfüllung der Betroffenen-/Patientenrechte stellt meiner Ansicht nach auch eine gewisse Respekterbringung dar und zeigt dem Patienten, dass er dem Arzt vertrauen kann. Und wie wir alle wissen, sind Respekt und Vertrauen eine wesentliche Basis für das Arzt-Patientenverhältnis. Ziert sich der Arzt bei der Rechteerfüllung oder blockt er das Ansinnen des Patienten grundlos ab, dürfte sich beim Patienten schnell ein gewisses Misstrauen einstellen, das in keinem Fall für dieses Verhältnis förderlich sein kann.

Daher sollte ein Arzt bspw. einem Auskunftsersuchen eines Patienten nicht direkt ablehnend entgegentreten. Vielmehr empfiehlt es sich, selbst wenn der Arzt auf dem falschen Fuß erwischt werden sollte, dem Patienten offen, höflich und respektvoll zu begegnen. Denn es ist nun einmal gesetzlich so vorgesehen, dass ein Betroffener, wie ein Patient, seine Rechte geltend machen können soll. Und Hand aufs Herz: Würde ein Arzt in seiner Eigenschaft als Betroffener nicht auch von anderen Institutionen erwarten, dass man sein Ansinnen zeitnah und professionell erfüllt?

Zusammenfassend ist es daher nach meiner Erfahrung sehr sinnvoll, mit dem Anliegen des Patienten professionell und offen umzugehen und nicht, auch wenn man sich darüber ärgern mag, mit Ablehnung zu begegnen. Denn das birgt die Gefahr, dass die Situation eskaliert und der Patient sich, was auch sein gutes Recht ist, an die Aufsichtsbehörde wendet, die dann Ermittlungen anstellen muss und dadurch u. U. gewisse Ungereimtheiten beim Arzt aufdeckt ...

Will der Verantwortliche (Arzt/Praxis) seine gestiegenen, im Zusammenhang mit den Betroffenenrechten stehenden Pflichten erfüllen, was aufgrund der hohen Bußgelder durchaus angezeigt ist, sollte er für die wesentlichen Betroffenenrechte eigene Prozesse entwickeln, um bei Rechteausübung des Patienten in der Lage zu sein, auf diese in angemessener Zeit zu reagieren und sie im gesetzlichen Rahmen zu erfüllen.

Die Kenntnis um die Betroffenenrechte und die Möglichkeit, diese auch in angemessener Zeit erfüllen zu können, sind daher eine wesentliche Voraussetzung zur Schaffung von „Rechtskonformität" bei der Datenverarbeitung. Im Nachfolgenden werden daher die für einen Arzt maßgeblichen Betroffenenrechte (Art. 12–20) behandelt. Diesbezüglich werden auch die Ausnahmetatbestände des BDSG-neu dargestellt und thematisiert, wie und in welchem Umfang diese für einen Arzt einschlägig sein können. Die Art. 21 (Widerspruchsrecht) und Art. 22 (Rechte beim Profiling) dürften für einen Arzt in seiner Praxis kaum Relevanz haben und werden daher nachfolgend auch nicht näher thematisiert.

Zur Erfüllung von Patientenrechten ist eine entsprechende „Transparenz" immer das A und O.

9.2 Transparenzpflicht

Die in Art. 12 enthaltene Transparenzpflicht stellt die gesetzliche Ausformung des von Art. 5 Abs. 1 a) adressierten Transparenzgrundsatzes dar (*siehe hierzu auch Kapitel 7.4*). Dieser Artikel enthält Regelungen dazu, wie man einem Betroffenen die von Gesetzes wegen vorgegebenen Angaben zur Verfügung stellen muss. Darüber hinaus beinhaltet Art. 12 aber auch allgemeine Regelungen, wie ein Verantwortlicher/Arzt bei der Geltendmachung von Betroffenenrechte zu reagieren hat.

Ein Arzt als Verantwortlicher muss gem. Art. 12 geeignete Maßnahmen treffen, um dem Betroffenen (Patienten) alle Informationen gemäß

- Art. 13 und 14 (Informationspflichten bei der Verarbeitung),
- Art. 15–22 (Auskunftspflichten bei Widerruf, Löschung etc.) und
- Art. 34 (Meldepflicht)

in

- präziser,
- transparenter,
- verständlicher und
- leicht zugänglicher Form in
- einer klaren und einfachen Sprache

zu vermitteln. Welche Informationen jeweils gefordert sind, siehe weiter unten.

Mithin ist es für einen Arzt essenziell, alle die in Art. 13 und 14 geforderten Angaben seinen Patienten umfassend (vollständig) sowie in einer von einem Ottonormalverbraucher nachvollziehbaren Art und Weise sowie leicht verständlichen (deutschen) Sprache zu vermitteln. Am besten ist es daher immer, dass man sich nach der entsprechenden Dokumentenfertigstellung selber fragt, ob man das, was dort steht, auch wirklich versteht/nachvollziehen kann. Möglicherweise kann es auch hilfreich sein, unbeteiligte Personen (Familienmitglieder etc.) zu befragen, ob sie das, was in dem Dokument steht, auch alles nachvollziehen können, oder ob beim Lesen Fragen aufgetaucht sind. Falls dem so ist, sollte man besonders diese Stellen einer genauen Überprüfung unterziehen.

Die Informationspflichten gem. Art. 13 und 14 bilden die Basis für die Ausübung der Betroffenenrechte (insbesondere der Art. 15 ff. DS-GVO). Denn nur, wenn die betroffene Person weiß, dass personenbezogene Daten über sie verarbeitet werden, kann sie diese Rechte auch ausüben.

Das Erteilen der Angaben durch den Arzt erfolgt

- grundsätzlich schriftlich,
- gegebenenfalls aber auch elektronisch.

Im Einzelfall können die entsprechenden Informationen auch mündlich gegeben werden, insbesondere immer dann, wenn der Betroffene es verlangt und dieser seine Identität nachgewiesen hat. Dass mit einer mündlichen Erteilung der Angaben/

Informationen jedoch immer auch Nachweisprobleme verbunden sein können, dürfte auf der Hand liegen, weshalb die mündliche Preisgabe eher die Ausnahme bleiben sollte.

Die vorstehenden neuen Anforderungen von Art. 12 i.V.m. Art. 13 sind der Grund dafür, dass bspw. sämtliche Datenschutzerklärungen auf Webseiten von Arztpraxen mit Geltung der DSGVO neugestaltet werden mussten. Denn die alten Datenschutzerklärungen beinhalteten nicht die von der DSGVO nunmehr geforderten Angaben. Diesbezüglich sei darauf hingewiesen, dass es jedoch zwingend erforderlich ist, dass die Erklärung der Webseite jedoch immer auch die technische Realität korrekt wiedergibt. Dieses ist nach meiner Erfahrung bei vielen Webseiten jedoch leider nicht der Fall, weshalb man eigentlich sagen müsste, dass diese nicht datenschutzkonform sind (*vgl. hierzu auch Kapitel 16.4*).

Darüber hinaus findet man nunmehr in vielen Praxen Papierdokumente vor, die die Angaben von Art. 13/14 enthalten. Diese bekommt der Patient ausgehändigt und wird oftmals sogar verpflichtet, diese zu unterschreiben, da man ihn ansonsten nicht weiter behandeln kann! Bei manchen Ärzten herrscht daher leider die irrige Ansicht vor, dass es sich bei den Dokumenten nach Art. 13/14 um eine „Einwilligungseinholung" handelt bzw. der Patient mit allem, was drin steht, einverstanden sein müsste und seine Einwilligung geben muss. Doch an dieser Stelle sei schon darauf hingewiesen, dass diese Dokumente gerade keine „Einwilligung" benötigen. Vielmehr müssen sie nur zur Kenntnis genommen werden. Daher ist es auch nicht notwendig, den Patienten dazu zu drängen, dass er seine Unterschrift gibt.

> Wenn sich ein Patient zu irgendwas gedrängt fühlt, kann seine Einwilligung niemals freiwillig erfolgen und ist damit, weil sie unter Druck erfolgte, von vornherein unwirksam!

Aus Dokumentationsgründen kann es jedoch durchaus angezeigt sein, sich vom Patienten den Empfang des Dokumentes mit seiner Unterschrift quittieren zu lassen. Jedoch, und darauf sei nochmals hingewiesen, sind mit einer solchen Erklärung des Patienten keine Rechtsfolgen für ihn verbunden, worauf man die Patienten unbedingt hinweisen sollte!

Der Verantwortliche muss, den Anforderungen des Art. 12 folgend, dem Betroffenen ferner immer auch die Ausübung seiner Rechte (vgl. Art. 15–22) erleichtern. Mithin gehört zur Transparenz auch, dass man es als Arzt einem Patienten nicht erschwert, seine Rechte, wie bspw. das Auskunftsrecht, geltend zu machen. Vielmehr muss nach der Intention von Art. 12 der Arzt seinen Patienten so gut es geht bei der Ausübung seiner Rechte unterstützen.

Art. 12 beinhaltet eine weitere Regelung, die jedoch bei einem Arzt gegenüber seinen Patienten praktisch keine Anwendung finden dürfte. Ein Arzt kann nämlich bspw. die Auskunft verweigern, wenn er glaubhaft darlegen kann, dass er den Betroffenen/den Patienten mittels der ihm zur Verfügung stehenden Informationen nicht identifizieren kann (vgl. auch Art. 11). Da jedoch ein Arzt praktisch alle seine Daten, besonders die in den Patientenakten befindlichen, seinem Patienten zuordnen kann, dürfte dieser Ausnahmetatbestand wie gesagt praktisch nicht für ihn greifen. In Konsequenz dürfte daher ein Arzt praktisch immer verpflichtet sein, dem Patienten Auskunft zu erteilen. Ausgenommen davon sind natürlich die nachfolgend beschriebenen Ausnahmekonstellationen.

Art. 12 enthält darüber hinaus auch Hinweise darauf, wie schnell der Arzt bspw. bei einem Antrag auf Auskunft reagieren muss. So ist dort festgelegt, dass ein Verantwortlicher dem Betroffenen auf seinen Antrag hin **unverzüglich** (ohne schuldhaftes Zögern), spätestens aber **innerhalb eines Monats** nach Antragseingang, die von Art. 15–22 geforderten Informationen zur Verfügung stellen muss. Eine Verlängerung um zwei Monate ist möglich, wenn dies unter Berücksichtigung der Komplexität und der Zahl der Anträge angezeigt ist. Auch dies gilt es jedoch immer entsprechend zu dokumentieren. Da die Schwellen der Gründe für diese Verlängerung sehr hoch gesetzt sind, dürfte man sich in den meisten Fällen nicht darauf berufen können. „Normale" Ressourcenprobleme etc. dürften in der Regel kein Grund dafür sein, eine Verlängerung zu verlangen. Verlangt der Arzt eine Verlängerung, müsste er jedenfalls den Patienten innerhalb eines Monats nach Antragseingang über eine Fristverlängerung zusammen mit den Gründen für die Verzögerung unterrichten.

Stellt der Patient seinen Antrag auf Ausübung seiner Rechte elektronisch, kann der Arzt auch elektronisch antworten. Jedoch sei diesbezüglich auf die Problematiken der elektronischen Kommunikation (*siehe Kapitel 16.3*) verwiesen, so dass man diesbezüglich vorsichtig sein sollte.

Wenn der Arzt, aus welchen Gründen auch immer, nicht tätig wird (werden will), muss er **spätestens innerhalb eines Monats** den Betroffenen darüber unterrichten und über seine Beschwerdemöglichkeit bei einer Behörde oder einen etwaigen gerichtlichen Rechtsbehelf informieren.

Die gemäß der Art. 13 und 14 zu gebenden Informationen sowie alle Mitteilungen und Maßnahmen gemäß Art. 15–22 und Art. 34 müssen vom Verantwortlichen **grundsätzlich unentgeltlich** zur Verfügung gestellt werden. Somit ist es grundsätzlich nicht möglich, vom Patienten eine „Bearbeitungsgebühr" einzufordern. Denn eine solche Gebühr dürfte abschreckend wirken und dazu führen, dass man dem Patienten damit seine Antragsstellung erschwert, was wiederum konträr zum Transparenzprinzip steht.

Bei offenkundig unbegründeten oder exzessiven Anträgen eines Betroffenen (Patienten) kann jedoch der Arzt entweder

- ein angemessenes Entgelt verlangen, bei dem der zu betreibende Aufwand berücksichtigt werden kann,
- oder sich weigern, tätig zu werden.

Den Arzt trifft jedoch die Nachweispflicht/Beweispflicht (vgl. Art. 5 Abs. 2) für den offenkundig unbegründeten oder exzessiven Charakter der Anfrage(n).

Bei begründeten Zweifeln an der Identität der antragstellenden Person (Art. 15–21) kann der Arzt, unabhängig von der Möglichkeit des Art. 11, zusätzliche Informationen von dieser Person anfordern, die zur Bestätigung der Identität der betroffenen Person erforderlich sind. Somit ist es also das gute Recht eines Arztes, wenn die Identität des Antragsstellers nicht eindeutig belegt ist, weitere Auskünfte zu verlangen, die die Berechtigung/Identität des Antragsstellers belegen. Kommt der Antragssteller mit den notwendigen für seine Identifikation benötigten Informationen nicht bei, dürfte dieses sich nicht zum Nachteil des Arztes auswirken und damit auch nicht die Monatsfrist in Gang setzen bzw. „hemmen".

9.3 Informationspflicht bei Direkterhebung

Art. 13 betrifft die Informationspflichten bei der in Deutschland unter dem Namen „Direkterhebung" bekannten Datenverarbeitung. Die Direkterhebung zeichnet aus, dass die Daten direkt beim Betroffenen erhoben (gesammelt) werden. Mithin betrifft diese Informationspflicht alle die Fälle, in denen der Arzt seine Informationen direkt vom Patienten erhält und diese dann entsprechend weiterverarbeitet. Dem Patienten müssen diese Informationen grundsätzlich bei Erheben (Erhalt) der Daten dem Patienten gegeben werden.

In der Praxis steht ein Arzt vielfach vor der Herausforderung, wie und wie umfangreich bzw. wie detailliert er die gesetzlich geforderten Angaben darstellen soll. Und auch wenn es wenig befriedigend klingen mag: So ganz genau kann es keiner sagen. Die Krux, die sich bei der Informationspflicht ergibt, wird jedenfalls schnell sichtbar, wenn man die Transparenzanforderungen hinzuzieht.

Denn wenn die vom Arzt mitgeteilten Informationen zu detailliert/umfangreich sind, verstößt er eigentlich gegen den Grundsatz der Transparenz, weil kein Patient in der Lage ist, diese Informationen alle nachvollziehen zu können. Auf der anderen Seite kann eine zu abstrakte/oberflächliche Darstellung der Vorgänge auch dazu führen, dass man gegen das Gebot der Transparenz verstößt, da man dem Patienten nicht alle notwendigen Informationen bereitstellt. Von daher lässt sich die Situation im Bereich „Informationspflichten", ein wenig überspitzt gesagt, als Wahl zwischen „Pest oder Cholera" ansehen.

Um diesem Dilemma praxisorientiert zu begegnen, empfiehlt es sich meiner Ansicht nach in einem allerersten Schritt, wie bereits erwähnt, für sich selber erst einmal eine entsprechende Transparenz über die in der Praxis stattfindende Datenverarbeitung inklusive der sonstigen relevanten Umstände wie Datenflüsse, an der Datenverarbeitung Beteiligte usw. zu schaffen sowie dieses zu dokumentieren. Erst wenn eine solche Transparenz erreicht wurde, ist es möglich zu entscheiden, was für den Patienten relevant ist zu wissen und welche Datenverarbeitungen man möglicherweise auch zusammenfassen bzw. ein wenig abstrakter darstellen kann. Bei der Erstellung der Erklärung sollte man nach dem Motto verfahren: So wenig Informationen wie möglich, aber immer so viel wie nötig, damit der Patient eine Ahnung davon bekommt, was in der Praxis an Verarbeitungen mit seinen Daten stattfinden (kann). Dass man gewisse Informationen auch abstrakter darstellen darf, wird übrigens auch von der DSGVO in Art. 13 toleriert bzw. vorgegeben. So sagt Art. 13, dass es durchaus möglich ist, nicht alle Empfänger von Daten einzeln darzustellen und zu benennen, sondern diese in Gruppen/Kategorien zu „clustern" und anzugeben. Dieses ist auch durchaus sinnvoll, da es einen Patienten durchaus überfordern dürfte, wenn ein Arzt im Dokument alle Dienstleister namentlich aufführt, die ggf. auch im Rahmen einer Auftragsverarbeitung auf Daten potenziell zugreifen können. Ferner dürfte dieses auch wenig aussagekräftig sein, weshalb eine abstrakte Bezeichnung, wie bspw. „Dienstleister, die unsere IT betreuen", durchaus sinnvoller sein dürfte. Diese „Clusterung" bedeutet jedoch nicht, dass der Arzt es unterlassen kann, sämtliche IT-Dienstleister, Hersteller von Medizinprodukten, die sich zu Wartungszwecken aufschalten etc. zu identifizieren und zu dokumentieren. Denn möglicherweise muss er diese Informationen im Rahmen eines Auskunftsersuchens des Patienten gem. Art. 15 schnell parat haben (*siehe dazu auch Kapitel 9.5*).

Bei den von Art. 13 vorgegebenen Angaben handelt es sich um Mindestangaben. Das bedeutet somit, dass diese Angaben immer gemacht werden müssen. Darüber hinaus ist es aber auch denkbar, falls man es als notwendig erachtet, weitere Informationen in diesem Dokument mitzuteilen. Dabei ist jedoch immer darauf zu achten, dass man immer noch dem Transparenzgrundsatz von Art. 12 entsprechen sollte. Darüber hinaus ist auch nicht nötig, die vom Gesetz vorgegebene Reihenfolge einzuhalten. Somit ist ein Arzt durchaus frei, eine eigene Struktur vorzunehmen, wenn er der Meinung ist, dass das besser passt.

Von Gesetzes wegen müssten Sie als Verantwortlicher (Arzt/Praxis) auch für Ihre Beschäftigten eine solche Information erstellen, denn auch diese sind Betroffene.

Falls der Patient eine andere Informationserteilungsform wie z. B. die mündliche Form wünscht, kann der Arzt wie gesagt dem Wunsch entsprechen. Jedoch sollte er in diesen Fällen die Art und Weise inkl. des Inhalts der Informationserteilung umfassend dokumentieren.

Art. 13 enthält ähnliche Anforderungen an die Informationserteilung wie die früheren einschlägigen deutschen Regelungen im BDSG-alt. So entsprechen nachfolgende Pflichtangaben in Art. 13 mehr oder weniger den bisher geltenden des BDSG-alt und umfassen:

- Name (ggf. Firmenname gem. § 17 Art. 1 HGB oder Vereinsname gem. § 57 BGB) und Kontaktdaten des Verantwortlichen sowie ggf. dessen Vertreter

- Kontaktdaten des ggf. vorhandenen Datenschutzbeauftragten
- Zwecke, für die die personenbezogenen Daten verarbeitet werden sollen, und zusätzlich die Rechtsgrundlage, auf der die Verarbeitung fußt
- das berechtigte Interesse, das von dem Verantwortlichen oder einem Dritten verfolgt wird, insofern die Datenerhebung auf einem berechtigten Interesse des Verantwortlichen oder eines Dritten beruht (Art. 6 Abs. 1 lit. f)
- Empfänger oder Kategorien von Empfängern der personenbezogenen Daten (vgl. Art. 4 Nr. 9)
- Absicht des Verantwortlichen, die personenbezogenen Daten an ein Drittland oder eine internationale Organisation zu übermitteln und zugleich Information, ob ein Angemessenheitsbeschluss der Kommission vorhanden ist oder nicht (bei Fehlen eines solchen Beschlusses ist auf geeignete oder angemessene Garantien zu verweisen und die Möglichkeit, wie eine Kopie von ihnen zu erhalten ist, oder wo sie verfügbar sind)

Zusätzlich sind nach Art. 13 Abs. 2 Informationen über

- die geplante Speicherdauer oder, falls dies nicht möglich ist, die Kriterien für die Festlegung der Speicherdauer,
- die Betroffenenrechte (Auskunfts-, Löschungs-, Einschränkungs- und Widerspruchsrechte sowie das Recht auf Datenübertragbarkeit),
- das Recht zum jederzeitigen Widerruf einer Einwilligung und die Tatsache, dass die Rechtmäßigkeit der Verarbeitung auf Grundlage der Einwilligung bis zum Widerruf unberührt bleibt,
- das Beschwerderecht bei einer Aufsichtsbehörde, ggf. die gesetzliche oder vertragliche Verpflichtung des Verantwortlichen, personenbezogene Daten Dritten bereitzustellen und die möglichen Folgen der Nichtbereitstellung der personenbezogenen Daten und

- die verwendete Logik, die Tragweite und angestrebten Auswirkungen bei Anwendung einer automatisierten Entscheidungsfindung (einschließlich Profiling),

anzugeben.

Nur dann kann er eine bewusste Entscheidung darüber treffen, ob er ergänzend von seinem Auskunftsrecht nach Art. 15 Gebrauch machen sollte.

!

Sollte ein Arzt sich entscheiden, die Daten seines Patienten zu anderen Zwecken zu verarbeiten und wurde der Patient über diese Zweckänderung bisher noch nicht unterrichtet, ist der Arzt gem. Art. 13 Art. 3 verpflichtet, dem Patienten vor dieser Weiterverarbeitung Informationen über diesen neuen Zweck und alle anderen maßgeblichen Informationen zur Verfügung zu stellen!

Auch daran erkennt man abermals die Relevanz der Prinzipien der Transparenz und der Zweckbindung (*siehe Kapitel 7.4 und 7.5*).

Ein für Ärzte möglicherweise relevanter Ausnahmetatbestand der Informationspflicht im Rahmen einer Direkterhebung ist der (beruflichen) Verschwiegenheitspflicht geschuldet. Da es einem Geheimnisträger grundsätzlich verboten ist, Informationen über etwaige Patientenverhältnisse ohne die Einwilligung seines Patienten so einfach preiszugeben, trägt diesem Umstand § 29 Art. 2 BDSG Rechnung. Danach entfällt bei einer Übermittlung der Daten Dritter ggf. die Informationspflicht des Geheimnisträgers gem. Art. 13 Abs. 3, sofern nicht das Interesse des Betroffenen an der Kenntnis der Informationen das des Geheimnisträgers an der Wahrung des Geheimnisses überwiegt. Da ein Arzt, wie vorstehend empfohlen, ohnehin die Informationen im Dokument so abstrakt wie möglich darstellen sollte, dürfte die Relevanz von § 29 Art. 2 BDSG m. A. nach auch nicht so groß sein. Was sich jedoch meiner Ansicht nach empfiehlt, ist, den Patienten darüber zu informieren, dass es ggf. zu Übermittlungen seiner Daten, z. B. zum Zwecke der Rechtsdurchsetzung an Anwälte, Gerichte usw. kommen kann. So dürfte man seiner Informationspflicht genügen, ohne konkret ins Detail zu gehen.

Gem. Art. 13 Abs. 4 braucht der Arzt den Patienten nicht über die vorstehend genannten Informationen zu unterrichten, wenn dieser bereits über die entsprechenden Informationen verfügt. Dass dem so ist und woher der Patient alle diese Angaben bereits hat, dafür trägt letztlich der Arzt die Beweislast (Art. 5 Abs. 2), weshalb man sich m. A. nach auf diesen Ausnahmetatbestand nur in Ausnahmefällen berufen sollte.

9.4 Informationspflicht bei Dritterhebung

Art. 14 betrifft die Informationspflichten des Verantwortlichen (Arzt/Praxis), die ihm bei einer „nicht erfolgten Direkterhebung" bzw. bei einer anderweitigen Datenerhebung obliegen. Kennzeichnend für eine Dritterhebung ist somit, dass der Verantwortliche **nicht** die Daten vom Patienten direkt, sondern diese vielmehr von einem anderen Verantwortlichen wie bspw. einem überweisenden Arzt erhält. Damit der Patient jedoch weiß, dass nun ein anderer seine Daten erhalten hat und weiterverarbeitet, muss der datenempfangende Arzt als neuer/weiterer Verantwortliche ihn konsequenterweise darüber informieren, dass er die Daten erhalten hat und wer ihm diese übermittelt hat. Diese Pflicht entfällt, wenn der Betroffene bereits darüber Kenntnis hat, dass der Arzt seine Daten erhalten hat. Mit der Informationspflicht bei Dritterhebung dürfte der Gesetzgeber intendiert haben, dass bei jeder Datenverarbeitung stets eine ausreichende Transparenz gewährleistet wird. Daher gelten auch die bei Art. 12 beschriebenen Transparenzanforderungen für die Informationspflicht nach Art. 14 gleichermaßen.

Im Prinzip finden sich die schon in Art. 13 aufgeführten Informationspflichten bzw. Angaben mehr oder weniger auch in diesem Artikel wieder, werden jedoch um für die Dritterhebung relevante Aspekte in Art. 14 Abs. 2 ergänzt.

Die wesentliche Ergänzung, die dem Wesen der Dritterhebung geschuldet ist, ist die Angabe darüber, aus welcher Quelle die personenbezogenen Daten stammen und gegebenenfalls, ob sie aus öffentlich zugänglichen Quellen stammen. Mithin muss ein Arzt, wenn er die Daten bspw. von einem anderen Arzt bekommen hat, den Patienten darüber informieren, von wem er die Daten bekommen hat.

Gem. Art. 14 Abs. 3 muss der Arzt, wenn er die Daten erhalten hat, grundsätzlich spätestens **einen Monat** nach ihrem Erhalt dem Betroffenen die Pflichtangaben des Art. 14 Abs. 1–2 mitteilen (Abs. 3 a). Bei einer wie auch immer gearteten „Kommunikation" mit dem Betroffenen muss der Verantwortliche dem Betroffenen die Informationen zum Zeitpunkt der ersten „Kommunikation" (Abs. 3 b) mitteilen.

Bei „Offenlegung" dieser Daten an einen (weiteren) Empfänger muss dem Patienten spätestens zum Zeitpunkt der ersten „Offenlegung" eine entsprechende Information gegeben werden. Im Fall einer „Zweckänderung" muss der Verantwortliche dem Betroffenen vor der „Weiterverarbeitung" entsprechende Informationen mitteilen (Art. 14 Abs. 4).

Ausnahmen von der Informationspflicht:

Gem. Art. 14 Abs. 5 entfällt die Pflicht zur Informationserteilung, wenn bspw. der Patient bereits anderweitig die entsprechenden Informationen erhalten hat (Abs. 5 a). Dieser Fall dürfte bei Ärzten bspw. im Falle einer Überweisung an einen weiteren Arzt regelmäßig vorliegen. Denn es ist davon auszugehen, dass der überweisende Arzt den Patienten über die Übermittlung seiner Daten informiert. Kommt der überwiesene Patient jedoch in die Praxis des „empfangenden" Arztes, sollte man ihm die entsprechenden Informationen gem. Art. 13 aushändigen. Ferner ist es auch essenziell, dass der Arzt den Empfang der Daten vom überweisenden Arzt entsprechend dokumentiert.

Der überweisende Arzt ist selber dafür zuständig, dass er den Datentransfer dokumentiert und den Patienten über die Datenübermittlung informiert. So lässt sich eine durchgehende Transparenz gewährleisten, was die Basis für die Erfüllung eines Auskunftsanspruchs des Patienten gem. Art. 15 ist.

Ferner entfällt die Pflicht nach Art. 14 für einen Arzt, wenn die Erteilung der Informationen unmöglich ist oder einen unverhältnismäßigen Aufwand erfordert (Abs. 5 b). An die Unmöglichkeit der Erfüllung oder den unverhältnismäßigen Aufwand sind hohe Anforderungen zu stellen. Darüber hinaus trägt ein Arzt, der sich auf diesen Ausnahmetatbestand beruft, dafür die Beweislast gem. Art. 5 Abs. 2 (*siehe Kapitel 7.10*).

Hinsichtlich der Ausnahmetatbestände, die sich im BDSG finden, sei auf die Ausführungen zur Informationspflicht nach Art. 13 verwiesen.

9.5 Auskunftsrecht des Patienten

Wie schon im alten Recht, haben Patienten auch nach Art. 15 das Recht, mittels formlosen Antrags und praktisch ohne die Angabe von Gründen von einem Arzt Auskunft über ihre beim Arzt gespeicherten personenbezogenen Daten zu verlangen. Mittels dieses Auskunftsrechts ist es einem Patienten u. U. möglich, leichter gezielt weitere Rechte, wie Berichtigung, Löschung oder Einschränkung der Verarbeitung („Sperrung") ihrer Daten gegenüber dem Arzt geltend zu machen.

Es gilt zunächst zu beachten, dass das in der DSGVO enthaltene Auskunftsrecht mehrstufig ist.

So kann ein Patient zunächst von einem Arzt eine Bestätigung darüber verlangen, ob der Arzt grundsätzlich Daten über den Patienten gespeichert hat bzw. verarbeitet. Es sei an dieser Stelle darauf hingewiesen, dass ein Arzt in jedem Falle auf ein solches Anliegen reagieren sollte, auch wenn er keine Daten des Betroffenen/Patienten (mehr) hat bzw. auch wenn er meint, dass diese Daten unumkehrbar anonymisiert sind.

Verarbeitet der Arzt entsprechende Daten des Patienten (und ist somit die erste Stufe erfüllt) kann der Patient weitere Auskünfte vom Arzt darüber verlangen, welche Daten vom Arzt ganz konkret verarbeitet werden.

Weiterhin sind bei der Datenauskunft vom Arzt nach Art. 15 Abs. 1 insbesondere noch folgende Informationen mitzuteilen:

- Zwecke der Datenverarbeitung,
- Kategorien personenbezogener Daten, die verarbeitet werden (mit Gruppenbezeichnungen wie Gesundheitsdaten, Bonitätsdaten usw.),
- Empfänger bzw. Kategorien von Empfängern, die diese Daten bereits erhalten haben oder künftig noch erhalten werden,
- geplante Speicherdauer falls möglich, andernfalls die Kriterien für die Festlegung der Speicherdauer,
- Rechte auf Berichtigung, Löschung oder Einschränkung der Verarbeitung,
- ein Beschwerderecht des Patienten bei der Aufsichtsbehörde,
- Herkunft der Daten, soweit diese nicht bei der betroffenen Person selbst erhoben wurden (Dritterhebung vgl. Art. 14)
- ...

Im Falle der Datenübermittlung in Drittländer (wie z. B. die USA) ist über die insoweit gegebenen Garantien gemäß Art. 46 zu informieren (z. B. vereinbarte Standard-Datenschutzklauseln, verbindliche interne Datenschutzvorschriften, usw.).

> Keine Drittländer sind die EU-Mitgliedsstaaten und die Vertragsstaaten des EWR.

Die Auskunftserteilung nach Art. 15 sollte nach Maßgabe der schon im *Kapitel 7.4 „Transparenz“* angesprochenen Vorgaben erfolgen. Daher können die entsprechenden Angaben/Informationen dem Patienten je nach Sachverhalt schriftlich, elektronisch oder – auf Wunsch sogar mündlich mitgeteilt werden. Bei der mündlichen Preisgabe gilt es, diese jedoch besonders inkl. der Umstände zu dokumentieren.

Was oftmals nicht bekannt und was den Auskunftsanspruch gem. Art. 15 so brisant macht, ist, dass der Patient nunmehr auch einen Anspruch darauf hat, dass der Arzt ihm eine Kopie sämtlicher Daten zur Verfügung stellen muss! Insofern korrespondiert dieser Auskunftsanspruch eng mit dem zivilrechtlichen Einsichtsrecht gem. § 630g BGB (*siehe unten*).

Stellt die betroffene Person ihren Auskunftsantrag elektronisch, darf der Arzt die Auskunft auch elektronisch (z. B. in einer .pdf-Datei) geben. Bei der Übermittlung der Daten via E-Mail sei jedoch, aufgrund der damit einhergehenden Rechtsunsicherheit, Vorsicht angeraten (*siehe Kapitel 16.3 Elektronische Kommunikation*). Zwar sieht die DSGVO in Erwägungsgrund 63 auch die Möglichkeit vor, dass ein Arzt einem Patienten Fernzugriff auf seine Daten gewähren kann. Meiner Ansicht nach sollte aus sicherheitstechnischen Aspekten ein solcher Fernzugriff kritisch gesehen werden, da man damit eine weitere Angriffsmöglichkeit schafft und das Risiko eines erfolgreichen Angriffs erhöht. Unabhängig davon, welche Übermittlungsform man nutzt, muss sichergestellt sein, dass diese Übertragung „sicher" ist und kein Externer sich von diesen Daten Kenntnis verschaffen kann.

Wie bereits bei Art. 12 dargestellt, müssen Auskunftserteilungen grundsätzlich unverzüglich, d. h. ohne schuldhaftes Zögern erfolgen (vgl. Art. 12 Abs. 3), spätestens aber innerhalb eines Monats. Diese Monatsfrist darf nur in begründeten Ausnahmefällen überschritten werden, worüber aber der Patient zwingend zu informieren ist. Damit eine Auskunftserteilung zeitnah und reibungslos erfolgen kann, ist der Arzt verpflichtet, (vorbereitend) geeignete organisatorische Maßnahmen zu treffen, damit der Patient seine beantragte Auskunft zeitnah und in verständlicher Form erhalten kann (vgl. Art. 12 Abs. 1 Satz 1 und Art. 5 Abs. 1 a)).

Wie bereits auch schon bei der Transparenzpflicht dargestellt, muss die Auskunftserteilung an den Patienten grundsätzlich kostenlos erfolgen. Für weitere Kopien kann er jedoch ein angemessenes Entgelt fordern. Außerdem kann bei offenkundig unbegründeten oder exzessiven Anträgen ein angemessenes Entgelt für die Auskunft verlangt werden. Dabei gilt es jedoch auch immer zu beachten, dass ein Patient das Recht hat, in regelmäßigen Abständen Auskunft zu verlangen, weshalb es oftmals schwer sein wird, den exzessiven Charakter einer wiederholten Auskunftseinholung zu belegen.

Gerade weil Patientendaten sehr sensible Informationen beinhalten, muss zwingend sichergestellt werden, dass kein unbefugter Dritter diese erhält. Somit ist es essenziell, dass man bei einem Auskunftsersuchen nur demjenigen die Daten zu Verfügung stellt bzw. die Auskunft gibt, der berechtigt ist, diese zu empfangen. Eine Identitätsprüfung ist deshalb nach meiner Ansicht unumgänglich. Dieses gilt gerade bei Auskunftsersuchen per E-Mail oder Telefon. Gibt es begründete Zweifel an der Identität eines Antragstellers, so ist es das gute Recht des Arztes, zusätzliche Informationen zur Bestätigung der Identität anzufordern (vgl. Art. 12 Abs. 6). All dieses sollte man dokumentieren, falls doch mal irgendwas „schiefgehen" sollte.

Bei einer großen Menge an gespeicherten Informationen über den Patienten kann ein Arzt grundsätzlich verlangen, dass präzisiert wird, auf welche Informationen oder Verarbeitungsvorgänge sich das Auskunftsersuchen des Patienten konkret bezieht. Ob dieses Präzisierungsverlangen bei Ärzten, die ja ohnehin praktisch alle Daten des Patienten in einer Datei/Kartei gespeichert haben, sinnvoll ist, will ich an dieser Stelle offenlassen. Meiner Erfahrung nach ist es jedenfalls müßig, den Patienten mit solchen Manövern hinhalten zu wollen, denn das schürt den Unmut und das Vertrauen des Patienten in den Arzt. Vielmehr kommt beim Patienten dadurch schnell der Eindruck auf, dass der Arzt „etwas zu verbergen" haben könnte oder total unvorbereitet ist, was auch kein gutes Licht auf den Arzt wirft.

U. a. durch die nunmehr geschaffene Möglichkeit, dass der Patient eine Kopie seiner Daten einfordern kann, ist es durchaus denkbar, dass er damit auch Daten erhält, die, wenn sie ihm bekannt werden, wiederum die Rechte anderer/Dritter beeinträchtigen könnten. Damit wird wiederum das Spannungsfeld zwischen Ausübung von Betroffenenrechten und der damit verbundenen möglichen Beeinträchtigung Rechte Dritter schnell sichtbar. Daher enthält Art. 15 in Abs. 4 die Regelung, dass durch die Auskunftserteilung an die betroffene Person die Rechte des Verantwortlichen oder anderer Personen nicht beeinträchtigt werden dürfen. Daher liegt es im Ermessen des Arztes zu entscheiden, welche Daten er dem Patienten zur Verfügung stellt und welche nicht. Möglicherweise kann auch in besonderen Fällen eine „Schwärzung" oder „Löschung" gewisser Daten, die auf Dritte weisen, vorgenommen werden, um einen gerechten Ausgleich der beiden Rechtspositionen herbeizuführen. In keinem Fall dürfen etwaige Rechte Dritter jedoch dazu führen, dass der Arzt jegliche Auskunft verweigert.

Es sei darauf hingewiesen, dass unterlassene oder nicht vollständige Auskunftserteilungen an Patienten gem. Art. 83 Abs. 5 b) den großen Bußgeldtatbestand erfüllen (*siehe Kapitel 19 Sanktionen*). Alleine aus diesem Grunde ist es einem Arzt dringend zu empfehlen, rechtzeitig organisatorische Vorkehrungen für zügige und korrekte Auskunftserteilungen zu treffen.

9.6 Erfüllung des Auskunftsanspruchs in der Praxis

Nach meiner Erfahrung empfiehlt sich bei der Behandlung von Auskunftsansprüchen Folgendes:

Erreicht einen Arzt ein Auskunftsbegehren eines Patienten, gilt es zügig, aber überlegt zu handeln. In jedem Fall sollte man dem Patienten zeigen, dass man ihn und seine Rechte respektiert.

1. Zunächst gilt es bei einem Auskunftsanspruch des Patienten zu prüfen, ob der auskunftsbegehrende Patient auch wirklich berechtigt und derjenige ist, für den er sich ausgibt. Ein solcher Identitätsnachweis kann auf unterschiedlichste Weise geführt werden. In jedem Fall sollte

der Identitätsnachweis aber entsprechend dokumentiert werden.

2. Im nächsten Schritt gilt es dann zu identifizieren, wo überall Daten von dem Patienten gespeichert und ggf. an wen sie transferiert wurden. Dieses sollte auch umfassend dokumentiert werden.
3. Hat man das erledigt, sollte man prüfen, ob der Anspruch des Patienten möglicherweise ausgeschlossen sein könnte, z. B. weil durch den Anspruch schutzwürdige Rechte Dritter, die dem Auskunftsanspruch des Patienten überwiegen, vorliegen. Die Anforderungen an einen solchen Ausschlussgrund sind hoch, weshalb man sich nicht zu schnell darauf berufen sollte.
4. Ferner kann ein Anspruch auf Auskunft ausgeschlossen sein bzw. verweigert werden, wenn es sich um einen exzessiven Auskunftsantrag handelt, wofür jedoch auch hohe Anforderungen zu erfüllen sind.
5. Hinsichtlich der Übermittlung der Daten/Kopien an den Patienten gilt es darauf zu achten, dass diese „sicher" erfolgt. Kein unbefugter Dritter darf von diesen Daten Kenntnis nehmen.
6. Bei all dem gilt es planvoll vorzugehen und dem Patienten auf einer höflichen und sachlichen Ebene zu begegnen. In keinem Fall sollte man es eskalieren lassen, sondern den nötigen Respekt entgegenbringen.

Darüber hinaus sind diese Maßnahmen zu empfehlen, um dem zivilrechtlichen Einsichtsrecht des Patienten gem. § 630g BGB zu genügen.

9.7 Einsichtsrecht

Neben dem Recht aus Art. 15 hat der Patient immer auch ein zivilrechtliches Einsichtsrecht in seine Patientenakte gem. § 630g BGB, das im Nachfolgenden kurz dargestellt wird.

Das Recht des Patienten auf Einsicht ist maßgeblich in § 630g BGB manifestiert. Durch diese Regelung steht einem Patienten ein einklagbarer Rechtsanspruch auf Einsicht in und Auskunft aus sämtlichen ihn betreffenden Krankenakten zu. Der Patient kann darüber hinaus eine Anfertigung etwaiger Kopien seiner Akten verlangen, wobei er jedoch selber etwaige dafür entstehende Kosten zu tragen hat. Dieser Anspruch steht ein wenig in Widerspruch zu dem aus Art. 15, weshalb ich in meiner Beratungspraxis rate, auf die Geltendmachung von Kosten ggü. dem Patienten zu verzichten.

Der Geheimnisträger/die verantwortliche Stelle darf das Einsichtsrecht des Betroffenen/Patienten nur in wenigen Fällen verweigern. So heißt es bspw. in § 630g BGB:

„Dem Patienten ist auf Verlangen unverzüglich Einsicht in die vollständige, ihn betreffende Patientenakte zu gewähren, soweit der Einsichtnahme nicht erhebliche therapeutische Gründe oder sonstige erhebliche Rechte Dritter entgegenstehen. Die Ablehnung der Einsichtnahme ist zu begründen. § 811 ist entsprechend anzuwenden."

Somit darf ein Arzt die Einsicht nur verweigern, wenn erhebliche therapeutische Gründe oder sonstige erhebliche Rechte Dritter entgegenstehen. Diese Verweigerungsgründe sollte der Arzt jedoch umfassend begründen und dokumentieren. Auch hier wird die enge Parallele/der Gleichlauf von § 630g BGB mit Art. 15 deutlich.

Beim Einsichtsrecht gilt der anerkannte Grundsatz, dass ein Patient nicht vor der Kenntnis seiner gesundheitlichen Verfassung geschützt werden soll. Aus diesem Grund ist anerkannt, dass eine Ablehnung „wegen therapeutischer Gründe" nur in den Fällen zulässig ist, in denen die Einsichtnahme den Erfolg der aktuellen Behandlung oder die Gesundheit oder vergleichbare Rechtsgüter Dritter konkret gefährden würde.

Das Einsichts- und Auskunftsrecht ist kein „ausschließliches", personengebundenes Recht. Vielmehr ist es durchaus auch möglich, dass der Betroffene/Patient seine Rechte auf einen Dritten mittels einer entsprechenden Vollmacht überträgt.

Nach dem Tod des Patienten geht das Einsichts- bzw. Auskunftsrecht gem. § 630g Art. 3 BGB auf die Erben über. So heißt es hier:

„Im Fall des Todes des Patienten stehen die Rechte aus den Absätzen 1 und 2 zur Wahrnehmung der vermögensrechtlichen Interessen seinen Erben zu. Gleiches gilt für die nächsten Angehörigen des Patienten, soweit sie immaterielle Interessen geltend machen. Die Rechte sind ausgeschlossen, soweit der Einsichtnahme der ausdrückliche oder mutmaßliche Wille des Patienten entgegensteht."

Mithin muss der Arzt/die verantwortliche Stelle auch den Erben zur Wahrnehmung ihrer vermögensrechtlichen Interessen Einsicht in die Patientenakte gewähren. Auch die nächsten Angehörigen des Verstorbenen haben nach dieser Regelung ein Einsichts- und Auskunftsrecht, soweit sie immaterielle Interessen geltend machen wollen. Ein Einsichtsnahmerecht entfällt jedoch wieder, wenn der Patient zu Lebzeiten seinen ausdrücklichen Willen entgegen die Einsicht seiner Erben kundgetan hat oder ein solcher Wille anzunehmen ist.

In diesem Zusammenhang sei daran erinnert, dass das Auskunftsrecht eines Patienten mit seinem Tod erlischt. Damit kann es auch nicht auf seine Erben übergehen. Somit haben die Erben nur aus § 630g BGB die Möglichkeit, Einsicht in die Akte zu erhalten!

In der Praxis tritt oftmals, jedenfalls bei kleineren Praxen, das Problem auf, wie ein Einsichtnahmerecht des Patienten realisiert werden soll, wenn der Zugang zu seiner Akte, aus welchen Gründen auch immer, nicht möglich ist. Diesbezüglich ist anerkannt, dass der Patient praktisch immer sein Einsichtsrecht ausüben können muss. Aus diesem Grund muss ein Arzt/verantwortliche Stelle auch immer sicherstellen, dass ein Zugang zu seiner Akte stets sichergestellt ist.

Eine Ausnahme von dieser Regel gilt jedoch bei vorübergehender Abwesenheit (in der Regel drei Wochen) des Arztes, z. B. bei Urlaub. Bei längerer Abwesenheit muss der Arzt/die verantwortliche Stelle entsprechende Maßnahmen ergreifen, um die Zugangsmöglichkeit für den Betroffenen/Patienten (nachträglich) zu ermöglichen. Bei längerer Abwesenheit sollten die Praxisräume zumindest zeitweise durch das Praxispersonal (das dem Patientengeheimnis unterliegt) zugänglich gemacht werden. Es empfiehlt sich, sich in Zweifelsfällen usw. an die jeweils für den Arzt/Praxis zuständige Ärztekammer zu wenden, die dann mit dem Arzt etc. eine entsprechende Lösung finden kann.

Durch die vorstehenden Ausführungen sollte deutlich werden, dass der Transparenzgrundsatz gem. Art. 5 Abs. 1 a) und Art. 12 ein elementares Element des Patientendatenschutzes ist. Dieses insbesondere deshalb, weil nur dann, wenn der Patient weiß bzw. die Möglichkeit hat, sich darüber Kenntnis zu verschaffen, wer mit seinen Daten, wann, wo und wozu umgeht, er seine ihm durch das Gesetz verliehenen Rechte, wie z. B. Löschung oder Berichtigung seiner Daten, geltend machen kann.

9.8 Berichtigung

Ein weiteres wesentliches Recht eines Patienten ist das in Art. 16 manifestierte Recht, unverzüglich die Berichtigung der ihn betreffenden unrichtigen Daten zu verlangen. Dieses Recht ist u. a. die Ausprägung des Richtigkeitsgrundsatzes aus Art. 5 Abs. 1 d) (*siehe Kapitel 7.8*).

Nach Art. 16 hat der Patient ferner das Recht (unter Berücksichtigung der Zwecke der Verarbeitung), die Vervollständigung unvollständiger Daten – auch mittels einer ergänzenden Erklärung – zu verlangen („Ergänzungsrecht"). Natürlich steht ihm ein solches Recht immer nur zu, wenn auch ein entsprechender Grund inkl. Berechtigung einer Ergänzung besteht.

Weil sich ein entsprechendes Berichtigungsrecht ggf. problematisch auf den Forschungs- bzw. Archivbereich auswirken kann, finden sich in Art. 89 Abs. 2, 3 entsprechende Öffnungsklauseln, durch die der nationale Gesetzgeber das Recht auf Berichtigung einschränken kann. Die Vorschriften des § 27 Art. 2 und des § 28 Art. 3 BDSG sind die diesbezüglichen nationalen Umsetzungen.

Gem. § 27 Art. 2 BDSG entfällt das Recht des Betroffenen auf Berichtigung, wenn dies die Erreichung von Forschungs- und Statistikzwecken unmöglich machen bzw. ernsthaft beeinträchtigen würde. Die Beschränkung des Rechts muss jedenfalls zur Erreichung des Forschungs-/Statistikzwecks notwendig sein. Da Forschungs-/Statistikzwecke oftmals auch mit Archivzwecken eng verbunden sind, sieht § 28 Art. 3 BDSG auch eine Einschränkung des Rechts auf Berichtigung vor, wenn die Daten des Betroffenen zu Archivzwecken im öffentlichen Interesse verarbeitet werden sollen. Falls der (vermeintlich) Betroffene die Richtigkeit der Daten bestreitet, muss ihm, dieser Regelung folgend, ein entsprechender Anspruch auf Gegendarstellung ähnlich wie im Presserecht gewährt werden. Diese Gegendarstellung muss die verantwortliche Stelle mit zu den Unterlagen nehmen bzw. auch entsprechend dokumentieren.

Im Kontext mit der Berichtigung von Patientenakten/Patientendokumentationen sollte immer auch die Regelung von § 630f S. 2, 3 BGB im Hinterkopf behalten werden. So heißt es dort:

„Berichtigungen und Änderungen von Eintragungen in der Patientenakte sind nur zulässig, wenn neben dem ursprünglichen Inhalt erkennbar bleibt, wann sie vorgenommen worden sind. Dies ist auch für elektronisch geführte Patientenakten sicherzustellen."

Dieser Regelung folgend, muss bei Änderungen in der Patientenakte stets beachtet werden, dass neben dem ursprünglichen Inhalt erkennbar bleibt, welche Änderungen, wer, in welchem Umfang vorgenommen hat. Auch wenn § 630f BGB vorschreibt, dass Daten berichtigt werden können, sagt dieser Paragraf nichts dazu, unter welchen inhaltlichen Voraussetzungen eine solche Berichtigung durchzuführen ist.

Diesbezüglich sollten deshalb immer die Vorgaben von Art. 16 mit herangezogen werden. So wäre bspw. ein Fehler in der Namensschreibung, der Adresse oder sonstiger administrativer Daten unter Beachtung der Anforderungen der Vorgaben von § 630f BGB angezeigt, da in diesen Fällen die „Unrichtigkeit" der Daten bzw. die Diskrepanz mit dem einschlägigen Sachverhalt eindeutig feststellbar ist.

Falls die „Richtigkeit" der Daten vom Patienten bestritten wird und es sich jedoch nicht feststellen lässt, ob diese Daten „richtig" oder „falsch" sind, müssen die Daten nach Art. 18 „gesperrt" bzw. ihre Verarbeitung eingeschränkt werden. Sperrung/Einschränkung der Verarbeitung meint in diesem Zusammenhang, dass die Daten nicht gelöscht werden, sondern vielmehr der Zugriff auf diese Daten soweit wie möglich beschränkt wird und nur noch ein ganz kleiner Kreis an Personen Zugriff auf diese Daten erhalten dürfen (*vgl. Kapitel 9.10*).

Dieser Berichtigungsanspruch dürfte jedoch seine Grenzen bei medizinischen Inhalten der Behandlungsdokumentation finden. Da es sich bei diesen Angaben um spezifische, medizinische Fragestellungen handelt, dürfte in diesem Fall der datenschutzrechtliche Berichtigungsanspruch gem. Art. 16 regelmäßig nicht die richtige Anspruchsgrundlage sein. Um ein entsprechendes Berichtigungsbegehren des Patienten, u. a. für etwaige Rechtsstreitigkeiten zu dokumentieren, sollte Entsprechendes in der Behandlungsdokumentation vermerkt werden. Es dürfte daher gerade bei Angaben des Patienten, die für die Behandlung des Patienten von Bedeutung sein können, wichtig sein, auf die entsprechende Dokumentation hinzuweisen bzw. sich diesbezüglich mit dem Patienten abzustimmen.

Neben der Frage, ob Daten zu berichtigen sind, stellen sich in der Praxis noch viel häufiger die Fragen, wann Daten zu löschen sind bzw. wie lange sie aufbewahrt werden dürfen.

9.9 Aufbewahrung und Löschung von Daten

Immer wieder kommt es vor, dass Patienten, insbesondere wenn sie mit dem Arzt nicht zufrieden sind oder sich schlecht behandelt fühlen, zum Arzt gehen und ihre Daten gelöscht haben wollen. Vielfach wissen Ärzte nicht, wie sie mit einem solchen Anliegen umgehen sollen, weshalb im Nachfolgenden entsprechende Hilfestellung gegeben werden soll.

Zunächst einmal gilt es festzustellen, dass das Recht auf Löschung ein Betroffenenrecht ist, das jedem Betroffenen und somit einem Patienten gem. Art. 17 Abs. 1 grundsätzlich zusteht. Doch gilt es zu beachten, dass das Recht des Patienten diesbezüglich nicht „grenzenlos" ist, was insbesondere auch durch den Wortlaut von Art. 17 Abs. 3 deutlich wird, der u. a. ein Wegfall des Rechts auf Löschung vorsieht, wenn ein Recht bzw. eine Pflicht zur Aufbewahrung besteht. Die Vorschrift des Art. 17 intendiert damit u. a. den Ausgleich zwischen Aufbewahrungspflicht/-recht des Verantwortlichen und Löschungsrecht des Betroffenen bzw. die entsprechende Löschungsverpflichtung des Verantwortlichen.

Damit wird gerade auch bei Ärzten schnell deutlich, dass der Löschungsanspruch eines Patienten eng mit der Aufbewahrungspflicht des Arztes verknüpft ist, was auch am Wortlaut von Art. 17 deutlich wird. Im Prinzip ist der Anspruch des Patienten auf Löschung von Daten nur die betroffenenseitige Realisierung des Zweckbindungsgrundsatzes. Das bedeutet mithin, dass, wenn ich als Arzt die Daten nicht mehr aufbewahren darf/muss bzw. kein Zweck diese Aufbewahrung mehr legitimiert, ich verpflichtet bin, sie zu löschen.

Der Betroffene hat gem. Art. 17 ein Recht, die Löschung der ihn betreffenden personenbezogenen Daten zu verlangen, wenn einer der nachfolgenden Gründe vorliegt:

- Die Daten sind zur Erfüllung des Zwecks nicht mehr notwendig (Zweckfortfall/Zweckerreichung).

- Der Betroffene hat seine Einwilligung widerrufen, und es fehlt an einer anderweitigen Rechtsgrundlage, die die weitere Verarbeitung legitimieren kann.
- Der Betroffene erhebt Widerspruch (Art. 21), und es liegen keine vorrangigen berechtigten Gründe für die (Weiter-) Verarbeitung vor.
- Die Daten wurden unrechtmäßig verarbeitet und es existiert kein Zweck zur Aufbewahrung.

Somit gilt im Prinzip zunächst der Grundsatz, dass einem Patienten gegenüber dem Arzt ein Recht auf Löschung zusteht, wenn bspw. seine Behandlung beendet ist. Denn die Daten des Patienten wurden vom Arzt ja eigentlich nur zu dem Zweck der Behandlung verarbeitet, der mit Ende der Behandlung inkl. Abrechnung und Zahlung wegfällt. Dass diesem Recht wiederum ein Recht/eine Pflicht des Arztes auf Aufbewahrung seiner Daten zusteht bzw. trifft, ist für das prinzipielle Bestehen des Rechts des Patienten zunächst nicht von Bedeutung.

Falls dem Betroffenen/Patienten ein Recht auf Löschung zusteht, muss der Verantwortliche (Arzt/Praxis etc.) unter Berücksichtigung der verfügbaren Technologie und der Implementierungskosten angemessene Maßnahmen treffen, um weitere für die Datenverarbeitung Verantwortliche (wie andere Ärzte, Krankenkassen usw.) darüber zu informieren, dass der Betroffene von ihm die Löschung seiner Daten verlangt hat und ggf. diese auch zur Löschung auffordern. Grundvoraussetzung dafür, dass der Arzt die anderen Empfänger der Daten von der Löschung informieren kann ist zwangsläufig, dass er weiß bzw. nachvollziehen kann, wo die Daten des Patienten hin transferiert wurden und zu welchem Zweck dieses geschah. Mithin wird auch hier abermals deutlich, dass eine Transparenz über die Datenverarbeitung beim Arzt und eine entsprechende Dokumentation das A und O sind, um die Rechte des Patienten ordnungsgemäß zu erfüllen.

Das Recht des Patienten auf Löschung seiner Daten **entfällt** jedoch gem. Art. 17 Abs. 3, wenn die Verarbeitung seiner Daten (weiterhin) erforderlich ist

- zur Erfüllung einer rechtl. Verpflichtung (nationale Öffnungsklausel), die weitere Verarbeitung erforderlich macht, oder zur Wahrnehmung einer Aufgabe, die im öffentlichen Interesse liegt oder in Ausübung öffentlicher Gewalt erfolgt,
- zur Gewährleistung des öffentlichen Interesses, im Bereich der öffentlichen Gesundheit, zu Archivzwecken, zu wissenschaftlichen oder historischen Forschungszwecken oder für statistische Zwecke, soweit das Recht auf Löschung voraussichtlich die Verwirklichung der Ziele dieser Verarbeitung unmöglich macht oder ernsthaft beeinträchtigt, oder
- zur Geltendmachung, Ausübung oder Verteidigung von Rechtsansprüchen.

Für einen Arzt existieren mannigfaltige Regelungen, die die Aufbewahrung von Patientendaten vorsehen. So haben Behandler bspw. nach den Bestimmungen der Musterberufsordnung der Ärzte oder den Regelungen zum Behandlungsvertrag (vgl. § 630f BGB) die Behandlungsdokumentationen für die Dauer von (mindestens) 10 Jahren nach Abschluss der Behandlung aufzubewahren, wenn nicht nach anderen Vorschriften abweichende Aufbewahrungsfristen bestehen. Weitergehende Aufbewahrungspflichten als diese 10 Jahre können sich bspw. aus § 28 der Röntgenverordnung, § 42 der Strahlenschutzverordnung oder etwa § 42 des „Bundesmantelvertrags" ergeben.

Der Fristbeginn der vorstehend angesprochenen 10-Jahres-Frist beginnt mit dem letzten Patientenkontakt, wie z. B. dem Abschluss der Behandlung. Die 10-jährige Aufbewahrungsfrist bezieht sich daher auf das (gesamte) Behandlungsverhältnis.

Nach Ablauf der längsten (gesetzlichen) Frist sind die Daten dem Zweckbindungsgrundsatz und Art. 17 folgend zu löschen. Doch auch, wenn es nach dem Grundsatz der Zweckbindung erforderlich wäre, die Daten nach „Zweckfortfall" zu löschen, besteht gerade für Patientendaten eine nicht zu unterschätzende Rechtsunsicherheit. Orientiert man sich nämlich an den Vorgaben der MBO-Ä, wird nicht deutlich, ob die 10 Jahre eine Mindestfrist oder eine Maximalfrist sind. So lässt die Regelung von § 10 Art. 3 MBO-Ä offen, was nach dem Ablauf der 10-Jahres-Frist mit den Unterlagen zu geschehen hat. Denn unklar bleibt, ob nach Ablauf dieser Frist und keiner längeren einschlägigen Frist ein sofortiges Löschungsgebot besteht oder sogar, u. a. aufgrund der Relevanz dieser Patientenunterlagen für den Betroffenen, eine Löschung unterlassen werden müsste. Es empfiehlt sich daher dringend, entsprechende organisatorische Regelungen (praxisintern) zu treffen, wie diesbezüglich zu verfahren ist. Diese Regelungen sollten stets entsprechend dokumentiert und den Patienten offen kommuniziert werden.

Um den Problematiken der Löschungsfristen aus dem Wege zu gehen und so lange wie möglich die Daten aufzubewahren, werden oftmals die zivilrechtlichen Verjährungsvorschriften (30 Jahre) als Aufbewahrungsfrist angesehen. Doch auch dieses ist nicht unproblematisch, denn Verjährungsfristen stellen für sich gesehen keine Aufbewahrungsfristen dar. Nach Ansicht der Aufsichtsbehörden müssen vielmehr gewisse Anhaltspunkte dafür vorliegen, dass ein Patient nach den 10 Jahren einen Rechtsstreit gegen den Arzt wegen falscher Behandlung etc. führen wird. Dass man so etwas in der Praxis niemals wirklich sagen kann, wird dabei gerne außer Acht gelassen. Weil es praktisch immer möglich ist, dass Spät-Folgeschäden aus einer Behandlung irgendwann auftreten können, muss der Arzt für sich selber entscheiden, ob er das Risiko gehen will und die Daten nach 10 Jahren vernichtet oder sie 30 Jahre aufbewahrt, um diese in einen etwaigen Rechtstreit mit dem ehemaligen Patienten noch einbringen zu können. In jedem Fall ist es essenziell, gerade wenn man die Daten noch länger als 10 Jahre aufbewahren will, dass man sie durch entsprechende Maßnahmen vor dem Zugriff unberechtigter Personen vollumfänglich schützt *(vgl. hierzu auch Kapitel 12)*.

Ferner gilt zu beachten, dass der Geheimnisträger auch bei der Löschung die Grundsätze der Verschwiegenheitspflicht zu beachten hat. Daher muss er sicherstellen, falls er zur Vernichtung der Daten Externe einsetzt, dass diese durch entsprechende technische und organisatorische Maßnahmen von den Daten keine Kenntnis nehmen können. Ggf. sind sie sogar auf die Verschwiegenheitspflicht entsprechend zu verpflichten.

Eine aus dem Zweckbindungsgrundsatz resultierende Löschungsverpflichtung besteht grundsätzlich auch für „falsche Daten" bzw. Daten, die den Sachverhalt nicht korrekt abbilden. Jedoch gilt es, bevor man diese Daten löscht, zu prüfen, ob man diese nicht berichtigen muss.

Neben diesen Fällen enthält § 35 BDSG weitere Alternativen, die das Recht des Betroffenen auf Löschung „seiner" Daten bzw. die Verpflichtung des Verantwortlichen, die Daten des Betroffenen zu löschen, entfallen lassen.

Eine für einen Arzt möglicherweise relevante Regelung findet sich in § 35 Abs. 1 S. 1 BDSG. Diese Regelung betrifft den Ausschluss des Löschungsanspruchs in den Fällen, in denen die Daten des Betroffenen in einem (analogen) Dateisystem wie einer Papierliste oder eine Patientenkartei (*vgl. Kapitel 6.4*) verarbeitet wurden und es wegen der besonderen Umstände nicht ohne einen unverhältnismäßig hohen Aufwand möglich ist, diese Daten zu löschen. Dabei muss jedoch immer auch berücksichtigt werden, ob der Patient ein hohes oder niedriges Interesse an der Löschung seiner Daten gegenüber dem Arzt hat. Hat er ein niedriges, dürfte ihm regelmäßig das entsprechende „Rechtsschutzbedürfnis" fehlen, was wiederum zum Entfallen seines Anspruchs auf Löschung führen dürfte.

Entfällt der Löschungsanspruch des Betroffen, sieht § 35 Abs. 1 S. 2 jedoch zur Wahrung der Betroffeneninteressen vor, dass der Verantwortliche die Daten entsprechend sperren muss (siehe Ausführungen zum Recht auf Einschränkung der Verarbeitung in *Kapitel 9.10*). § 35 Abs. 1 S. 3 BDSG sieht darüber hinaus vor, dass das in Abs. 1 geregelte Entfallen des Löschanspruchs nicht für die Fälle gilt, in denen der Arzt die Daten unrechtmäßig verarbeitet hat. Denn in diesem Falle wäre es unbillig, dem Arzt ein Aufbewahrungsinteresse zuzugestehen.

Ein Recht des Betroffenen auf Löschung entfällt gem. § 35 Abs. 2 ferner, wenn durch eine solche Löschung die Gefahr bestünde, dass der Patient durch diese etwaige Nachteile erleiden würde. Denn wenn der Verantwortliche verpflichtet wäre, die Daten des Patienten (datenschutzkonform) zu löschen, dann wäre es ja auch nur logisch, dass sie dann dem Patienten z. B. in einem Auskunftsanspruch/beim Einsichtsrecht nicht mehr zur Verfügung stünden. Damit könnte der Patient diese Daten z. B. auch nicht mehr zur Ausübung seiner ihm zustehenden Rechte oder in gerichtlichen/behördlichen Verfahren nutzen. Der Arzt ist daher in einem solchen Fall gem. § 35 Abs. 2 verpflichtet, die Daten zu sperren (vgl. Art. 18) und dies dem Betroffenen mitzuteilen (vgl. Art. 19), soweit ihm das möglich ist.

Mithin ergibt sich aus der Regelung von § 35 Abs. 2 BDSG die implizite Pflicht, dass der Arzt mehr oder weniger antizipieren und seine Überlegungen dokumentieren muss, ob der Patient die Daten möglicherweise noch benötigen könnte oder nicht. Ein wenig überspitzt gesagt könnte man insofern, wenn man diese Klausel wörtlich versteht, sogar von einer gewissen „Bevormundung" des Patienten ausgehen.

§ 35 Abs. 3 sieht darüber hinaus eine Beschränkung der Löschungsverpflichtung für den Fall vor, in dem der Löschung von nicht mehr benötigten Daten satzungsmäßige oder vertragliche Aufbewahrungsfristen entgegenstehen. Diese Regelung erscheint notwendig, um den Arzt vor einer etwaigen Pflichtenkollision zu bewahren, wenn er von diesen Aufbewahrungspflichten erfasst wird.

Nach den vorstehenden Ausführungen ergibt sich daher für die Praxis folgende Prüfungsreihenfolge:

1. Zunächst gilt es zu prüfen, ob der (vermeintlich) Betroffene überhaupt berechtigt ist, seinen Löschungsanspruch geltend zu machen. Möglicherweise ist er ja gar nicht derjenige, für dessen Daten er die Löschung verlangt …
2. Stellt man fest, dass er berechtigt ist, gilt es zu prüfen, welche Daten er gelöscht haben will. Somit sollte man feststellen, ob sein Ansinnen sich auf die Löschung einzelner Daten oder des gesamten Datensatzes bezieht.
3. Im nächsten Schritt gilt es dann zu prüfen, ob der Patient ein grundsätzliches Recht auf Löschung aus Art. 17 Abs. 1 herleiten kann. Diesbezüglich sei auf die vorstehenden Ausführungen verwiesen.
4. Ist dem Patienten prinzipiell ein solches Recht zuzugestehen, gilt es dann zu prüfen, ob der Arzt dem Patienten nicht ein Recht/die Pflicht auf **„Aufbewahrung"** entgegenhalten kann. Ein solches dürfte besonders dann bestehen, wenn ein Arzt aufgrund etwaiger Regelungen verpflichtet ist, die Daten für eine entsprechende Zeit aufzubewahren. Darüber hinaus können, wie dargestellt, weitere Gründe einschlägig sein, die eine Aufbewahrung rechtfertigen.

Können bzw. dürfen Daten nicht gelöscht werden, gilt es jedoch, um einen angemessenen Ausgleich mit den Patientenrechten zu erzielen, diese zu sperren bzw. eine „Einschränkung der Verarbeitung" vorzunehmen

9.10 Recht auf Einschränkung der Verarbeitung/Sperrung

Das in Art. 18 geregelte Recht eines Betroffenen/Patienten auf „Einschränkung der Verarbeitung" bzw. „Sperrung" zielt darauf ab, dass der Arzt in bestimmten Fällen verpflichtet werden kann, die erforderlichen technischen und organisatorischen Maßnahmen zu ergreifen, um den Kreis der Zugriffsberechtigten zu beschränken. Die Beschränkung des Kreises der Zugriffsberechtigten bedeutet nämlich letztlich eine Senkung des Verarbeitungsrisikos für den Patienten. Denn je weniger Personen auf die Daten des Patienten zugreifen können, desto geringer wird automatisch das Risiko, dass seine Daten missbräuchlich verarbeitet werden. Es sei darauf hingewiesen, dass, wie vorstehend dargestellt, ein Arzt, wenn er die Daten des Patienten nicht löschen kann/darf, bereits von Gesetzes wegen verpflichtet ist, eine Sperrung/Einschränkung der Verarbeitung vorzunehmen. Diese gesetzliche Verpflichtung des Arztes als Verantwortlicher zum Treffen entsprechender Schutzmaßnahmen ist jedoch strenggenommen, und das zeigt auch der Wortlaut von Art. 18, unabhängig von dem Recht des Patienten auf Sperrung zu betrachten.

Wurden personenbezogene Daten gesperrt, dürfen die gesperrten Daten gem. Art. 18 nur noch

- mit Einwilligung des Patienten oder
- zur Geltendmachung von/zur Verteidigung gegen Rechtsansprüche(n) oder
- wegen eines wichtigen öffentlichen Interesses

verarbeitet werden.

Wurde die Sperrung (aus welchen Gründen auch immer) aufgehoben, muss der Arzt den Betroffenen davon zwingend unterrichten.

Der Patient hat ein **Recht auf Sperrung**, wenn

- die Richtigkeit der Daten von ihm bestritten wird (die Sperrung durch den Arzt darf so lange erfolgen, wie es notwendig ist zu überprüfen, ob die Daten des Patienten „richtig“ oder „falsch“ sind),
- die Datenverarbeitung unrechtmäßig war/ist, der Patient aber die Löschung der Daten ablehnt (ggf. um diese noch

als Beweis vor Gericht verwerten zu können) und stattdessen die „Einschränkung der Verarbeitung" der Daten verlangt,

- der Arzt die Daten für die Zwecke der Verarbeitung nicht länger braucht, der Betroffene sie jedoch zur Geltendmachung von Rechtsansprüchen oder zur Verteidigung gegen etwaige Ansprüche benötigt oder
- die betroffene Person Widerspruch gegen die Verarbeitung eingelegt hat und noch nicht feststeht, ob die berechtigten Gründe des Verantwortlichen diejenigen des Betroffenen überwiegen.

Art. 18 Abs. 2 sieht vor, dass die (weitere) Verarbeitung der ursprünglich geänderten Daten nur mit Einwilligung des Betroffenen, zur Geltendmachung von Rechtsansprüchen oder aufgrund wichtiger öffentlicher Interessen der Union bzw. eines Mitgliedstaats möglich ist.

Der eigentlich im Kontext mit der Löschung stehende § 35 Abs. 2 S. 1 BDSG sieht, wie vorstehend dargestellt, eine Beschränkung der Verarbeitung zur Wahrung etwaiger schutzwürdiger Interessen des Betroffenen gem. Art. 23 Abs. 1 i) vor. Diese Ausnahme im BDSG ergänzt bzw. erweitert in den Fällen, in denen der Arzt die Daten des Patienten nicht länger benötigt oder unrechtmäßig verarbeitet hat (vgl. Art. 17 Abs. 1 a) und d), die Pflicht des Verantwortlichen zur Sperrung. Somit stellt der § 35 Abs. 2 BDSG eine Erweiterung/Ergänzung der Regelung des Art. 18 Abs. 1 b) und c) zugunsten des Betroffenen dar. Zu den weiteren Ausführungen zur Regelung des § 35 Abs. 2 BDSG wird auf die vorstehenden Ausführungen verwiesen.

Weil auch das Recht auf Einschränkung der Verarbeitung (Sperrung) ggf. gewisse Forschungs-/Statistikvorhaben gefährden könnte, findet sich in Art. 89 Abs. 2, 3 eine entsprechende Öffnungsklausel, von der der deutsche Gesetzgeber mit § 27 Abs. 2 BDSG Gebrauch gemacht hat.

So sieht § 27 Abs. 2 BDSG vor, dass ein Recht auf Sperrung für Forschungsdaten etc. entfällt, wenn dieses die Verwirklichung des jeweiligen Forschungs-/Statistikzwecks unmöglich machen bzw. ernsthaft beeinträchtigen würde. Mithin sind also die Fälle angesprochen, in denen die Daten aufgrund der Sperrung nicht mehr ausgewertet werden dürften. Wie beim Auskunftsrecht muss aber auch hier die Beschränkung des Rechts wirklich notwendig sein, um die Zwecke bzw. Ziele des Vorhabens zu erreichen.

Darüber hinaus kann auch gem. § 28 Abs. 4 das Recht auf Sperrung zum Wohle von im öffentlichen Interesse liegenden Archivzwecken ausgeschlossen sein, falls ein Recht auf Sperrung die Durchführung der Archivierung unmöglich machen oder ernsthaft beeinträchtigen würde. Diesbezüglich muss deshalb der Ausschluss dieses Betroffenenrechts für die Erfüllung der Archivzwecke erforderlich sein.

Werden bzw. müssen Daten gesperrt, berichtigt oder gelöscht werden, sieht Art. 19 eine Mitteilungspflicht gegenüber dem Betroffenen (Patienten) vor.

9.11 Mitteilungspflicht über Berichtigung, Löschung oder Sperrung

Übt ein Patient seine Rechte auf Berichtigung, Löschung oder Sperrung aus und ist der Arzt verpflichtet, diesen Rechten Folge zu leisten, trifft ihn eine weitere Pflicht, die nur bei einer entsprechenden Transparenz über die Datenverarbeitung inkl. der Datenflüsse zu gewährleisten ist. Denn gem. Art. 19 ist ein Arzt als Verantwortlicher verpflichtet, allen Empfängern (*siehe Kapitel 17*), denen personenbezogene Daten offengelegt wurden, jede

- Berichtigung,
- Löschung oder
- Einschränkung der Verarbeitung (Sperrung)

mitzuteilen.

Dies gilt jedoch immer nur insofern, wie sich dies nicht als unmöglich erweist oder nicht mit einem unverhältnismäßigen Aufwand verbunden ist.

Im Prinzip manifestieren sich in Art. 19 damit einige Grundprinzipien des Datenschutzes, weshalb man diese vermeintlich unbedeutende Regelung nicht auf die leichte Schulter nehmen sollte. Denn so erkennt man schnell, dass die DSGVO es als essenziell betrachtet, dass alle Daten eines Patienten überall, wo und bei wem sie sich auch immer befinden mögen, richtig sein müssen (Richtigkeitsprinzip – *siehe Kapitel 7.8*). Ferner muss stets gewährleistet sein, dass, wenn Daten gelöscht werden, diese auch bei all denen gelöscht sind, die sie vom ersten Verantwortlichen erhalten haben, außer es besteht ein Recht zur Aufbewahrung (Prinzip der Zweckbindung – *siehe Kapitel 7.5*, Speicherbegrenzung – *siehe Kapitel 7.7* usw.). Können oder dürfen Daten nicht gelöscht werden, muss ihre Verarbeitung ganzheitlich eingeschränkt werden/ beschränkt werden, um die Risiken für den Betroffenen zu reduzieren (Prinzip der Fairness – *siehe Kapitel 7.3*, der Sicherheit – *siehe Kapitel 7.9* usw.). Ferner kann man die Anforderungen von Art. 19 nur erfüllen, wenn man einen Überblick über die stattgefundenen Datenübermittlungen hat und somit sämtliche Empfänger auch informieren kann (Prinzip der Transparenz – *siehe Kapitel 7.4*).

Daraus folgt wiederum, dass aufgrund der Relevanz, die Art. 19 zukommt, die Anforderungen an die Unmöglichkeit der Mitteilung oder den unverhältnismäßigen Aufwand, die die Pflicht nach Art. 19 entfallen lassen können, sehr hoch angesetzt werden müssen. Dass man aufgrund mangelnder Dokumentation nicht in der Lage ist nachzuvollziehen, an wen die Daten des Patienten alle gesendet wurden, dürfte regelmäßig nicht einen Arzt entbinden können bzw. dürfte einen bußgeldrelevanten Verstoß darstellen …

Darüber hinaus ist der Arzt gem. Art. 19 verpflichtet, den Patienten über die entsprechenden Empfänger seiner Daten zu unterrichten, wenn der Betroffene es verlangt. Somit besteht nach dem Wortlaut von Art. 19 keine proaktive Pflicht zur Unterrichtung des Patienten über die Empfänger, sondern immer nur dann, wenn er es auch explizit vom Arzt verlangt.

9.12 Recht auf Datenübertragbarkeit

Ein weiteres Recht, das in der Praxis noch unterschätzt wird, ist das Recht des Patienten auf Datenübertragbarkeit gem. Art. 20. Aufgrund der mannigfaltigen Möglichkeiten, die jedoch mit dem datenschutzrechtlichen und zivilrechtlichen Auskunftsanspruch geltend gemacht werden können, dürfte der Anspruch auf Datenübertragbarkeit jedoch für Ärzte eher sekundär von Bedeutung sein. Dennoch dürfte das in Art. 20 enthaltene Recht auf „Datenübertragbarkeit" nach meiner Vermutung noch für viele kontroverse Diskussionen u. a. hinsichtlich der konkreten Umsetzung und der Umsetzbarkeit dieses Betroffenenrechts sorgen.

Nach Art. 20 hat der Betroffene (Patient) das grundsätzliche Recht, die ihn betreffenden Daten, die er einem Verantwortlichen (Arzt) gegeben hat, in einem

- strukturierten,
- gängigen und
- maschinenlesbaren Format

zu erhalten, und

- kann (additiv) vom Verantwortlichen, dem die Daten bereitgestellt wurden, verlangen, diese Daten ohne „Behinderung" an einen anderen Verantwortlichen zu übermitteln, soweit dies technisch machbar ist.

Ein solches Recht eines Patienten besteht, wenn die (ursprüngliche) Verarbeitung auf der (wirksamen) **Einwilligung** des Patienten beruht. Wie in *Kapitel 8* (Legitimationen zur Verarbeitung) dargelegt, empfiehlt es sich meiner Ansicht nach für einen Arzt ohnehin, so weit wie möglich auf Einwilligungen des Patienten zu verzichten. Dadurch tritt man somit auch automatisch dem Recht auf Übertragbarkeit entgegen.

Ferner besteht das Recht auf Datenübertragbarkeit, wenn die Verarbeitung „normal schützenswerter" Daten auf einem Vertrag zwischen Betroffenem und Verantwortlichem beruht und die zur Erfüllung des Vertrags notwendige Verarbeitung dieser Daten mittels automatisierter Verfahren (IT) erfolgt. Gesundheitsdaten des Patienten sind keine normalen, sondern besonders schützenswerte Daten. Daher findet alleine aus diesem Grund diese zweite Alternative bei der Verarbeitung von Patientendaten regelmäßig keine Anwendung. Anders könnte dieses jedoch bspw. bei „normal schützenswerten" Mitarbeiterdaten sein.

Bei der Gewährleistung des Rechts auf Datenübertragbarkeit muss der Arzt ferner auch immer sicherstellen, dass die Rechte und Freiheiten anderer Personen nicht beeinträchtigt werden. Mithin ist ein Arzt ähnlich wie beim Auskunftsanspruch *(siehe Kapitel 9.5)* auch verpflichtet zu prüfen, ob durch die Übertragung der Daten und die Kenntnisnahme eines Dritten schutzwürdige Rechte anderer Betroffener beeinträchtigt werden. In diesen Fällen gilt es, wie vorstehend beschrieben, entsprechende Maßnahmen zu ergreifen, um auch diesen Rechten angemessen Rechnung zu tragen.

Das Recht auf Datenübertragbarkeit lässt das Recht des Betroffenen auf Löschung der ihn betreffenden Daten gem. Art. 17 unberührt. Mithin ist es durchaus möglich, dass ein Patient auf die Idee kommt, vom Arzt zu fordern, dass er seine Daten erhält, bzw. der Arzt diese an jemanden anderen transferieren und danach seine Daten vollends löschen soll. Falls die entsprechenden Voraussetzungen vorliegen (dürfte regelmäßig nicht der Fall sein) muss der Arzt dem Ansinnen des Patienten Folge leisten.

Wie vorstehend bereits angesprochen, sollte man u. a. auch wegen des Rechts auf Datenübertragbarkeit bei der Anschaffung neuer Systeme wie bspw. Patientenmanagementsysteme darauf achten, dass es möglich ist, die Daten des Patienten in ein gebräuchliches, maschinenlesbares Format zu bringen, um ihm oder einem Dritten diese zu übermitteln. Ferner sollte man, was auch dem Prinzip von „privacy by design" entspricht, mit all seinen IT-Systemen in der Lage sein, alle einen Patienten betreffende Daten in einen Datensatz zusammenzuführen. Dieses wird jedoch immer mehr zu einer Herausforderung, je mehr man mannigfaltige, unterschiedliche Software zur Patientendatenverarbeitung verwendet. Noch problematischer wird es bei der zusätzlichen Nutzung von „Cloud-Angeboten", die eigene Standards verwenden, die wiederum nicht so ohne weiteres mit den in der Arztpraxis verwendeten Systemen kompatibel sind. Oftmals ist es bei diesen Angeboten auch nicht möglich, die Daten des Betroffenen zu extrahieren, um sie in das lokale System zu überführen …

10 Anforderungen an die Erhebung von Patientendaten/die Behandlungsdokumentation

Durch die in *Kapitel 7* dargestellten Prinzipien ergibt sich zwangsläufig, dass sich insbesondere auch die Anfertigung bzw. der Umgang mit der Behandlungsdokumentation an diesen orientieren muss. Denn auch die Behandlungsdokumentation inkl. der Dokumentation der zugrundeliegenden Umstände stellt bei einem Arzt einen wesentlichen Teil zur Erfüllung der datenschutzrechtlichen Rechenschaftspflicht gem. Art. 5 Abs. 2 dar. Mit der durch die DSGVO eingeführten Rechenschaftspflicht haben wir nun sowohl im Datenschutzrecht als auch im Bereich der Behandlungsdokumentation vor Gericht eine Beweislastumkehr. Da in gerichtlichen Verfahren der Grundsatz gilt, dass die Behandlungsdokumentation vollständig und korrekt ist, gehen Fehler, Unstimmigkeiten, Versäumnisse etc. in der Dokumentation automatisch zu Lasten des Arztes.

Die Anfertigung einer entsprechenden Dokumentation ist daher datenschutzrechtlich (Art. 5 Abs. 2), berufsrechtlich (vgl. § 10 (Muster-)Berufsordnung für die in Deutschland tätigen Ärztinnen und Ärzte (MBO-Ä)) als auch vertragsrechtlich in § 630f Bürgerliches Gesetzbuch (BGB) vorgeschrieben. So heißt es in § 630f BGB:

„(1) Der Behandelnde ist verpflichtet, zum Zweck der Dokumentation in unmittelbarem zeitlichen Zusammenhang mit der Behandlung eine Patientenakte in Papierform oder elektronisch zu führen. Berichtigungen und Änderungen von Eintragungen in der Patientenakte sind nur zulässig, wenn neben dem ursprünglichen Inhalt erkennbar bleibt, wann sie vorgenommen worden sind. Dies ist auch für elektronisch geführte Patientenakten sicherzustellen.

(2) Der Behandelnde ist verpflichtet, in der Patientenakte sämtliche aus fachlicher Sicht für die derzeitige und künftige Behandlung wesentlichen Maßnahmen und deren Ergebnisse aufzuzeichnen, insbesondere die Anamnese, Diagnosen, Untersuchungen, Untersuchungsergebnisse, Befunde, Therapien und ihre Wirkungen, Eingriffe und ihre Wirkungen, Einwilligungen und Aufklärungen. Arztbriefe sind in die Patientenakte aufzunehmen."

Nach diesen Regelungen sind behandelnde Ärzte daher verpflichtet, in unmittelbarem zeitlichen Zusammenhang, sämtliche aus fachlicher Sicht für die derzeitige und künftige Behandlung wesentlichen Maßnahmen (auch etwaige Aufklärungen) und deren Ergebnisse in einer entsprechenden Dokumentation (Akte) aufzuzeichnen. Auch etwaige vom Patienten mitgebrachte oder von Dritten zugesandte Unterlagen sind, sofern sie für die Patientenbehandlung von Relevanz sind, auch in die Dokumentation/Akte mit aufzunehmen.

Aufgrund der im *Kapitel 9.5* thematisierten (datenschutzrechtlichen) Auskunftsbefugnis des Patienten/Betroffenen gem. Art. 15 sollten der Arzt bzw. die verantwortliche Stelle unbedingt auch (explizit) die entsprechenden, von der DSGVO geforderten Informationen dokumentieren, bzw. die Akte auf Vorhandensein dieser Informationen überprüfen. Wie vorstehend dargestellt, gehören hierzu vor allem Angaben über die Herkunft der zu dem Patienten gespeicherten Daten sowie über die Empfänger, an die Patientendaten weitergegeben wurden.

Die Behandlungsdokumentation dient jedoch nicht nur dem Behandler bspw. als Gedächtnisstütze oder Nachweis der eigenen Tätigkeit. Vielmehr soll sie, wie in *Kapitel 7* u. a. beim Grundsatz der Transparenz dargestellt, insbesondere auch dem Patienten zu Informations- und Dokumentationszwecken dienen. Aus diesem Grund ist es essenziell, dass diese beiden maßgeblichen, am Patientengeheimnis beteiligten Parteien Zugang zu dieser Dokumentation haben.

Sollten (externe) Dienstleister in die Erstellung, Aufbewahrung oder Löschung der Dokumentation eingebunden sein, sind zwingend die datenschutzrechtlichen und berufsrechtlichen Vorgaben zu beachten.

Um eine entsprechende Dokumentation überhaupt anlegen zu können, ist es zunächst notwendig, entsprechende Daten des Patienten zu erheben. Die erste Datenerhebung erfolgt in der Regel bei Neupatienten durch das Ausfüllen der entsprechenden von der Praxis/dem Krankenhaus vorbereiteten Formulare wie bspw. Aufnahme- oder Anamnesebögen. Ferner besteht auch die Möglichkeit, dass das Praxispersonal bzw. Krankenhauspersonal den Patienten direkt zu weiteren „sensiblen" Informationen befragt, wie etwa seinen Versicherungsstatus, einer bestehenden Privatinsolvenz, etc. Zunehmend verlangen Praxen auch die Einholung von Bonitätsauskünften wie von der Schufa etc.

Da, wie in den Kapiteln Legitimationen der Datenverarbeitung (*siehe Kapitel 8.3*) sowie Datenschutzrechtliche Prinzipien beim Prinzip der Rechtmäßigkeit (*Kapitel 7.2*) dargestellt, gerade bei einem ungleichen Machtverhältnis Arzt-Patient eine Einwilligung u. a. mangels Freiwilligkeit immer problematisch sein dürfte, sollte geprüft werden, ob die jeweils abgefragten Daten bzw. die Erhebung dieser Daten mittels entsprechender Rechtsvorschriften legitimiert werden kann. Wie in *Kapitel 8* (Legitimationen der Datenverarbeitung) dargestellt, bemisst sich die Legitimation zur Verarbeitung der Patientendaten anhand der Regelungen von Art. 9.

Der Geheimnisträger/der datenschutzrechtlich Verantwortliche ist verpflichtet, besonders auch die Daten in der Behandlungsdokumentation besonders zu schützen. Unbefugte Dritte dürfen daher in keinem Fall auf diese zugreifen. Diese Anforderung gilt besonders gem. § 10 Abs. 5 MBO-Ä für die elektronisch geführte Behandlungsdokumentation.

Da ich in der Praxis häufig mit der Frage konfrontiert werde, was ein Verantwortlicher (Arzt/Praxis) vom Patienten alles für

Daten abfragen darf, will ich im Nachfolgenden einige Hinweise zur Beantwortung dieser nicht gerade unkomplizierten Frage geben. Es sollte mal wieder schnell klar werden, dass es eine pauschale Antwort nicht geben kann. Vielmehr kommt es wie so oft auf die konkreten Umstände des jeweiligen Sachverhalts an.

Kommt ein Patient zum ersten Mal in ein Krankenhaus oder eine Arztpraxis, erhält er vielfach einen Anmeldebogen bzw. Anamnesebogen, den er vollständig ausfüllen soll. Die Struktur und der Inhalt dieser Anamnesebögen wurden bspw. vom Arzt/dem Krankenhaus selber entwickelt oder von befreundeten Arztpraxen/Krankenhäusern einfach übernommen. Ferner besteht auch die Möglichkeit, Anamnesebogen käuflich zu erwerben. Einige Anbieter werben dabei oftmals sogar mit „garantierter Datenschutzkonformität".

In einem solchen Bogen finden sich viele unterschiedliche Fragen, wie z. B. zur medizinischen Vorgeschichte des Patienten, seiner Angehörigen usw. Teilweise werden aber auch Fragen gestellt, die oftmals wenig bis gar nichts mit dem medizinischen Bereich, dem aktuellen Krankheitsbild oder der fachlichen Ausrichtung der Praxis zu tun haben. So wird bspw. mit einem Anamnesebogen oftmals der berufliche Status, die Lebensgewohnheiten, die Anzahl der Kinder, die Religionszugehörigkeit etc. vom Patienten abgefragt.

Allgemeine Aussagen, welche Fragen wann erlaubt sind, lassen sich nicht treffen. Wie so oft kommt es nämlich auf den Einzelsachverhalt an. Grundsätzlich müssen sich die Fragen, auf die man natürlich eine Antwort erwartet, an den Prinzipien der Zweckbindung (*Kapitel 7.5*) und der Daten-/Speicherminimierung (*Kapitel 7.5 und 7.6*) orientieren. Die Abfrage von Daten (das Erheben dieser Daten) ist daher immer nur zulässig, wenn die Daten zur Erreichung eines bestimmten, legitimen Zwecks benötigt werden. Damit sind bspw. Fragen zur medizinischen Vorgeschichte nur zulässig, wenn sie zur medizinischen Diagnostik, zur Behandlung (vgl. Art. 9 Abs. 2 h i.V.m. § 22 Abs. 1 b)

BDSG) notwendig sind. Entscheidend für die Notwendigkeit der Fragen kann z. B. auch die fachliche Ausrichtung der Praxis sein. Fragen, die nichts mit dem medizinischen, sondern dem privaten Bereich des Patienten zu tun haben, sind immer kritisch zu bewerten. Sie sollten daher nur aufgenommen werden, wenn diese in einem Zusammenhang mit der durchzuführenden Behandlung stehen. Bei diesen Fragen sollten die Patienten darauf hingewiesen werden, dass ihre Beantwortung freiwillig ist und die Beantwortung dieser Fragen auch im Behandlungsgespräch erfolgen kann.

Der Patient ist gem. der in § 630c Abs. 1 BGB statuierten Mitwirkungspflicht verpflichtet, die für seine Behandlung bedeutsamen Umstände offenzulegen. Kommt er dieser Pflicht nicht nach, kann ihm dieses Verhalten, wenn es für einen konkreten Schaden kausal war, als Mitverschulden zugerechnet werden.

Ob ein Anamnesebogen, wie oftmals von den Anbietern suggeriert, 100 %ig datenschutzkonform ist, lässt sich, wie angedeutet, nicht allgemein sagen. Man sollte sich jedenfalls nicht darauf verlassen. Vielmehr bemisst sich, wie aufgezeigt, die datenschutzrechtliche Zulässigkeit von Anamnesebögen nach dem entsprechenden Inhalt und den Verwendungszwecken im jeweiligen Einzelfall.

Darüber hinaus werden zunehmend auch Patienten nach ihrem Versicherungsstatus befragt bzw. es wird von ihnen die Versichertenkarte verlangt, aus der die Praxis den Versicherungsstatus ersehen kann. Auch wenn sich gerade durch die Einführung der elektronischen Gesundheitskarte (eGK) der Unmut der Patienten gegen diese steigert, ist ein Arzt im Falle der Gesetzlichen Krankenversicherung sogar ausdrücklich nach § 294 SGB V verpflichtet, sich die Karte vorlegen zu lassen. Dieses insbesondere deshalb, weil die auf der Versichertenkarte enthaltenen Daten (vgl. § 291 SGB V) für die Abrechnung erforderlich sind. Eine derartige Datenerhebung ist daher zulässig und sogar gesetzlich vorgeschrieben.

Da Patienten, die privat versichert sind, keine derartige Karte besitzen, stellen Arztpraxen/Krankenhäuser bei diesen Patienten oftmals die Frage nach einer bestehenden Privatinsolvenz. Diese Frage hat den Zweck herauszufinden, ob der Patient zahlungsfähig ist. Diese Frage ist insofern gerechtfertigt, als dass der Arzt mit seiner Behandlung wirtschaftlich betrachtet in Vorleistung geht und seinen Zahlungsanspruch dann gegen den Patienten geltend machen muss. Wenn eine Praxis daher in der Vergangenheit schon Schwierigkeiten mit der Durchsetzung solcher Ansprüche aufgrund von Zahlungsunfähigkeit des Patienten hatte, dürfte die Erhebung dieser Daten gem. Art. 9 Abs. 2 h) i.V.m. § 22 Abs. 1 b) BDSG gerechtfertigt werden können. Bei gesetzlich versicherten Patienten wäre eine solche Abfrage jedoch unzulässig. Im Zusammenhang mit Privatpatienten wird zunehmend von Praxen/Krankenhäusern, gerade bei kostspieligen Behandlungen, oftmals auch eine Einholung einer entsprechenden Bonitätsauskunft verlangt. Falls der Arzt eine solche Auskunft selber einholen will, sollte er sich darüber bewusst sein, dass er damit die Arzt-Patientenbeziehung der Auskunftei (z. B. Schufa) offenbart. Diese Information ist Bestandteil des Patientengeheimnisses und darf daher Dritten wie der Schufa etc. nicht unbefugt offenbart werden. Vielmehr bedarf es insofern schon des (separaten) wirksamen Einverständnisses des Patienten.

All diese Verarbeitungen gilt es in einem Verarbeitungsverzeichnis zu dokumentieren.

11 Verarbeitungsverzeichnis

11.1 Allgemeines

Eine wesentliche Säule des Datenschutzes ist, wie dargestellt, die „Transparenz" (*siehe Kapitel 7.4*). Transparenz ist, wie bspw. auch Art. 5 Abs. 1 a) zeigt, ein wesentlicher Bestandteil einer rechtskonformen Datenverarbeitung. Denn ein Arzt muss, um eine rechtskonforme/sichere Datenverarbeitung gewährleisten zu können, wissen, wie die Datenverarbeitung konkret in seiner Organisation erfolgt. Dieses kann er nur bei einem entsprechenden „Durchblick" bzw. entsprechender Transparenz über die von ihm eingesetzte Datenverarbeitung.

Mit Geltung der DSGVO bekommt nunmehr das alte „Verfahrensverzeichnis", das in der Vergangenheit in der Praxis eher ein Schattendasein geführt hat, in der Form des sog. „Verzeichnisses von Verarbeitungstätigkeiten (Verarbeitungsverzeichnis)" gem. Art. 30 einen neuen „Anstrich verpasst" und eine neue Rolle zugewiesen. Mit dieser neuen Rolle wechseln gleichzeitig auch die Bedeutung bzw. die Relevanz dieses Verarbeitungsverzeichnisses für einen Arzt/eine Praxis und damit die Notwendigkeit zur Schaffung von Transparenz. Es empfiehlt sich daher für einen Arzt/eine Praxis mehr denn je, mit diesem vielfach unterschätzten Werkzeug zur Schaffung von Transparenz auseinanderzusetzen.

11.2 Der Wortlaut des Art. 30 und des Erwägungsgrunds 82

Um einen Eindruck von den (neuen) Anforderungen der Regelungen von Art. 30 zu bekommen, ist im Nachfolgenden zunächst der Wortlaut dieser Vorschrift inkl. des Wortlauts des damit korrespondierenden Erwägungsgrunds 82 wiedergegeben. Wesentliche Aspekte und Begrifflichkeiten, die für die Interpretation/Auslegung von Art. 32 und Erwägungsgrund 82 von Relevanz sind, wurden entsprechend hervorgehoben. Es sei schon jetzt darauf hingewiesen, dass die in Art. 30 enthaltenen Anforderungen den zwingend geforderten Minimalstandard darstellen. Daraus folgt wiederum, dass es in der Praxis durchaus sinnvoll sein kann, als Arzt/Praxis weitere/detailliertere Informationen aufzunehmen, um ein vollständigeres Bild über die Datenverarbeitung zu erhalten.

Artikel 30 – Verzeichnis von Verarbeitungstätigkeiten

Abs. 1

*„Jeder **Verantwortliche** und gegebenenfalls sein **Vertreter** führen ein **Verzeichnis aller Verarbeitungstätigkeiten**, die ihrer **Zuständigkeit** unterliegen.*

Dieses Verzeichnis enthält sämtliche folgenden Angaben:

*a) den Namen und die **Kontaktdaten des Verantwortlichen** und **gegebenenfalls des gemeinsam** mit ihm **Verantwortlichen**, des **Vertreters** des Verantwortlichen sowie eines **etwaigen Datenschutzbeauftragten**;*

*b) die **Zwecke** der Verarbeitung;*

*c) eine Beschreibung der Kategorien **betroffener Personen** und der Kategorien **personenbezogener Daten**;*

*d) die Kategorien von **Empfängern**, gegenüber denen die personenbezogenen Daten offengelegt worden sind oder noch offengelegt werden, einschließlich Empfänger in Drittländern oder internationalen Organisationen;*

*e) gegebenenfalls **Übermittlungen** von personenbezogenen Daten an ein **Drittland** oder an eine internationale Organisation, einschließlich der Angabe des betreffenden Drittlands oder der betreffenden internationalen Organisation, sowie bei den in Artikel 49 Absatz 1 Unterabsatz 2 genannten **Datenübermittlungen** die **Dokumentierung geeigneter Garantien**;*

*f) wenn möglich, die **vorgesehenen Fristen für die Löschung** der verschiedenen Datenkategorien;*

g) wenn möglich, eine ***allgemeine Beschreibung*** *der* ***technischen*** *und* ***organisatorischen Maßnahmen*** *gemäß Artikel 32 Absatz 1.*

[…]

Abs. 3

Das in den Absätzen 1 und 2 genannte Verzeichnis ist ***schriftlich zu führen****, was auch in einem* ***elektronischen Format*** *erfolgen kann.*

Abs. 4

Der Verantwortliche oder der Auftragsverarbeiter sowie gegebenenfalls der Vertreter des Verantwortlichen oder des Auftragsverarbeiters stellen der ***Aufsichtsbehörde*** *das* ***Verzeichnis auf Anfrage zur Verfügung****.*

Abs. 5

Die in den Absätzen 1 und 2 genannten Pflichten gelten ***nicht für Unternehmen oder Einrichtungen, die weniger als 250 Mitarbeiter beschäftigen****, sofern die von ihnen vorgenommene Verarbeitung* ***nicht*** *ein* ***Risiko*** *für die* ***Rechte und Freiheiten der betroffenen Personen*** *birgt, die Verarbeitung* ***nicht nur gelegentlich erfolgt*** *oder* ***nicht*** *die Verarbeitung* ***besonderer Datenkategorien*** *gemäß* ***Artikel 9 Absatz 1*** *bzw. die Verarbeitung von personenbezogenen Daten über strafrechtliche Verurteilungen und Straftaten im Sinne des Artikels 10 einschließt."*

Der mit Art. 30 korrespondierende **Erwägungsgrund 82** lautet:

„Zum ***Nachweis*** *der* ***Einhaltung*** *dieser* ***Verordnung*** *sollte der Verantwortliche oder der Auftragsverarbeiter ein Verzeichnis der Verarbeitungstätigkeiten, die* ***seiner Zuständigkeit*** *unterliegen, führen. Jeder Verantwortliche und jeder Auftragsverarbeiter sollte* ***verpflichtet sein****, mit der* ***Aufsichtsbehörde zusammenzuarbeiten*** *und dieser auf* ***Anfrage*** *das entsprechende* ***Verzeichnis vorzulegen****, damit die* ***betreffenden Verarbeitungsvorgänge*** *anhand dieser Verzeichnisse* ***kontrolliert*** *werden können."*

Durch die vorliegend zitierten Regelungen lassen sich zunächst relativ schnell die Zielsetzung bzw. die Zwecke des Verarbeitungsverzeichnisses ablesen.

11.3 Zielsetzung/Zweck(e) des Verarbeitungsverzeichnisses

Wie Erwägungsgrund 82 deutlich macht, soll das Verarbeitungsverzeichnis u. a. einem Arzt dazu dienen, Rechenschaft über seine Verarbeitungen gegenüber der Aufsichtsbehörde abzulegen. Die Behörde soll dadurch die Möglichkeit erhalten, die Verarbeitungsvorgänge anhand dieses (Gesamt-) Verzeichnisses bzw. der in diesem Verzeichnis enthaltenen Einzelverzeichnisse bei dem Verantwortlichen etc. zu kontrollieren. Dieses reflektiert auch die Regelung von Art. 30 Abs. 4. So sind danach der Verantwortliche (wie ein Arzt) oder der Auftragsverarbeiter verpflichtet, der Aufsichtsbehörde dieses Verarbeitungsverzeichnis auf Anfrage hin zur Verfügung zu stellen. Diese in Art. 30 Abs. 4 explizit geregelte Pflicht lässt sich zu den generellen Pflichten eines Arztes zählen, auf Anfrage mit der Aufsichtsbehörde zur Erfüllung ihrer Aufgaben zusammenzuarbeiten (vgl. Art. 31). Um diesen Pflichten bzw. dieser Pflicht Nachdruck zu verleihen, sieht die DSGVO vor, dass ein Verstoß von der zuständigen Aufsichtsbehörde mit dem „kleinen" Bußgeld geahndet werden kann (bis zu 10 Mio. oder 2 % des Gesamtkonzernjahresumsatzes, je nachdem was höher ist).

Nach meiner Auffassung bietet das Verzeichnis ferner die Möglichkeit, es für weitere, mannigfaltige Zwecke bzw. zur Erfüllung etwaiger DSGVO-Anforderungen zu nutzen. Denn nach meiner Erfahrung bedingt die Pflicht zur Erstellung/Führung eines solchen Verzeichnisses zwangsläufig, dass man sich dafür intensiv mit den (Verarbeitungs-) Prozessen, den daran Beteiligten, den Datenflüssen sowie den technischen und organisatorischen Maßnahmen auseinandersetzt, diese umfassend dokumentiert und kritisch hinterfragt. All dieses ist wiederum auch Grundvoraussetzung für die Erfüllung anderer, mit der DSGVO einhergehender Pflichten wie:

- die Analyse/Festlegung/Definition eindeutiger Verarbeitungszwecke nach Art. 5 Abs. 1 b) (*siehe Kapitel 7.5*),
- die Erfüllung der Betroffen-/Patientenrechte nach Art. 12–23 (*Kapitel 9*),
- die Etablierung und Nachweisführung geeigneter technisch-organisatorischer Maßnahmen nach Art. 24 Abs. 1 und Art. 32 (*siehe Kapitel 16*),
- der Ermittlung zur Eintrittswahrscheinlichkeit und Schwere des Risikos für die Rechte und Freiheiten des jeweiligen Betroffenen in Bezug auf Art, Umfang und Umstände sowie Zwecke der Verarbeitung (siehe Sicherheit/Risiko – *Kapitel 12*),
- der Prüfung, ob bei Datenverarbeitungstätigkeiten eine Datenschutzfolgenabschätzung gem. Art. 35 erfolgen muss. Aufgrund der in einem Verarbeitungsverzeichnis enthaltenen Informationen bildet das Verzeichnis darüber hinaus auch eine gute Basis für die konkrete Durchführung einer Datenschutzfolgenabschätzung (*siehe Kapitel 14*),
- die Aufgabenerfüllung des Datenschutzbeauftragten nach Art. 39 (*siehe Kapitel 15*),
- ...

Wie durch den Wortlaut des Erwägungsgrunds 82 ferner deutlich werden sollte, kommt dem Verarbeitungsverzeichnis aber noch eine andere, ganz wesentliche Funktion zu. Denn das Verarbeitungsverzeichnis dient insbesondere auch dazu nachzuweisen, dass man in seiner Eigenschaft als datenschutzrechtlicher Verantwortlicher die Anforderungen der DSGVO in ausreichendem Umfang eingehalten hat bzw. einhält. Mithin ist das Verarbeitungsverzeichnis ein Werkzeug zum Nachweis der Erfüllung der Anforderungen von Art. 5 Abs. 1 und steht damit untrennbar im Zusammenhang mit der Rechenschaftspflicht gem. Art. 5 Abs. 2 (*siehe Kapitel 7.10*).

Eine Frage, die sich bei der Erstellung eines Verarbeitungsverzeichnisses jedoch immer stellt, ist, welche Verarbeitungstätigkeiten/Prozesse eigentlich wie detailliert in diesem Verzeichnis darzustellen sind.

11.4 Datenverarbeitungstätigkeiten in einer Arztpraxis

Auch wenn Art. 30 Abs. 1 den Begriff „Verarbeitungstätigkeiten" oder „Tätigkeiten der Verarbeitung" an mehreren Stellen verwendet und diesem Begriff scheinbar eine nicht unerhebliche Bedeutung zuweist, wird der Begriff von der DSGVO nicht weiter, z. B. in Art. 4, explizit definiert. Dieses ist nach meiner Auffassung nicht unkritisch, denn wie nachfolgend aufgezeigt werden wird, kann die Entscheidung wie eng oder wie weit der Begriff „Verarbeitungstätigkeit" gefasst werden soll, letzten Endes ausschlaggebend für die „Korrektheit" des Verarbeitungsverzeichnisses sein.

Für eine Interpretation des Begriffs „Verarbeitungstätigkeit" bietet es sich an, zunächst auf den Begriff der „Verarbeitung" i. S. d. Art. 4 Nr. 2 abzustellen. Wie in *Kapitel 6.2* dargestellt, erfasst „Verarbeitung" praktisch jeden nur denkbaren Umgang mit Daten.

Der Begriff „Verarbeitungstätigkeit" sollte als Kombination der Wörter „Verarbeitung" und „Tätigkeit" meiner Ansicht nach ähnlich wie der bisherige Begriff des „Verfahrens" verstanden bzw. interpretiert werden. Dreh- und Angelpunkt sollten damit immer der „Zweck" bzw. die Zwecke sein, die mit der jeweiligen „Verarbeitungstätigkeit" bzw. den „Tätigkeiten der Verarbeitungen" verfolgt werden. Mithin dürfte der Begriff der „Verarbeitungstätigkeit" die Gesamtheit an Datenverarbeitungen beschreiben, die zur Erreichung eines bzw. mehrerer zusammengehöriger konkreter Zwecke erfolgen.

Damit besteht aber dennoch weiterhin das Problem zu entscheiden, wie eng oder weit der Begriff der „Verarbeitungstätigkeit" zu interpretieren ist. Wird der Begriff der „Verarbeitungstätigkeit" zu eng gewählt/definiert, müsste der Arzt/die Praxis wirklich jede Datenverarbeitungstätigkeit im Verzeichnis dezidiert aufführen. Dieses wiederum würde jedoch aufgrund der dadurch entstehenden Menge an Verarbeitungstätigkeiten/Prozessen, die Übersichtlichkeit, die Handhabung und den Nutzen bzw. die Nutzbarkeit des Verzeichnisses in der Praxis sehr einschränken.

Auf der anderen Seite kann eine zu extensive Interpretation des Begriffs „Verarbeitungstätigkeit" wiederum auch schnell dazu führen, dass wesentliche (Verarbeitungs-)Tätigkeiten, weil sie unter eine bzw. mehrere andere Tätigkeiten zusammengefasst wurden, nicht ausreichend dokumentiert werden. Eine unterbliebene Dokumentation einer wesentlichen Verarbeitung kann im schlimmsten Fall einen bußgeldrelevanten Verstoß darstellen.

Um diesem vorstehend beschriebenen Konflikt so gut wie möglich Rechnung zu tragen, sollte wie aufgezeigt eine sinnvolle Bündelung von „Verarbeitungen" durchgeführt werden. Dabei sollte dem auch weiterhin in der DSGVO erhaltenen „Zweckbindungsgebot" (vgl. Art. 5 Abs. 1 b) – *Kapitel 7.5*) folgend, die jeweiligen Tätigkeiten entsprechend des jeweiligen Zwecks/der Zwecke sinnvoll gebündelt zusammengefasst und dokumentiert werden. Ferner empfiehlt es sich, den Prozess/die Verarbeitungstätigkeit auch kurz zu beschreiben, damit bspw. die Aufsichtsbehörde aber auch man selber erkennt, was bzw. welche Einzeltätigkeiten alles unter diese (Haupt-)Tätigkeit gefasst wurden.

Damit man ein Gefühl für die Prozesse entwickelt, sollte man am besten die (typischen) Datenverarbeitungs-Situationen in der Praxis durchspielen. Dabei empfiehlt es sich, die jeweiligen „Prozessstränge" von der ersten Erhebung der Daten bis zur endgültigen (geplanten) Vernichtung der Daten zu erfassen und zu dokumentieren. Dabei sollten auch etwaige Übermittlungen an Externe wie Krankenkassen usw. nicht vergessen werden. Auch die Möglichkeit, dass bspw. ein Externer im Rahmen der Fernwartung dieser Systeme auf die gespeicherten Daten Zugriff erhält, sollte immer mit bedacht und dokumentiert werden (diese Information gehört nämlich auch in ein Verarbeitungsverzeichnis).

Um einen Einstieg in diese komplexe Materie zu finden, empfiehlt es sich, den typischsten Prozess einer Arztpraxis, nämlich den Behandlungsprozess (bspw. vom ersten Erscheinen des Patienten bis zum Abschluss der Behandlung/Rechnungsstellung) zu analysieren und zu dokumentieren. Dabei gilt es, die wichtigsten „Datenverarbeitungs-Stationen" besonders zu dokumentieren. Bei der Analyse dieses Szenarios empfehle ich immer auch die in den jeweiligen „Stationen" verwendete Software mit zu dokumentieren.

Im Zusammenhang mit dem Verzeichnis und der in einer Praxis verwendeten Software will ich noch auf einen häufigen Fehler hinweisen, der mir in meiner Praxis immer wieder begegnet. In vielen Verarbeitungsverzeichnissen ist die verwendete Software als eigene Verarbeitungstätigkeit genannt. So findet man oftmals den Eintrag „Verwendung eines Patientenmanagementsystems". Doch an dieser Stelle ein Wort der Warnung:

Software kann niemals eine Verarbeitungstätigkeit darstellen!

Vielmehr ist Software immer Mittel zum Zweck, um eine Verarbeitungstätigkeit abzubilden. So werden mittels einer Software wie dem Patientenmanagementsystem oftmals mehrere (Einzel-) Verarbeitungstätigkeiten/Prozesse abgebildet, wie bspw. Dokumentation der Behandlung, Rechnungsstellung usw. Diese sollten wie dargestellt auch alle separat im Verzeichnis aufgeführt/dargestellt werden.

Im Verarbeitungsverzeichnis gilt es aufgrund der Tatsache, dass die DSGVO anders als das BDSG-alt keine Ausnahmetatbestände für Verarbeitungstätigkeiten mehr vorsieht, grundsätzlich alle „Verarbeitungstätigkeiten" aufzuführen. Somit kommt man auch der Erfüllung der Rechenschaftspflicht wieder ein Stück näher.

11.5 Die Rechenschaftspflicht und das Verarbeitungsverzeichnis

Wie aufgezeigt, hat das Verarbeitungsverzeichnis nunmehr auch die Funktion, einen wesentlichen Teil der einem Arzt/einer Praxis obliegenden Rechenschaftspflicht zu erfüllen. Denn nach dem vorstehend zitierten Erwägungsgrund 82 sollte ein Verantwortlicher (Arzt/Praxis) „zum **Nachweis der Einhaltung dieser Verordnung** ein Verzeichnis der Verarbeitungstätigkeiten, die seiner Zuständigkeit unterliegen, führen". Das Führen eines aussagekräftigen, vollständigen Verarbeitungsverzeichnisses ist damit praktisch untrennbar mit der in Art. 5 Abs. 2 genannten Rechenschaftspflicht verbunden (*siehe Kapitel 7.10*).

Betrachtet man die einzelnen Anforderungen in Art. 30 Abs. 1 hinsichtlich der in einem Verarbeitungsverzeichnis zwingend anzugebenden Informationen, wird schnell deutlich, dass bspw. eine Aufsichtsbehörde mittels der Angaben in einem Verarbeitungsverzeichnis relativ zeitnah und einfach ermitteln kann (wenn das Verarbeitungsverzeichnis ordnungsgemäß/vollständig erstellt und geführt wurde), ob die Anforderungen in Art. 5 Abs. 1 in der Organisation ausreichend adressiert bzw. erfüllt wurden.

All die vorstehend angeführten Gründe sprechen daher meiner Ansicht nach für das Führen eines Verarbeitungsverzeichnisses, selbst wenn ein Arzt aus den nachfolgend dargestellten Gründen nicht zur Führung gesetzlich verpflichtet sein sollte (was jedoch nur selten der Fall sein dürfte). Denn dieses Verzeichnis bietet, soweit es vollständig ist, für jeden Arzt (egal ob groß oder klein) eine nahezu unverzichtbare Sammlung aller Informationen zu den Verarbeitungen von personenbezogenen Daten in seiner Organisation, die wiederum notwendig sind, um die mannigfaltigen gesetzlichen Anforderungen angemessen zu erfüllen.

Der Gesetzgeber sieht das Verarbeitungsverzeichnis, auch wenn er es nicht explizit sagt, als „dynamisch" an. Dieses hat wiederum zur Konsequenz, dass jede identifizierte bzw. definierte Verarbeitungstätigkeit **in regelmäßigen Abständen darauf hin zu überprüfen ist**, ob diese auch weiterhin so durchgeführt wird, wie es ursprünglich mal festgestellt und dokumentiert wurde. Dieses wiederum hat zur Konsequenz, dass wenn sich Verarbeitungstätigkeiten ändern, diese Änderung auch in der Dokumentation/dem Verzeichnis dargestellt werden muss. Denn wie aufgezeigt, ist der Arzt u. a. aufgrund der „Rechenschaftspflicht" verpflichtet, (jederzeit) nachweisen zu können, dass die Datenverarbeitung (zu jeder Zeit) rechtskonform erfolgt(e) (*siehe hierzu auch Kapitel 7.10*). Diese gesetzliche Anforderung hat mithin zur Konsequenz, dass ein Verarbeitungsverzeichnis auch eine Art Historie enthalten sollte, die sorgfältig gepflegt wird, um damit die Einhaltung der Vorgaben der DSGVO auch für den zurückliegenden Zeitraum nachweisen zu können. Aufgrund der „Beweisfunktion" eines Verarbeitungsverzeichnisses kommt daher der Entscheidung, ob man es schriftlich oder digital führen muss bzw. führt, vielfach eine nicht unerhebliche Bedeutung zu.

11.6 Schriftlich oder digital?

Wie der Wortlaut von Art. 30 Abs. 3 aufzeigt, ist das Verzeichnis grundsätzlich schriftlich zu führen, wobei dieses auch in einem elektronischen Format erfolgen kann. Aufgrund der einfacheren Handhabung dürfte die digitalisierte Form des Verzeichnisses (als Word, Excel, usw. Datei) in der Praxis sogar die Regel sein. Ein eigenes digitales Datenschutzmanagementsystem dürfte für eine kleine Praxis zu überdimensioniert und damit nicht erforderlich sein.

Aufgrund der in Art. 30 Abs. 4 geregelten Vorlagepflicht gegenüber der Aufsichtsbehörde muss jedoch darauf geachtet werden, dass ein elektronisch geführtes Verzeichnis von der elektronischen schnell und bequem in die gedruckte Form gebracht werden kann. Dieses dürfte bei einem Verzeichnis, das man auf einem Computer lokal führt, kein Problem darstellen, denn grundsätzlich dürfte dieses leicht ausdruckbar sein. Wenn man jedoch sein Verzeichnis bspw. in der „Cloud" mittels einer entsprechenden Software führt, sollte man zwingend darauf achten, dass man in der Lage ist, die entsprechenden Angaben bequem in ein standardisiertes Format zu exportieren, um es mit seinem Computer ausdrucken zu können. Es sei in diesem Zusammenhang darauf hingewiesen, dass der Aufsichtsbehörde ein Ermessen hinsichtlich des Formats der Vorlage zusteht. Daher kann sie theoretisch auch verlangen, dass ihr das Verzeichnis, wenn es nur in digitaler Form vorliegt, ausgedruckt übergeben wird.

Darüber hinaus sollte darauf geachtet werden, dass in einem elektronisch geführten Verzeichnis soweit wie möglich auf Verlinkungen (bspw. Hyperlinks) auf interne Dokumente, die von extern nicht erreichbar sind, verzichtet wird. Hinsichtlich dieses Aspektes ist es oftmals empfehlenswert, ein Dokument zu erstellen, das namentlich auf etwaige beigefügte Anlagen verweist. Wie genau mit etwaigen Anlagen usw. verfahren werden soll, sollte im Einzelfall, wenn es soweit ist, mit der Aufsichtsbehörde besprochen werden.

Nach meinen Erfahrungen reicht es für eine kleine bis mittlere Praxis aus, das Verarbeitungsverzeichnis mittels Word oder Excel zu erstellen und zu führen. Dabei hat sich die Darstellung in Tabellenform bewährt. Der große Vorteil beim Führen als Tabelle ist, dass man dadurch noch halbwegs die Übersicht über die einzelnen Verarbeitungstätigkeiten behält, was bei einem Dokument, in dem die Verfahren entsprechend der Anforderungen als Fließtext dargestellt werden, erfahrungsgemäß nicht der Fall sein dürfte.

11.7 Inhalt des Verarbeitungsverzeichnisses

Der notwendige Inhalt, den jedes Verarbeitungsverzeichnis abbilden muss, ist durch die Regelungen in Art. 30 Abs. 1 im Prinzip klar vorgegeben. Doch wie die Praxis zeigt, kann es durchaus sinnvoll sein, das Verzeichnis bzw. die standardmäßigen Angaben ein wenig zu erweitern. Wie angedeutet, ist es bspw. empfehlenswert, eine Kurzbeschreibung der wichtigsten Verarbeitungsstationen einer Verarbeitungstätigkeit zu geben. Erst dadurch lässt sich meiner Ansicht nach wirklich Transparenz über die Datenverarbeitung einer Praxis schaffen und nur so wird das Verarbeitungsverzeichnis zu einem wahren „Werkzeug der Selbsterkenntnis".

Im Nachfolgenden sollen die Pflichtanforderungen von Art. 30 Abs. 1 kurz vorgestellt und erläutert werden.

11.7.1 Namen und Kontaktdaten

Gem. Art. 30 Abs. 1 S. 2 a) müssen in einem Verarbeitungsverzeichnis immer der Name und die Kontaktdaten des Verantwortlichen (des Arztes/der Praxis) sowie eines etwaigen Datenschutzbeauftragten angegeben werden. Bei diesen Angaben handelt es sich um die Basisinformationen, die insbesondere der Aufsichtsbehörde dienen zu erfahren, an wen sie sich bei Bedarf z.B. bei Rückfragen wenden kann. Die anderen von Art. 30 Abs. 1 geforderten Angaben (wie z. B. gemeinsamer Datenverarbeiter, inländischer Vertreter etc.) dürften für einen Arzt/eine Praxis in den meisten Fällen keine größere Relevanz haben und somit meistens entbehrlich sein.

Wie in *Kapitel 4.2* (Verantwortlicher) dargestellt, ist es gerade bei Ärzten/Praxen je nach gewählter Praxisform oftmals alles andere als einfach, eine klare Verantwortlichkeit zu bestimmen. Weil die Benennung des Verantwortlichen jedoch eine zwingende Anforderung von Art. 30 ist, sollte man sich diesbezüglich unbedingt Klarheit verschaffen und u. U. die Erwägungsgründe für die Entscheidung nach der Verantwortlichkeit kurz dokumentieren.

Da die Namen/Kontaktdaten bei allen im Verarbeitungsverzeichnis aufgeführten Verarbeitungstätigkeiten gleich sein dürften, empfiehlt es sich meiner Ansicht nach, diese Angaben einmalig gesondert, z. B. auf einem eigenen (Vor-) Blatt, darzustellen.

11.7.2 Bezeichnung und Kurzbeschreibung des Prozesses

Es überrascht mich immer wieder, dass in Art. 30 Abs. 1 eine meiner Ansicht nach sehr wesentliche Angabe/Anforderung fehlt. Möglicherweise hat der Gesetzgeber sie auch als so selbstverständlich angesehen, weshalb er sie nicht aufgeführt hat. So fehlt meiner Meinung nach in Art. 30 Abs. 1 die Anforderung, dass man die jeweilige Verarbeitungstätigkeit aufführen und konkret benennen muss. Die konkrete Benennung ist meiner Ansicht nach essenziell, um die in Art. 30 Abs. 1 geforderten Angaben sinnvoll in Kontext zu setzen. Daher empfiehlt es sich, in einer ersten Spalte der Tabelle immer den jeweiligen Verarbeitungsprozess, um den es gehen soll, so genau/konkret wie nur möglich zu bezeichnen. Dieses ist leichter gesagt als getan. Denn schnell wird man merken, wie schwer es eigentlich ist, eine eindeutige Bezeichnung für die Verarbeitungstätigkeit zu finden, die alle wesentlichen „Datenverarbeitungsstationen" abdeckt bzw. erfasst.

Um selber überprüfen zu können, ob man auch wirklich alle Verarbeitungsschritte dieses Prozesses korrekt erfasst hat, empfiehlt es sich, nach der Bezeichnung der jeweiligen Datenverarbeitungstätigkeit eine kurze Darstellung des Prozessablaufs mit den wichtigsten „Datenverarbeitungs-Stationen" vorzunehmen.

Darüber hinaus empfiehlt es sich, gerade bei Verarbeitungsverzeichnissen von Ärzten/Arztpraxen, die Prozesse sinnvoll zu ordnen. Dabei hat es sich als zielführend erwiesen, zunächst mit den Kernprozessen rund um die „Patientenbehandlung" zu beginnen. Danach bietet es sich an, die relevanten Mitarbeiterdatenverarbeitungstätigkeiten aufzuführen. Am Ende sollten dann die Verarbeitungstätigkeiten folgen, die keinen spezifischen Bezug zu diesen Personen- bzw. Betroffenengruppen haben wie z. B. der Webseitenbetrieb (*siehe Kapitel 16.4*) usw.

11.7.3 Zwecke der Verarbeitung

Eine weitere Anforderung von Art. 30 ist die korrekte Bestimmung und Darstellung der Zwecke (Art. 30 Abs. 1 S. 2 b). Auch diese Anforderung sollte nicht unterschätzt werden. Denn die DSGVO fordert hinsichtlich der Zwecke zwar nur, dass diese aufgeführt werden. Wie genau dieses erfolgen soll, dazu schweigt sich die DSGVO aus.

Aus der Angabe des Zwecks bzw. der Zwecke der Verarbeitung muss die Intention des Verantwortlichen (Arztes/Praxis) hervorgehen, weshalb er die jeweilige (geplante) Datenverarbeitung durchführen will. Insofern sollte der Arzt/die Praxis die jeweiligen Zwecke so präzise wie möglich im Verarbeitungsverzeichnis beschreiben/definieren. Ferner empfiehlt es sich, dem Rechtmäßigkeitsgrundsatz folgend, in diesem Rahmen auch direkt die entsprechende Legitimationsnorm für diese Datenverarbeitung zuzuordnen. Die wichtigsten Legitimationen im Rahmen der Patientenbehandlung wurden in *Kapitel 8* dargestellt. Es gilt zu beachten, dass zu jeder Verarbeitungstätigkeit mindestens immer ein (legitimer) Zweck zugeordnet sein muss.

Darüber hinaus fordert die DSGVO, dass man im Verzeichnis die Kategorien der betroffenen Personen und damit korrespondierend ihre personenbezogenen Daten aufführen muss, die bei der entsprechenden Datenverarbeitungstätigkeit verarbeitet werden.

11.7.4 Kategorien betroffener Personen und personenbezogener Daten

Die DSGVO fordert eine Beschreibung der Kategorien betroffener Personen und der Kategorien personenbezogener Daten, die von der jeweiligen Verarbeitungstätigkeit betroffen sind (Art. 30 Abs. 1 S. 2 c). Wie man diese beiden geforderten Kategorien darstellt, bleibt einem selber überlassen.

So ist es z. B. denkbar, dass man diesbezüglich zwei Spalten anfertigt. In der ersten Spalte werden die Kategorien der von der Datenverarbeitung betroffenen Personen aufgeführt. Es ist oftmals empfehlenswert, dabei entsprechend zu „clustern" wie z. B. Patienten, Mitarbeiter, Lieferanten usw.

In der zweiten Spalte sollten dann die jeweiligen, dieser Personenkategorie zugeordneten Daten(-Kategorien) dargestellt werden, die bei dieser Verarbeitungstätigkeit betroffen sind bzw. sein können. Beispiele sind hier etwa: Vor-/Nachname, Adresse, E-Mail, Telefon, Gesundheitsdaten, Versicherungsnummer usw.

Nach meiner Erfahrung bietet es sich gerade bei einer Vielzahl von Datenkategorien an, hinsichtlich der einzelnen Kategorien personenbezogener Daten, die durch eine entsprechende Anordnung ja automatisch auch den Personenkategorien zugeordnet sind, laufende Nummern zu vergeben. Damit ist es bspw. möglich, auf eine relativ einfache Art und Weise eine Zuordnung dieser Angaben zu den weiteren von der DSGVO geforderten Angaben (Art. 30 Abs. 1 S. 2 d) bis f) vorzunehmen. So ist es z. B. möglich, wenn es um die Angabe der Speicherdauer (siehe Art. 30 Abs. 1 S. 2 f) geht (es können ja für unterschiedliche Daten unterschiedliche Aufbewahrungs-/Löschfristen existieren), dieses auch mit der Nummerierung entsprechend deutlich zu machen.

Wenn eine Vielzahl von Daten(-kategorien) in der entsprechenden Datenverarbeitungstätigkeit verarbeitet werden, empfiehlt es sich oftmals, eine Trennung in „normale Kategorien i. S. v.

Art. 6 und besondere Kategorien personenbezogener Daten gem. Art. 9 vorzunehmen. Unabhängig davon, dass wie in *Kapitel 6.1* beschrieben, eine korrekte Kategorisierung der Daten schwer bis unmöglich ist, dürften naturgemäß die Patientendaten immer besondere Kategorien von Daten darstellen. Bei Beschäftigtendaten wird es sich wohl eher um „normale Kategorien personenbezogener Daten" handeln, wobei jedoch der Arzt von seinen Beschäftigten möglicherweise auch besondere Kategorien an Daten verarbeitet, wie z. B. Religionszugehörigkeit (für die Steuererklärung) usw.

Daneben ist von Art. 30 gefordert, dass stets auch die Kategorien von Empfängern anzugeben sind.

11.7.5 Kategorien von Empfängern

Nach Art. 30 Abs. 1 S. 2 d) gilt es, die Kategorien von Empfängern anzugeben, denen im Rahmen der jeweiligen Verarbeitungstätigkeit die Daten offengelegt wurden oder offenbart werden sollen, einschließlich Empfänger in Drittländern. Unter Empfängern sind nach der DSGVO gem. Art. 4 Nr. 9 alle (juristischen/natürlichen) Personen, Behörden, Einrichtungen etc. zu verstehen, denen personenbezogene Daten offengelegt werden, unabhängig davon, ob es sich bei ihnen um einen Dritten handelt oder nicht (*siehe hierzu auch Kapitel 17.1*).

Vom Wortlaut der Regelung ist nur die Angabe der Kategorien von Empfängern notwendig. Die Darstellung der einzelnen, konkreten Empfänger mit Namen usw. ist damit nicht gefordert. Dennoch empfiehlt es sich meiner Meinung nach, alleine aufgrund von Dokumentationszwecken, besonders bei Softwareunternehmen, die bspw. Fernwartungszugänge besitzen, diese namentlich als Empfänger, einzeln aufzuführen. Zu Dokumentations- und Kontrollzwecken empfiehlt es sich auch festzuhalten, ob mit diesen bspw. ein wirksamer Auftragsverarbeitungsvertrag geschlossen wurde.

Wenn man den Begriff „Empfänger" extensiv interpretiert, sind darunter praktisch alle Personenkreise zu verstehen, denen Daten offenbart wurden bzw. werden sollen. Damit fallen sowohl interne (innerhalb der Praxis beschäftigte Personen) als auch externe Empfänger (andere Unternehmen usw.) darunter. Es empfiehlt sich deshalb, in der Tabellenspalte zunächst die internen Empfänger (Mitarbeiter) und danach die externen Empfänger (IT-Dienstleister, Medizinproduktehersteller etc.) aufzuführen.

Falls eine Übermittlung von Daten bzw. Zugriff auf die Daten durch einen Empfänger bisher noch nicht vorgekommen aber zukünftig durchaus vorstellbar ist, sollte dieses auch im Verarbeitungsverzeichnis entsprechend kenntlich gemacht werden. Diesbezüglich könnte sich ein Zusatz wie bspw. ein „ggf." empfehlen. Dadurch wird direkt deutlich, dass eine Datenübermittlung denkbar, aber bisher noch nicht vorgekommen ist bzw. nur in ganz wenigen Ausnahmen schon vorgenommen wurde.

Es sollte direkt auch schon in der Spalte der Empfänger angegeben werden, dass es sich um einen Empfänger in einem Drittland (einem Land außerhalb der EU/des Europäischen Wirtschaftsraums (EWR) handelt. Dieses insbesondere deshalb, weil gem. Art. 30 Abs. 1 S. 2 e) fordert, dass diese Übermittlungen in Drittländer ganz besonders beschrieben werden sollen.

11.7.6 Übermittlungen in Drittländer

Da die DSGVO (implizit) davon ausgeht, dass jede Datenübermittlung außerhalb der EU/des EWR in ein sog. Drittland automatisch mit erhöhten Risiken für den Betroffenen einhergeht, stellt sie an die Übermittlung von Daten europäischer Betroffener in Drittländer erhöhte Anforderungen. Insbesondere ist für eine solche Übermittlung/Offenlegung von Daten notwendig, dass dieser entsprechende „Garantien" zugrunde liegen bzw. gegeben werden. Es muss daher stets sichergestellt sein, dass die Daten des Betroffenen in dem entsprechenden Drittland stets unter Beachtung eines angemessenen Datenschutzniveaus verarbeitet werden und vor dem unberechtigten Zugriff

Dritter, wie bspw. staatliche Stellen dieser Länder, entsprechend geschützt sind.

Gerade weil die DSGVO erhöhte Risiken in diesen Übermittlungen sieht, ist es auch nur konsequent, dass sie in Art. 30 Abs. 1 S. 2 e) vom Verantwortlichen (Arzt/Praxis) fordert, dass dieser in das Verarbeitungsverzeichnis entsprechende Angaben

- zu gegebenenfalls erfolgenden Übermittlungen von personenbezogenen Daten an ein Drittland oder an eine internationale Organisation,
- einschließlich der Angabe dieses Drittlands oder der betreffenden internationalen Organisation sowie
- bei den in Artikel 49 Abs. 1 genannten Datenübermittlungen die Dokumentation der jeweiligen Garantien

aufnimmt.

Es sei diesbezüglich darauf hingewiesen, dass die DSGVO mit Empfängern in Drittländern und internationale Organisationen, die **genaue Benennung** der Empfänger und nicht nur die Angaben von Empfängerkategorien fordert!

Alleine an dieser oftmals übersehenen Anforderung lässt sich erkennen, wie wichtig dem Gesetzgeber die einzelnen, konkret erfolgenden Übermittlungen an Empfänger in Drittländern sind.

Dieses zeigt sich weiter darin, dass in Art. 30 Abs. 1 S. 2 e) verlangt wird, dass der Verantwortliche für die jeweilige Übermittlung gem. Art. 49 Abs. 6 darstellen muss, wie er die von ihm vorgenommene Beurteilung der Rechtmäßigkeit vorgenommen hat. Ferner muss er beschreiben, wie er ermittelt hat, ob die diesbezüglichen „Garantien" im Sinne des Art. 49 Abs. 1 Unterabsatz 2 zum Schutz der Betroffenendaten ausreichend sind.

Gerade weil der Gesetzgeber die Übermittlung in Drittländer als sehr kritisch ansieht, empfiehlt es sich, in einem Verarbeitungsverzeichnis immer anzugeben, ob bei der jeweiligen Verarbeitungstätigkeit eine Übermittlung in ein Drittland stattfindet. Falls dem nicht so ist, sollte auch dieses kurz mit einem Satz vermerkt werden wie: „Eine Übermittlung in Drittstaaten findet nicht statt und ist auch nicht geplant" oder einem „Nein".

Eine Übermittlung in Drittländer wie den USA liegt bereits vor, wenn sich bspw. der von der Praxis verwendete Webserver in diesem Drittland befindet oder auf Servern in den USA der Mailverkehr der Praxis abgewickelt wird. Ebenso kann eine Übermittlung von Daten in Drittländer vorliegen, wenn Supportdienstleistungen aus diesem Land erbracht werden.

Weil durch die Globalisierung eine Datenübermittlung in ein Drittland schneller vorliegen kann als einem lieb ist, ist es, gerade wenn es um die Einschaltung fremder Services und Dienstleistungen geht, essenziell, dass ein Arzt/eine Praxis genau prüft, in welches Land seine Daten, auf welcher Rechtsgrundlage fließen und, falls Drittstaaten betroffen sind, welche Garantien diesbezüglich vorliegen. Denn letzten Endes ist er derjenige, der für die Gewährleistung der Rechtmäßigkeit dieser Übermittlungen verantwortlich ist und diese nachweisen muss (vgl. Art. 5 Abs. 2).

Damit eine Aufsichtsbehörde prüfen kann, ob der Grundsatz der Speicherminimierung von dem Verantwortlichen entsprechend beachtet wird, sind im Verarbeitungsverzeichnis auch Angaben zur Speicherdauer der Daten zu tätigen.

11.7.7 Speicherdauer

Dem Grundsatz der Speicherminimierung folgend, dürfen personenbezogene Daten nicht ohne Grund „unendlich" lange aufbewahrt werden (*mehr dazu in Kapitel 7.7*). Daher fordert auch Art. 30 Abs. 1 S. 2 f), dass der Verantwortliche im Verarbeitungsverzeichnis die jeweils von ihm für die jeweiligen Daten vorgesehenen Aufbewahrungsfristen angibt. Aus der Aufbewahrungsfrist resultiert wiederum automatisch, dass wenn diese abgelaufen ist und keine weiteren Aufbewahrungsgründe existieren, die Daten, dem Speicherminimierungs- und Zweckbindungsgrundsatz folgend, gelöscht werden müssen (*siehe Kapitel 7.5*). Wie dargestellt, empfiehlt es sich, die einschlägigen Aufbewahrungsfristen den jeweiligen Datenkategorien bspw. durch eine entsprechende Nummerierung zuzuordnen. Denn erfahrungsgemäß sind die Aufbewahrungs- und damit auch die Löschfristen von Datenkategorie zu Datenkategorie unterschiedlich.

Ein bloßer Satz, wie man ihn in vielen Verarbeitungsverzeichnis findet, wie etwa

„Es gelten die gesetzlichen Aufbewahrungspflichten"

dürfte mangels Konkretisierung den Anforderungen von Art. 30 Abs. 1 S. 2 f) nicht genügen. Vielmehr ist es erforderlich, die jeweils mit den Datenkategorien korrespondierenden Aufbewahrungs-/Löschungsfristen klar zu spezifizieren bzw. anzugeben. Weitere Informationen zu den Aufbewahrungs-/Löschungsfristen finden sich in *Kapitel 9.9*.

11.7.8 Technische und organisatorische Maßnahmen

Neben den vorstehend beschriebenen Angaben fordert die DSGVO in Art. 30 Abs. 1 S. 2 g) ferner, dass der Verantwortliche (wenn möglich) eine allgemeine Beschreibung der getroffenen technischen und organisatorischen Maßnahmen gemäß Art. 32 Abs. 1 gibt.

Auch wenn diese Anforderung sich sehr „generell" anhört und mit der Formulierung „wenn möglich" sehr vage erscheint, sollte man diese gesetzliche Anforderung nicht auf die leichte Schulter nehmen. Denn „möglich" im Sinne der Anforderungen aus Art. 30 Abs. 1 S. 2 lit. g) ist die Angabe der technischen und organisatorischen Maßnahmen praktisch immer, weshalb eine entsprechende Auflistung erforderlich sein dürfte. Meiner Erfahrung nach dürfte es jedoch ausreichen, auf ein entsprechendes Dokument (falls vorhanden) zu verweisen, in dem die getroffenen technisch-organisatorischen Maßnahmen aufgeführt sind. Hinweise dazu, wie ein solches Dokument beschaffen sein sollte, finden sich in *Kapitel 12*.

11.8 Verpflichtung zur Erstellung des Verzeichnisses

Wie durch die neue Regelung von Art. 30 schnell deutlich wird, verpflichtet die DSGVO primär den Verantwortlichen zur Erstellung und Führung eines Verarbeitungsverzeichnisses. Damit gilt es zu klären, wer bzw. welche Personen eigentlich konkret zur Erstellung und Führung des Verzeichnisses gesetzlich verpflichtet sind.

Der Regelung von Art. 30 Abs. 1 folgend, liegt die primäre Verantwortlichkeit zur Erstellung und Führung eines Verarbeitungsverzeichnisses bei dem „Verantwortlichen". Dieses dürfte bei einer Einzelpraxis der (verantwortliche) Arzt sein. Hinsichtlich der Verantwortlichkeit bei größeren Praxen sei auf die Ausführungen in *Kapitel 4* verwiesen.

Da erfahrungsgemäß die verantwortlichen Ärzte jedoch keine Zeit zur Erstellung/Führung eines Verarbeitungsverzeichnisses haben, werden sie diese Aufgabe an eine andere Person delegieren. Dabei gilt es jedoch sicherzustellen, dass die mit dieser Aufgabe betreute Person auch wirklich Einblick in die gesamten Verarbeitungsprozesse erhält/erhalten kann. Es empfiehlt sich, die Person auszuwählen, die einen umfassenden Überblick über die in der Organisation durchgeführten Verarbeitungstätigkeiten hat, wie z. B. der/die Qualitätsmanagementbeauftragte (falls vorhanden).

Im Zusammenhang mit der Frage, wer beim Verantwortlichen ein Verarbeitungsverzeichnis erstellen und führen muss, schließt sich praktisch zwangsläufig die weitere Frage an, inwieweit (von Gesetzes wegen) diese Tätigkeit vom Datenschutzbeauftragten zu übernehmen ist.

Bisher war es in der Praxis gang und gäbe, dass der Verantwortliche (Arzt/Praxis) den Datenschutzbeauftragten „verpflichtete", das bzw. die Verfahrensverzeichnisse sowohl zu erstellen, als auch zu führen. Dass die Erstellungsverpflichtung des Datenschutzbeauftragten nicht konform mit den damals geltenden gesetzlichen Vorgaben war, wurde gerne ignoriert. Auch mit Geltung der DSGO ist der Datenschutzbeauftragte weiterhin nicht zur Erstellung des Verzeichnisses verpflichtet.

Darüber hinaus entfällt mit Geltung der DSGVO nunmehr auch die bisher geltende gesetzliche Verpflichtung zur Führung des Verarbeitungsverzeichnisses durch den Datenschutzbeauftragten. In Konsequenz ist damit nach der DSGVO der Datenschutzbeauftragte weder zur Erstellung noch zur Führung des Verarbeitungsverzeichnisses verpflichtet. Vielmehr obliegt dieses, wie vorstehend dargestellt, nun einzig und alleine dem Verantwortlichen (Arzt/Praxis).

Ein wenig überspitzt gesagt, wird vielmehr mit Geltung der DSGVO der Datenschutzbeauftragte zu einem „Nutznießer" des vom Verantwortlichen korrekt erstellten und geführten Verarbeitungsverzeichnisses. Denn dieses Verzeichnis sollte ihm dazu dienen, sich einen Überblick über die Verarbeitungstätigkeiten zu verschaffen, den er wiederum benötigt, um seiner ihm von der DSGVO zugewiesenen Überwachungsfunktion nachzukommen.

Wie bspw. Art. 38 aufzeigt, obliegt es dem Verantwortlichen (aus Eigeninteresse) sicherzustellen, dass der Datenschutzbeauftragte frühzeitig in alle mit dem Schutz personenbezogener Daten zusammenhängenden Fragen eingebunden wird (Abs. 1). Dafür ist es gem. Art. 38 Abs. 2 essenziell, dass ihm alle notwendigen erforderlichen Ressourcen/Informationen sowie der Zugang zu personenbezogenen Daten und entsprechenden Verarbeitungsvorgängen zur Verfügung gestellt werden. Zu diesen in Art. 38 Abs. 2 genannten Ressourcen/Informationen dürften insbesondere auch die Inhalte des Verarbeitungsverzeichnisses zählen, die Aufschluss über die konkreten Verarbeitungsvorgänge geben.

Doch auch wenn mit Geltung der DSGVO der Datenschutzbeauftragte gesetzlich nicht zur Erstellung und Führung des Verzeichnisses verpflichtet ist, dürfte gleichwohl in der Praxis zu erwarten sein, dass der Datenschutzbeauftragte in vielen Fällen weiterhin zumindest die Führung des Verarbeitungsverzeichnisses übernehmen wird. Denn er ist vielfach derjenige, der sich mit den einschlägigen datenschutzrechtlichen Anforderungen auskennt/auskennen sollte. Der große Vorteil, den die Führung des Verarbeitungsverzeichnisses durch den Datenschutzbeauftragten bringen dürfte, ist, dass er mittels entsprechender Unterstützung aller Unternehmensbereiche die Erstellung und Aktualisierung steuern und damit die Qualität der Ergebnisse maßgeblich beeinflussen sowie sichern kann.

Grundvoraussetzung für die Erstellung/Führung durch den Datenschutzbeauftragten ist jedoch, dass der Verantwortliche (Arzt/Praxis) anerkennt, dass der Datenschutzbeauftragte gesetzlich nicht zur Erstellung und Führung verpflichtet ist. Dementsprechend sollte er diese vom Datenschutzbeauftragten zusätzlich übernommene Aufgabe entsprechend „honorierend" würdigen, z. B. indem er ihm hierfür zumindest entsprechende zusätzliche (zeitliche und finanzielle) Ressourcen zur Verfügung stellt. Ferner muss der Verantwortliche in einem solchen Fall gewährleisten, dass etwaige Mitarbeiter die Verarbeitungstätigkeiten rechtzeitig, ordnungsgemäß und vollständig an den Datenschutzbeauftragten melden und bei der Erstellung/Führung des Verzeichnisses eng mit ihm zusammenarbeiten.

Mangels einer ihm zugewiesenen gesetzlichen Verpflichtung zur Erstellung und Führung des Verzeichnisses dürfte den Datenschutzbeauftragten damit auch grundsätzlich keine Verantwortung für die Richtigkeit und Vollständigkeit der Inhalte treffen. Vielmehr dürfte diese beim Verantwortlichen (Arzt/Praxis) liegen. Gleichwohl ist der Datenschutzbeauftragte, wenn ihm die Aufgabe zur Erstellung und Führung übertragen wurde, verpflichtet, das ihm Gemeldete korrekt und vollständig zu dokumentieren. Sollten ihm gewisse „Ungereimtheiten" auffallen, sollte er dieses unverzüglich den Meldenden bzw. den Verantwortlichen mitteilen.

Ein einzelner Arzt wird oftmals bestrebt sein, Gründe zu finden, die ihm gestatten, kein Verarbeitungsverzeichnis führen zu müssen. Diese finden sich in Art. 30 Abs. 5.

11.9 Ausnahmen von der Verpflichtung zur Führung des Verarbeitungsverzeichnisses

Die Ausnahmen, wann ein Verantwortlicher kein Verarbeitungsverzeichnis führen muss, sind in Art. 30 Abs. 5 aufgeführt. Danach sind Verantwortliche bei Vorliegen der Voraussetzungen unter folgenden Umständen von der Führung befreit:

Weniger als 250 Mitarbeiter, außer die von ihnen vorgenommene Verarbeitung

- birgt ein Risiko für die Rechte und Freiheiten der betroffenen Personen,
- erfolgt nicht nur gelegentlich oder
- umfasst besondere Datenkategorien gemäß Art. 9 Abs. 1 bzw. personenbezogene Daten über strafrechtliche Verurteilungen und Straftaten im Sinne des Art. 10.

Da Art. 30 Abs. 5 in seiner ersten Alternative lediglich von einem „Risiko" der Verarbeitung spricht und bspw. nicht ein „hohes Risiko" für den Betroffenen fordert, dürfte diese Voraussetzung in der Praxis schnell erfüllt sein. Denn wie in *Kapitel 12* dargestellt, geht mit der Verarbeitung personenbezogener Daten immer ein (wie auch immer geartetes) Risiko einher. Denn bspw. alleine die Identifikationsmöglichkeit des Betroffenen bei einem „Abhandenkommen" von Daten eröffnet mannigfaltige „Missbrauchsszenarien", weshalb nach meiner Auffassung jede Verarbeitung personenbezogener Daten stets ein Risiko darstellt.

Eine „regelmäßige Verarbeitung" liegt vor, wenn mindestens eine der folgenden Anforderungen erfüllt ist:

- fortlaufend oder in bestimmten Abständen während eines bestimmten Zeitraums vorkommend

- immer wieder oder wiederholt zu bestimmten Zeitpunkten auftretend
- ständig oder regelmäßig stattfindend.

Auch diese Anforderung aus Art. 30 Abs. 5 dürfte bei Praxen mit immer wiederkehrenden Patienten, deren Daten mittels entsprechender IT-Systeme verarbeitet werden, schnell erfüllt sein.

Fernab von der ersten Alternative ist es einer Arztpraxis jedoch immanent, dass hier Gesundheitsdaten, die besondere Kategorien von Daten i. S. v. Art. 9 darstellen, verarbeitet werden. Schon alleine deshalb ist es einem Arzt nicht möglich, sich von der Pflicht zur Erstellung eines Verarbeitungsverzeichnisses freizusprechen, weshalb er die Pflicht zum Führen als Chance begreifen sollte, in seiner Praxis Transparenz über die Datenverarbeitung zu erhalten. Denn mit dem Verarbeitungsverzeichnis schafft er auch einen wichtigen Baustein in Sachen „Sicherheit".

12 Sicherheit der Datenverarbeitung – Risiko

Bei der Verarbeitung von Patientendaten in einer modernen Arztpraxis wird immer mehr vernetzte und oftmals „smarte" IT eingesetzt. Weil damit systemimmanent ein nicht unerhebliches Risikopotenzial verbunden ist, gilt es zwangsläufig, diesen Risiken mit entsprechenden technischen und organisatorischen Schutzmaßnahmen risikoorientiert zu begegnen. Gerade wenn die Verarbeitung mit hohen Risiken verbunden ist, ist es, wie in *Kapitel 14* angesprochen, notwendig, eine entsprechende Datenschutzfolgenabschätzung durchzuführen und für den entsprechenden Verarbeitungsvorgang ganz besondere Maßnahmen zu ergreifen, um die Risiken beherrschbar zu halten.

Die von der DSGVO eingenommene risikoorientierte Sichtweise ist nach meiner Auffassung zielführend. Denn so vermeidet man u. a., dass bildlich gesprochen mit „Kanonen auf Spatzen geschossen wird" und überzogene, nicht auf den jeweiligen Einzelsachverhalt passende Maßnahmen getroffen werden.

Vielmehr muss ein Arzt immer (nur) die Maßnahmen treffen, die zum Risiko, das mit der jeweiligen Datenverarbeitung einhergeht, passen.

Bei der risikoorientierten Herangehensweise ist eine umfassende Transparenz über die stattfindende Datenverarbeitung das „A und O". Denn nur, wenn der Arzt/die Praxis als Verantwortlicher eine Übersicht über die an der Verarbeitung Beteiligten, die Datenflüsse, die bereits getroffenen technischen und organisatorischen Schutzmaßnahmen usw. gewonnen hat, ist es ihm möglich, die Risiken für die Betroffenen zu erkennen, zu bewerten und die entsprechenden, zum Risiko passenden Maßnahmen zu treffen.

Die „Generalklausel" für die risikoorientierte Sicht- bzw. Herangehensweise ist Art. 24. Die diese Generalklausel konkretisierenden Regelungen finden sich insbesondere in den Vorschriften „Datenschutz durch Technikgestaltung" (Art. 25 Abs. 1), „Sicherheit der Verarbeitung" (Art. 32), Verletzung des Schutzes personenbezogener Daten (Art. 33, 34) sowie die der Datenschutzfolgenabschätzung und der vorherigen Konsultation (Art. 35, 36).

Im Nachfolgenden soll zunächst die Generalklausel des Art. 24 inkl. der wesentlichen Begrifflichkeiten vorgestellt werden. Ein Verständnis dieser hochkomplexen, vielschichtigen Begrifflichkeiten ist essenziell, um überhaupt beurteilen zu können, ob und welche technischen und organisatorischen Maßnahmen zu treffen sind, um die Anforderungen der DSGVO an eine ausreichende „Sicherheit" zu erfüllen. Es dürfte sehr schnell deutlich werden, dass die korrekte Herangehensweise an den Begriff „Risiko" alles andere als ein einfaches Unterfangen ist. Vielmehr dürfte es sich nach Ansicht des Verfassers um einen der anspruchsvollsten und komplexesten Bereiche der DSGVO bzw. des gesamten Datenschutzrechts handeln. Aufgrund der herausragenden Bedeutung des „Risikos" ist ein fundiertes Verständnis dieses komplexen Bereichs jedoch unabdingbar zur Gewährleistung einer rechtmäßigen Datenverarbeitung.

12.1 Grundsätzliche Pflichten zur Einhaltung des Datenschutzes

Die Regelung von Art. 24 stellt im Prinzip den Programmsatz der DSGVO für Verantwortliche wie Ärzte, Praxen, MVZ, Kliniken usw. dar und zeigt auf, welche grundsätzlichen Pflichten zur Einhaltung des „Datenschutzes" zu erfüllen sind. Art. 24 Abs. 1 hat folgenden Wortlaut (wesentliche Anforderungen sind entsprechend hervorgehoben):

*„Der **Verantwortliche** setzt unter **Berücksichtigung** der **Art**, des **Umfangs**, der **Umstände** und der Zwecke der **Verarbeitung** sowie der **unterschiedlichen Eintrittswahrscheinlichkeit** und **Schwere** der **Risiken** für die Rechte und Freiheiten natürlicher Personen **geeignete technische und organisatorische Maßnahmen** um, um **sicherzustellen** und den **Nachweis** dafür erbringen zu können, dass die Verarbeitung gemäß dieser Verordnung erfolgt. Diese **Maßnahmen** werden **erforderlichenfalls überprüft** und **aktualisiert**."*

Es wird bereits durch das Lesen dieser Regelung deutlich, dass Dreh- und Angelpunkt für das Treffen der „geeigneten" technischen und organisatorischen Maßnahmen, immer das **Risiko** bzw. die **Risiken** sind, die mit der entsprechenden Datenverarbeitung für die Rechte und Freiheiten von natürlichen Personen einhergehen. Auch die in Satz 1 genannten Aspekte „Art", der Umfang, die Umstände und die Zwecke der Verarbeitung haben, wie nachfolgend aufgezeigt werden wird, allesamt direkte Auswirkung auf die Risiken, die mit der Verarbeitung einhergehen.

12.1.1 „Risiken für Rechte und Freiheiten von natürlichen Personen"

Wie u. a. die nachfolgenden Ausführungen zur Datenschutzfolgenabschätzung (*siehe Kapitel 14*) aufzeigen, ist das Risiko bzw. sind die Risiken, die konkret mit der Datenverarbeitung für die Rechte und Freiheiten von natürlichen Personen einhergehen, die Basis, um abschätzen zu können, ob die getroffenen Maßnahmen „geeignet" bzw. „risikoadäquat" sind.

Im Nachfolgenden sollen daher zunächst die diesbezüglich wesentlichen, mit dem Risikobegriff untrennbar verbundenen Begrifflichkeiten erläutert werden. Denn erst wenn hinsichtlich dieser Kernbegrifflichkeiten, die praktisch in der ganzen DSGVO immer wieder auftauchen, ein einheitliches Verständnis besteht, lassen sich die übrigen, Art. 24 konkretisierenden Anforderungen, wie bspw. Art. 25, Art. 29, Art. 32 – 36 umsetzen.

Die erste Begrifflichkeit, die diesbezüglich einer Erläuterung bedarf, ist der Begriff „Rechte und Freiheiten natürlicher Personen".

12.1.2 Rechte und Freiheiten natürlicher Personen

Zweck der DSGVO ist es, wie an etlichen Stellen in der Verordnung betont wird, die Rechte und Freiheiten von natürlichen Personen (Betroffenen), die durch eine wie auch immer geartete Verarbeitung „ihrer" Daten tangiert werden können, in einem ausreichenden Maße zu schützen. Mithin ist es also im Rahmen einer Risikoabschätzung stets erforderlich, die Personen zu identifizieren, die einem wie auch immer gearteten Risiko durch die Datenverarbeitung ausgesetzt sind.

Wie bereits in *Kapitel 3 und 5* angedeutet, ist der Schutzbereich der DSGVO durchaus weitreichender als der des bisherigen deutschen Datenschutzrechts. Denn im bisherigen nationalen Datenschutzrecht ging es primär um den grundrechtlich gewährleisteten Schutz der „informationellen Selbstbestimmung", also einer Spezialform des Schutzes des allgemeinen Persönlichkeitsrechts des Betroffenen. Nunmehr bezieht sich jedoch das Datenschutzrecht der DSGVO theoretisch auf alle der in der europäischen Grundrechtscharta und der Europäischen Menschenrechtskonvention enthaltenen Grundrechte. Somit werden von der DSGVO alle Grundrechte eines Menschen umfasst, die in mittelbaren und unmittelbaren Bezug mit seinen Daten stehen bzw. die von einer Datenverarbeitung tangiert werden können. Die in der DSGVO enthaltenen Grundprinzipien des Datenschutzes (*vgl. Kapitel 7*) sowie die mannigfaltigen Betroffenenrechte (*vgl. Kapitel 9*) sind eine Ausprägung dieses weitreichenden „Datenschutzes".

Mit Geltung der DSGVO fallen daher auch die höchst relevanten Grundrechte eines Menschen wie der Schutz seiner Gesundheit und der Schutz seines Lebens in den Bereich „Datenschutz", wenn die Gesundheit bzw. das Leben einen Bezug zur Datenverarbeitung hat. Das wiederum bedeutet, dass wenn es bspw. zu einer falschen Verarbeitung von Patientendaten durch ein Software-Medizinprodukt kommt, dieses nicht nur von Relevanz für das Medizinprodukterecht, das Zivil- und Strafrecht usw. hat. Vielmehr können diese falsche Verarbeitung und die damit verbundenen Konsequenzen nunmehr durchaus auch wegen des „Datenschutzes" sanktioniert werden (mehr zu den Sanktionen in *Kapitel 19*).

Beim Umgang mit „fremden" Daten gilt es, sich immer wieder Folgendes vor Augen zu führen:

Jede Verarbeitung (fremder) personenbezogener Daten ist automatisch eine Beeinträchtigung bzw. ein Eingriff in das Grundrecht auf Datenschutz des „Inhabers" dieser Daten!

Ein solcher, bei jeder Verarbeitung von „fremden" Daten stattfindender Eingriff braucht, um rechtmäßig zu sein, stets eine entsprechende gesetzliche Legitimation (vgl. Art. 5 Abs. 1 a). Fehlt eine solche Legitimation, ist der Eingriff rechtswidrig und es drohen die in *Kapitel 19* dargestellten Sanktionen.

Die Rechte und Freiheiten natürlicher Personen sind der zentrale Anknüpfungspunkt für die Ermittlung des vielschichtigen Begriffs „Risiko", der im Nachfolgenden dargestellt werden soll.

12.1.3 Begriff des Risikos

Beschäftigt man sich eingehender mit dem in der DSGVO verwendeten Risikobegriff und der diesbezüglich in Zusammenhang stehenden Begrifflichkeiten, wird man verwundert feststellen, dass dieser wesentliche Begriff nicht ausdrücklich in der DSGVO definiert ist. Unter Einbeziehung der Ausführungen u. a. in Erwägungsgrund 75 und 94 lässt sich jedoch nachfolgende Definition ableiten (vgl. https://www.lda.bayern.de/media/dsk_kpnr_18_risiko.pdf):

„Risiko ist das Bestehen der Möglichkeit des Eintritts eines Ereignisses, das selbst einen Schaden (einschließlich einer ungerechtfertigten Beeinträchtigung von Rechten und Freiheiten natürlicher

Personen) darstellt oder zu einem weiteren Schaden für eine oder mehrere natürliche Personen führen kann." Es hat zwei Dimensionen: Erstens die Schwere des Schadens und zweitens die Wahrscheinlichkeit, dass das Ereignis und die Folgeschäden eintreten."

Oder anders ausgedrückt:

Bei einem Risiko handelt es sich um die (theoretische) Möglichkeit des Eintritts einer wie auch immer gearteten Gefährdung (eines Ereignisses), die, wenn sie eintritt, entweder

- unmittelbar zu einem wie auch immer gearteten Schaden des Betroffenen oder
- (mittelbar) zu anderen/weiteren Schäden für eine oder mehrere (andere) Personen

führen kann.

Der Risikobegriff lässt sich damit auch mathematisch ausdrücken:

Risiko =
Eintrittswahrscheinlichkeit des (schädigenden) Ereignisses
× Schwere des daraus resultierenden Schadens

Die DSGVO verwendet an vielen Stellen das Wort „Risiko" in verschiedenen Ausprägungen bzw. Schweregraden. So unterscheidet sie zunächst grundsätzlich zwischen „Risiko" und „hohem Risiko". Daneben findet sich die Alternative „voraussichtlich nicht zu einem Risiko führend" (vgl. Erwägungsgrund 76). Diese Alternative sollte jedoch als „nur zu einem geringen Risiko führend" verstanden werden, da es, wie die vorstehenden Ausführungen aufzeigen sollten, niemals eine risikofreie Datenverarbeitung geben kann. Denn jede Verarbeitung fremder Daten stellt wie gesagt für sich gesehen bereits schon einen Eingriff in das Grundrecht auf „Datenschutz" des Betroffenen dar.

Gerade weil diese drei Risikostufen in der DSGVO vorgesehen sind, sollte ein Arzt als Verantwortlicher anhand dieser drei Stufen, die in seiner Praxis stattfindenden Datenverarbeitungen für die jeweils möglichen Betroffenen „clustern". Mittels dieser, in einem späteren Abschnitt beschriebenen Methode wird es möglich, eine nachvollziehbare Risikobeurteilung für die jeweiligen Datenverarbeitungen vorzunehmen.

12.1.4 Risikobeurteilung

Wie aus dem Wortlaut von Art. 24, aber auch von Art. 32 etc. deutlich wird, ist die korrekte Risikoeinordnung bzw. die korrekte Risikobeurteilung die Basis für die Erfüllung der dort genannten gesetzlichen Anforderungen.

Grundlage einer Risikobeurteilung muss stets eine konkrete Beschreibung des zugrunde gelegten Verarbeitungssachverhalts sein, für den die Risiken abgeschätzt werden sollen. A und O ist dafür jedoch eine entsprechende Transparenz über alle wesentlichen Umstände der Datenverarbeitung (*vgl. Kapitel 7.4*).

Die Risikobeurteilung lässt sich wiederum in drei Phasen untergliedern nämlich:

- Die **Risikoidentifikation**
- Die **Risikobewertung** (Schwere des Schadens × Eintrittswahrscheinlichkeit)
- Die **Risikozu-/-einordnung** (Risikomatrix)

Diese einzelnen Phasen lassen sich wiederum untergliedern, was auch durchaus anzuraten ist, um dieses hochkomplexe Thema halbwegs handhabbar zu gestalten.

1. Risikoidentifikation

Zur Identifikation von (Datenschutz-)Risiken bietet es sich an, sich mit den nachfolgenden drei Fragen auseinanderzusetzen und diese zu beantworten:

- Welche **Schäden** können bei der Verarbeitung eigentlich entstehen?
- Wodurch bzw. durch welche **Ereignisse** kann es zu diesen Schäden kommen?

- Welche Ursachen/**Risikoquellen** können diese Ereignisse haben?

In der Praxis hat es sich als sinnvoll erwiesen, um sich überhaupt in dieser umfassenden und hochkomplexen Materie noch halbwegs zurechtfinden bzw. einen „Anpack" zu haben, mit der Identifikation der jeweiligen nachteiligen Ergebnisse einer falschen Verarbeitung (= Schäden) zu beginnen. Denn erst wenn man die relevanten Ergebnisse/Schäden identifiziert hat, sollte man sich darüber Gedanken machen, wieso es eigentlich zu diesen Schäden kommen kann. Mithin gilt es denklogisch, auch wenn es dogmatisch nicht ganz sauber ist, vom Ergebnis auf die Ursachen zurückzugehen. Natürlich ist auch die andere Richtung, also der Weg von der Ursache zum Ergebnis möglich, doch haben die praktischen Erfahrungen gezeigt, dass man dabei schneller das Ziel aus den Augen verliert, als umgekehrt.

Welche Schäden sind bei der Verarbeitung denkbar?

Um eine Vorstellung der Gefahren bzw. der Risiken der durchgeführten Datenverarbeitung zu erhalten, sollte man sich zunächst mit der Frage auseinandersetzen, welche Schäden für die natürlichen Personen durch die Datenverarbeitung entstehen können. Die offene und ehrliche Auseinandersetzung mit diesem Thema dürfte für so manchen „A-HA-Effekt" sorgen. Denn wenn man sich offen und ehrlich mit einzelnen Datenverarbeitungen, gerade wenn Patientendaten für die Behandlung genutzt werden, auseinandersetzt, dürfte man schnell zum Ergebnis kommen, dass die konkrete Datenverarbeitung vielleicht doch nicht so „ungefährlich" und unproblematisch ist, wie man das vorher angenommen hat.

Da die DSGVO nun viel mehr „Grundrechte" der natürlichen Personen schützt, ist es auch nicht verwunderlich, dass sie in Erwägungsgrund 75 nunmehr auch mannigfaltige Schadensmöglichkeiten adressiert. Sie erfasst daher nicht nur „monetäre" Schäden. Vielmehr lassen sich die Schäden grob in drei Kategorien einteilen:

- physische,
- materielle und
- immaterielle.

Besonders der Bereich der immateriellen Schäden ist sehr weitreichend. Denn als immaterieller Schaden zählt bereits die ungerechtfertigte Beeinträchtigung von Rechtspositionen bzw. der Eingriff in Grundrechte (vgl. https://www.lda.bayern.de/media/dsk_kpnr_18_risiko.pdf S.1). Das bedeutet wiederum, dass **jeder ungerechtfertigte Eingriff in Grundrechte bereits ein Schadensereignis** darstellt. Daraus folgt mithin, dass unrechtmäßige Verarbeitungen von Daten und somit Verarbeitungen, die gegen die Grundprinzipien von Art. 5 verstoßen, stets ein bzw. mehrere Schadensereignisse im Sinne der DSGVO darstellen und so zu betrachten sind!

Aufgrund des weitreichenden Schadensverständnisses der DSGVO müssen daher im Rahmen einer Risikobeurteilung praktisch alle denkbaren negativen Folgen einer Datenverarbeitung für die Rechte und Freiheiten (Interessen) natürlicher Personen analysiert werden. Dazu gehören auch die wirtschaftlichen, finanziellen und immateriellen Interessen der betroffenen Person, die Möglichkeit des Zugangs zu Gütern oder Dienstleistungen, das berufliche und gesellschaftliche Ansehen, der gesundheitliche Zustand, etc.

Beispiele möglicher Schäden sind daher:

- Verletzung des Grundrechts auf „Datenschutz" (vgl. Art. 5)
- Diskriminierung/Rufschädigung/gesellschaftliche Nachteile
- Identitätsdiebstahl oder -betrug (inkl. weiterer daraus resultierender Schäden/Nachteile)
- finanzielle Verluste/wirtschaftliche Nachteile
- Erschwerung der Rechtsausübung und Verhinderung der Kontrolle durch betroffene Personen
- Ausschluss oder Einschränkung der Ausübung von Rechten und Freiheiten
- körperliche Schäden infolge von Handlungen auf der Grundlage fehlerhafter oder offengelegter Daten

- Verlust des Lebens
- ...

Folgendes Beispiel aus der Praxis soll die vorstehenden Ausführungen verdeutlichen:

Eine schadhafte Software (sog. Malware), die durch unzureichende Schutzmaßnahmen auf ein Praxissystem gelangt ist, verändert Patientendaten, mittels derer der Patient weiterbehandelt wird. Die unzureichend getroffenen Schutzmaßnahmen stellen bereits einen Verstoß gegen die Sicherheit der Verarbeitung (vgl. Art. 5 Abs. 1 f) dar. Die Verarbeitung unrichtiger Daten ist ein weiterer Datenschutzverstoß gegen das Prinzip der Richtigkeit (vgl. Art. 5 Abs. 1 d). Diese beiden Verstöße stellen, weil sie „unberechtigt" erfolgten, bereits einen **Schaden** des Patienten dar. Durch diese Verstöße/„Schäden" sind weitere Schäden z. B. physischer Art denkbar. Denn durch die Verarbeitung „falscher" Patientendaten, kann bspw. eine falsche Behandlung stattfinden, was wiederum Schäden an der Gesundheit des Patienten bedeuten kann. Im extremsten Fall kann eine solche Behandlung sogar das Leben des Patienten kosten.

Wie das vorstehende Beispiel deutlich machen sollte, können sich daher Schäden grundsätzlich aus:

- der (geplanten) Verarbeitung selbst,
- aus eigenverantworteten oder
- fremdverursachten Abweichungen von der geplanten Verarbeitung (z. B. Dritteinwirkung, Naturkatastrophen, Hard- oder Softwaredefekte, ...)

ergeben.

Wenn die Frage „welche Schäden alles denkbar sind" beantwortet wurde, gilt es wie vorstehend beschrieben denklogisch „zurückzugehen" und sich mit der weiteren Frage auseinanderzusetzen, welche **Ereignisse** eigentlich zu diesen ermittelten Schäden führen können.

Welche Ereignisse können zu diesen Schäden führen?

In einem nächsten Schritt gilt es, für jeden identifizierten, möglichen Schaden die Ereignisse zu ermitteln, die zu diesem führen können (schädigende Ereignisse). Mithin gilt es also, sich mit der Frage auseinanderzusetzen, weshalb es zu diesen Schäden kommen kann. Die diesbezüglichen „Ereignisse" lassen sich praktisch alle aus der DSGVO herleiten. Sie basieren nämlich allesamt auf der Nichteinhaltung/der Nichtbeachtung der Datenschutzgrundsätze gem. Art. 5 Abs. 1. Denkbare Ereignisse sind daher:

- unbefugte oder unlegitimierte Verarbeitung durch den Verantwortlichen oder einen Dritten (Art. 5 Abs. 1a)
- für den Betroffenen intransparente Verarbeitung (Art. 5 Abs. 1a)
- Verweigerung der Betroffenenrechte (Art. 5 Abs. 1a)
- Verwendung der Daten durch den Verantwortlichen zu inkompatiblen Zwecken (Art. 5 Abs. 1b)
- Verarbeitung von mehr Daten als zur Zweckerreichung nötig (Art. 5 Abs. 1c)
- Verarbeitung nicht richtiger/unvollständiger Daten (Art. 5 Abs. 1d)
- Verarbeitung über die Speicherfrist hinaus (Art. 5 Abs. 1e)
- Verarbeitung ohne die notwendige „Sicherheit" (Art. 5 Abs. 1f)

Bei Schäden, die sich aus der Verarbeitung selbst ergeben, besteht das schädigende Ereignis in dieser konkreten Verarbeitung.

Hat man die Ereignisse identifiziert, gilt es denklogisch noch weiter zurückzugehen und sich in einem letzten Schritt mit den Ursachen/den Risikoquellen auseinanderzusetzen, die zu diesen Ereignissen führen können.

Woraus resultieren diese Ereignisse (Risikoquellen)?

Die grundsätzliche Beantwortung dieser Frage ist recht einfach möglich. Denn der größte Teil der Risikoquellen einer Datenverarbeitung stammt aus dem Herrschaftsbereich des Verantwortlichen (des Arztes, der Praxis, des MVZ) oder der von ihm eingesetzten Auftragsverarbeiter.

Bei den relevanten Risikoquellen sollte daher immer die Möglichkeit in Betracht gezogen werden, dass der Arzt selber oder Personen, wie Mitarbeiter des Arztes bzw. von ihm eingesetzte Auftragsverarbeiter, bewusst oder unbeabsichtigt den gesetzlich vorgegebenen Verarbeitungsrahmen überschreiten und es dadurch zu einem schädigenden Ereignis kommt. Natürlich besteht auch immer die Möglichkeit, dass Mitarbeiter vorsätzlich gegen Anweisungen des Verantwortlichen/Auftragsverarbeiters verstoßen und eigenverantwortlich handeln.

Wie durch die zunehmende Anzahl von Medienberichten von „Hackerangriffen" auf Unternehmen deutlich wird, sollten bei den Risikoquellen immer auch die Zugriffe durch unbefugte Dritte, wie z. B. „Hacker", berücksichtigt werden.

Natürlich können Risikoquellen auch andere Verantwortliche (Versicherungen, Labore, Steuerberater, Rechtsanwälte etc.) sein, mit denen der Arzt personenbezogene Daten/Patientendaten befugt ausgetauscht hat. Auf deren Verarbeitung hat ein Arzt als Verantwortlicher jedoch wenig Einfluss, weshalb er unbedingt **vor** Übermittlung der entsprechenden Daten, die Rechtmäßigkeit der Übermittlung prüfen muss und ggf. entsprechende vertragliche Regelungen mit diesen treffen sollte.

Daneben sollte man bei den Risikoquellen, gerade wenn man zur Verarbeitung von Daten eine Vielzahl an IT-Produkten einsetzt, immer auch die „Versäumnisse" von Herstellern und Dienstleistern berücksichtigen. Mithin gilt es stets, „Fehler" und Schwachstellen in Software, die von einem selber, aber auch von den eingesetzten Dienstleistern verwendet werden, zu berücksichtigen.

Schließlich gilt es auch, technische Fehlfunktionen und äußere Einflüsse, z. B. durch höhere Gewalt, als Risikoquellen nicht unbeachtet zu lassen.

Wenn die relevanten Risikoquellen erst einmal alle berücksichtigt wurden, gilt es nun, die Eintrittswahrscheinlichkeit des Ereignisses und die Schwere der Schäden zu evaluieren.

2. Abschätzung von Eintrittswahrscheinlichkeit und Schwere möglicher Schäden

Für jeden möglichen Schaden gilt es, die Eintrittswahrscheinlichkeit des Schadens (des Ereignisses) und seine Schwere abzuschätzen. Diese beiden Größen lassen sich jedoch oftmals, aufgrund von belastbaren Zahlen, praktisch nicht bzw. nur sehr schwer, mathematisch vollumfänglich, korrekt erfassen.

Weil einem Arzt, aber praktisch auch jedem anderen Verantwortlichen schlichtweg die entsprechenden Erfahrungen/Kenntnisse zur halbwegs korrekten Abschätzung von Schadensschwere und Eintrittswahrscheinlichkeit fehlen dürften bzw. er auch gar nicht die Motivationen der Angreifer kennt, die es auf seine Daten abgesehen haben, bleibt ihm oftmals nichts anderes übrig, als die Abschätzung mittels belastbarer Quellen (z. B. Artikel aus Fachzeitschriften usw.) vorzunehmen. Mangels wirklich belastbarer Quellen dürfte die Bemessung der Eintrittswahrscheinlichkeit – und das macht das Ganze auch so „unbefriedigend" – oftmals mehr oder weniger eine „Bauchentscheidung" sein.

Zur Kategorisierung der „Schweregrade" bei der Eintrittswahrscheinlichkeit und des Schadens, die auch in einer Matrix übernommen werden sollten (*siehe nachfolgender Abschnitt*), empfiehlt sich eine Einteilung in die folgenden vier Stufen:

- geringfügig
- überschaubar
- bedeutsam
- groß

Eintrittswahrscheinlichkeit

Eintrittswahrscheinlichkeit bezeichnet die Wahrscheinlichkeit des Eintritts eines bestimmten Ereignisses, das für sich gesehen, wie aufgezeigt, auch schon mit einem Schaden verbunden sein kann. Ferner erfasst sie die Wahrscheinlichkeit, mit der es zu (weiteren) Folgeschäden kommen kann. Die Wahrscheinlichkeiten der unterschiedlichen Möglichkeiten, die zu einer Datenveränderung als Ursache für die Folgeschäden angesehen werden können, summieren sich hierbei.

Wie vorstehend angesprochen, muss man ganz ehrlich sagen, dass eine korrekte Einschätzung der Eintrittswahrscheinlichkeit oftmals ein „Gutdünken"/Mutmaßen darstellt. Dieses insbesondere deshalb, weil man bspw. oftmals schon gar nicht weiß/einschätzen kann, welche Motivationen „Angreifer" verfolgen, an die Daten zu kommen und wie groß diese sind. Denn je größer die Motivation von Angreifern ist, an die Daten zu kommen, umso häufiger werden sie es versuchen und umso größere Anstrengungen werden sie diesbezüglich unternehmen. Daraus folgt wiederum, je häufiger Angriffe stattfinden, umso größer wird automatisch auch die Eintrittswahrscheinlichkeit des Ereignisses/des Schadens!

Handelt es sich, wie im vorherigen Beispiel beschrieben, beim identifizierten, möglichen Schadensereignis um die Veränderung von Daten durch eine entsprechende Malware, so muss ein Arzt als Verantwortlicher u. a. die (Eintritts-) Wahrscheinlichkeit sowohl des Malwarebefalls, der Datenveränderung, als auch die weiter daraus resultierenden Schäden einschätzen. In concreto bedeutet dieses somit, dass der Arzt, die Praxis, das MVZ, als Verantwortliche die unzureichenden Schutzmaßnahmen, den sorglosen Umgang von Beschäftigten mit diesen Daten bzw. der von ihnen eingesetzten IT sowie auch etwaige technische Fehlfunktionen dieser allesamt in die Beurteilung mit einbeziehen muss.

Neben der Eintrittswahrscheinlichkeit des Ereignisses/des Schadens, gilt es stets auch die Schwere der möglichen Schäden zu berücksichtigen.

Die Schwere der möglichen Schäden

Es gilt der Grundsatz, je größer die Anzahl an betroffenen sensiblen/„bedeutenden“ Daten und der damit verbundenen Personen, umso schwerer kann der Schaden für die jeweils betroffene Person wiegen, der aus der „unrechtmäßigen“ Datenverarbeitung resultiert. Die Schwere eines möglichen Schadens muss in jedem Einzelfall insbesondere unter Berücksichtigung von Art, Umfang, Umständen und Zwecken der Verarbeitung bestimmt werden (vgl. Art. 24 und Erwägungsgrund 76). Essenziell ist dafür wiederum die genaue Auseinandersetzung mit dem Verarbeitungssachverhalt bzw. eine entsprechende Transparenz!

Wesentliche Faktoren sind daher bei der Beurteilung der Schadensschwere:

- die Anzahl der betroffenen Personen, die Anzahl der zu verarbeitenden Datensätze und die Anzahl der Merkmale in einem Datensatz sowie die „Verwendbarkeit“ der Daten (ihre Kommerzialisierbarkeit),
- die Sensibilität der Daten (automatisch hoch bei sog. besonderen Kategorien von Daten gem. Art. 9),
- die Verarbeitung von Daten besonders schützenswerter Personengruppen (z. B. Patienten, Beschäftigte),
- die (fehlende) Reversibilität des Schadens,
- das vollständige „Verlassen“ auf die Datenverarbeitung mittels („smarter“) IT und die fehlende Möglichkeit des Arztes, die Datenverarbeitung nachzuvollziehen, geschweige denn, einzugreifen bzw. diese direkt zu korrigieren,
- die Schwere/Intensität der Konsequenzen für die jeweils betroffene Person, aber ggf. sogar für den Arzt als Verantwortlichen wie bspw. Imageschäden, usw.,
- die fehlende „Vorbereitung“ der betroffenen Personen, bspw. aufgrund der fehlenden Möglichkeit, die Verarbeitung selbst zu prüfen, gerichtlich prüfen zu lassen (je unvorbereiteter man als betroffene Person ist, umso schwerer/härter kann einen das „Ereignis“ treffen).

Hat man die Eintrittswahrscheinlichkeit und die Schwere der Risiken identifiziert, gilt es, in einem letzten Schritt die Risiken zu kategorisieren und ggf. bildlich in einer Matrix darzustellen.

3. Zuordnung zu den Risikoschweregraden

Nachdem die Eintrittswahrscheinlichkeit der Ereignisse und die Schwere der drohenden Schäden bestimmt wurden, gilt es nun, die sich daraus ergebenden Risiken in Schweregrade zu „clustern". Diesbezüglich empfiehlt sich, wie im *Kapitel 12.1.3* „Begriff des Risikos" dargestellt, eine Einteilung in die Kategorien:

- „niedriges Risiko",
- „normales Risiko" und
- „hohes Risiko".

Die Höhe des Gesamtrisikos der jeweiligen Verarbeitung bestimmt sich aus der höchsten Risikoklasse der jeweiligen Einzelrisiken. Hat man bspw. für eine Verarbeitung sowohl niedrige, als auch normale und hohe Risiken identifiziert, ist daher das hohe Risiko die maßgebliche Größe für das Gesamtrisiko.

Sollten alle identifizierten Risiken bspw. nur in die Risikoklasse „niedriges Risiko" fallen, sollte man sich überlegen, ob man nicht aufgrund der Menge an niedrigen Einzelrisiken, wegen der mit der Menge an Risiken einhergehenden, systemimmanenten schweren Beherrschbarkeit und Übersichtlichkeit der Risiken, eine Anhebung des Gesamtrisikos in eine höhere Risikoklasse vornimmt.

Um die Risiken grafisch zu visualisieren, empfiehlt sich die Anfertigung einer entsprechenden Risikomatrix, in der man die jeweiligen Einzelrisiken der Verarbeitung entsprechend der Schwere des jeweiligen Schadens inkl. seiner Eintrittswahrscheinlichkeit einträgt.

Beim Eintragen der Risiken dürfte man auf Konstellationen treffen, bei denen das konkrete Risiko in den Grenzübergängen (gering/normal und normal/hoch) anzusiedeln ist.

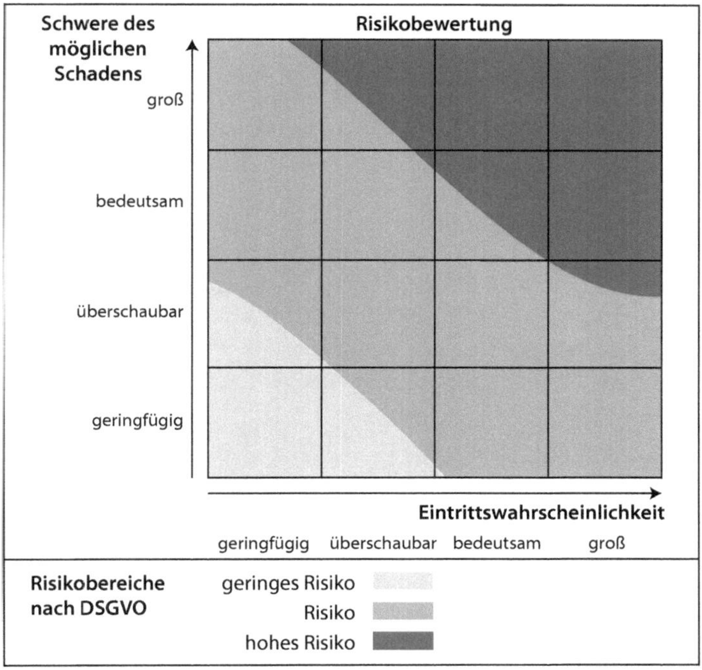

Abbildung 1: Risikomatrix

So ist bspw. denkbar, dass man Fälle identifiziert, bei denen der Eintritt eines Schadens relativ wahrscheinlich, die Schadensausmaße jedoch überschaubar sind. Auch ist es möglich, dass man von einer geringen/überschaubaren Eintrittswahrscheinlichkeit, aber einem hohen Schadenspotenzial ausgeht. In diesen Fällen, die in der Matrix die Felder mit den zwei Stufen hellgrau und dunkelgrau betreffen, dürfte eine genauere Einzelfallbetrachtung notwendig werden. Diese dürfte im Zweifel zum Ergebnis kommen, dass ein hohes Risiko gegeben ist, was wiederum eine Datenschutzfolgenabschätzung notwendig macht.

Das Ergebnis/die Matrix, das sich nach eingehender Beschäftigung mit den Risiken ergibt, beschreibt damit das Ausgangsrisiko bzw. die Ausgangsrisiken unter Berücksichtigung der Umstände der jeweiligen Verarbeitung.

Diese (Ausgangs-)Risiken gilt es dann, durch entsprechende technische und organisatorische Maßnahmen zu senken.

Herabsenken der Risiken

Hat man die Ausgangsrisiken erst einmal identifiziert, dürfte man, gerade bei einer umfangreichen Verarbeitung von Patientendaten, manche (hohe) Risiken festgestellt haben, für die es ggf. eine Datenschutzfolgenabschätzung (*siehe Kapitel 14*) durchzuführen gilt. Nach Ermittlung der Risiken heißt es, sich mit den Abhilfemaßnahmen auseinanderzusetzen, um das hohe Ausgangsrisiko zu senken.

Bei den Verfahren, in denen man kein hohes, sondern ein normales Risiko annimmt, gilt es ebenso, mittels entsprechender Maßnahmen das Risiko zu senken. Die Maßnahmen zur Senkung der Risiken werden insbesondere von Art. 32 adressiert und nachfolgend näher behandelt.

Nach Umsetzung der Abhilfemaßnahmen müssen diese auf ihre Wirksamkeit getestet und kontinuierlich überwacht werden.

> Möglicherweise zeigt sich bei der Umsetzung der Maßnahmen jedoch, dass durch die Einführung dieser (vermeintlichen) Schutzmaßnahmen neue bzw. weitere Risiken für den Betroffenen bzw. andere Betroffene entstanden sind, die es wiederum entsprechend zu würdigen gilt.

Dieses kann insbesondere bei Schutzmaßnahmen der Fall sein, die geeignet sind, Mitarbeiter bzw. andere Personen zu „überwachen".

Wurden die entsprechenden Maßnahmen getroffen, gilt es dann in einem letzten Schritt zu identifizieren und zu dokumentieren, wie hoch das trotz der Maßnahmen verbleibende Risiko, also das Restrisiko noch ist.

Restrisiko

Das trotz Umsetzung der Maßnahmen weiterhin verbleibende Risiko wird als Restrisiko bezeichnet. Das ist das Risiko, das der Arzt als Verantwortlicher für die Datenverarbeitung bereit sein muss zu tragen, wenn er die Verarbeitung so einsetzen will.

Wenn dieses Restrisiko trotz des Treffens von entsprechenden Schutzmaßnahmen noch immer als hoch einzustufen ist, besteht, wie bei den nachfolgenden Ausführungen zur Datenschutzfolgenabschätzung dargestellt, die Pflicht zur vorherigen Konsultation der zuständigen Aufsichtsbehörde (*siehe hierzu auch Kapitel 14.9*).

Aufgrund der vorstehenden, zugegebenermaßen sehr umfangreichen Ausführungen zum „Risiko einer Datenverarbeitung" lassen sich nun jedoch die Anforderungen von Art. 32 zur Sicherheit der Verarbeitung relativ schnell und kompakt darstellen.

12.2 Sicherheit der Verarbeitung

Art. 32 behandelt die „Sicherheit" der Verarbeitung und ist die Ausprägung des in Art. 5 Abs. 1 f) niedergelegten Grundprinzips der „Integrität und Vertraulichkeit". Hierin heißt es:

*„in einer Weise verarbeitet werden, die eine **angemessene Sicherheit** der personenbezogenen Daten gewährleistet, einschließlich Schutz vor unbefugter oder unrechtmäßiger Verarbeitung und vor unbeabsichtigtem Verlust, unbeabsichtigter Zerstörung oder unbeabsichtigter Schädigung durch geeignete technische und organisatorische Maßnahmen („Integrität und Vertraulichkeit");"*

Aufgrund der vorstehenden Ausführungen wird damit schnell deutlich, dass im Prinzip die Wörter **„angemessene Sicherheit"** den wesentlichen Kern dieser Regelung darstellen. Denn „angemessene Sicherheit" für Daten kann es immer nur geben, wenn die **Risiken** der jeweiligen Datenverarbeitung identifiziert, bewertet und die diesbezüglich erforderlichen (risikoadäquaten)

Maßnahmen getroffen wurden. Erst wenn dieses gewährleistet ist, lassen sich Daten „sicher" und damit „rechtskonform" d. h. entsprechend der datenschutzrechtlichen Prinzipien gem. Art. 5 verarbeiten.

Und das wird auch wiederum schnell durch den Wortlaut von Art. 32 deutlich, der die „Sicherheit der Verarbeitung" betrifft und einen wesentlichen Teil von Art. 24 Abs.1 praktisch wortgleich wiederholt. So heißt es dort:

„Abs. 1

Unter Berücksichtigung des Stands der Technik, der Implementierungskosten und der Art, des Umfangs, der Umstände und der Zwecke der Verarbeitung sowie der unterschiedlichen Eintrittswahrscheinlichkeit und Schwere des Risikos für die Rechte und Freiheiten natürlicher Personen treffen der Verantwortliche und der Auftragsverarbeiter geeignete technische ***und*** *organisatorische Maßnahmen, um ein dem Risiko angemessenes Schutzniveau zu gewährleisten; diese Maßnahmen schließen unter anderem Folgendes ein:*

a) die Pseudonymisierung und Verschlüsselung personenbezogener Daten;
b) die Fähigkeit, die Vertraulichkeit, Integrität, Verfügbarkeit und Belastbarkeit der Systeme und Dienste im Zusammenhang mit der Verarbeitung auf Dauer sicherzustellen;
c) die Fähigkeit, die Verfügbarkeit der personenbezogenen Daten und den Zugang zu ihnen bei einem physischen oder technischen Zwischenfall rasch wiederherzustellen;
d) ein Verfahren zur regelmäßigen Überprüfung, Bewertung und Evaluierung der Wirksamkeit der technischen und organisatorischen Maßnahmen zur Gewährleistung der Sicherheit der Verarbeitung.

Abs. 2

Bei der Beurteilung des angemessenen Schutzniveaus sind insbesondere die Risiken zu berücksichtigen, die mit der Verarbeitung – insbesondere durch Vernichtung, Verlust oder Veränderung, ob unbeabsichtigt oder unrechtmäßig, oder unbefugte Offenlegung von beziehungsweise unbefugten Zugang zu personenbezogenen Daten, die übermittelt, gespeichert oder auf andere Weise verarbeitet wurden – verbunden sind.

[…]"

Art. 32 ist im Prinzip das Pendant zu § 9 BDSG-alt inkl. seiner Anlage. Denn beide Regelungen betreffen die Gewährleistung von Datensicherheit durch **erforderliche** technische **und** organisatorische Maßnahmen. Durch das vermeintlich unbedeutende Wort „und" stellt der Gesetzgeber deutlich heraus, dass den bestehenden Risiken nicht nur durch technische Maßnahmen zu begegnen ist.

Dieses ist nach meiner Ansicht auch durchaus nachvollziehbar. Denn auch wenn man es nicht gerne hören will, bietet der Einsatz von „bloßer" Technik/Technologie als Schutzmaßnahmen niemals einen ausreichenden Schutz. Denn zu jedem Einsatz technischer Schutzmaßnahmen gehören immer auch organisatorische Regelungen, um den Einsatz der Technik und damit den Schutz der Daten effektiv sowie effizient zu gestalten. Aus diesem Grund ist es auch nicht verwunderlich, dass bei einer technischen Schutzmaßnahme oftmals zwei oder mehr organisatorische Maßnahmen dazukommen müssen, um einen effektiven Schutz zu erreichen. Dieses insbesondere deshalb, weil jede technische Schutzmaßnahme systemimmanent für sich selber auch eine gewisse „Überwachung" braucht. So müssen bspw. die Ergebnisse der „Überwachung" (die Protokolle der Schutzmaßnahme) planmäßig ausgewertet werden, um etwaige Angriffe bzw. ungewöhnliche Vorgänge nachvollziehen zu können. Ferner natürlich auch um nachzuprüfen und nachzuweisen, dass die Maßnahme wirklich auch „wirksam" ist. Durch das Zusammenspiel zwischen Technik und Organisation wird auch schnell deutlich, dass man sich nicht nur auf Technik verlassen und davon ausgehen sollte, dass sie einen umfassend, ohne weiteren Aufwand betreiben zu müssen, schützen kann.

Darüber hinaus ist es auch nicht ausgeschlossen, dass man sich, wie vorstehend angedeutet, durch den ungeplanten Einsatz von technischen Schutzmaßnahmen noch größere Probleme einhandelt, als ohne diese „Schutzmaßnahmen". Denn wie im vorherigen Abschnitt dargestellt, kann es durchaus sein, dass man durch den Einsatz einer technischen Maßnahme für ein identifiziertes Risiko zwar eine Herabsenkung eines Risikos erreicht. Doch kann es durchaus vorkommen, dass mit Einsatz dieser Schutzmaßnahme, aufgrund ihrer systemimmanenten Eingriffsintensität in die Grundrechte anderer Betroffener erst ein erhebliches (anderes) Risiko geschaffen wird. Daher ist es essenziell, dass auch der Einsatz von technischen Schutzmaßnahmen gut durchdacht, geplant und rechtlich überprüft ist.

Durch den Verweis auf den doch recht „schwammigen" Begriff „Stand der Technik" unterstreicht Art. 32 Abs. 1, dass ein Arzt als Verantwortlicher immer mehr auch dazu angehalten sein dürfte, sich über aktuelle Entwicklungen und Vorgaben im Bereich der Informationssicherheit zu erkundigen.

Dabei kann es insbesondere empfehlenswert sein, sich an den mannigfaltigen Dokumenten des Bundesamts für Sicherheit in der Informationstechnik (BSI) oder der Datenschutzaufsichtsbehörden zu orientieren. Ferner bleibt zu hoffen, dass auch die Ärztekammern in entsprechenden Dokumenten darlegen werden, welche Maßnahmen sie als „Stand der Technik" ansehen.

Wie beim Lesen der Regelung von Art. 32 schnell deutlich wird, verfolgt dieser Artikel einen anderen Ansatz als die in § 9 BDSG-alt inkl. des entsprechenden Anhangs enthaltene Regelung. Denn anders als die Anlage zu § 9 BDSG-alt enthält Art. 32 keinen wirklichen Katalog/keine „Checkliste" der bei der Gewährleistung einer ausreichenden Datensicherheit zu berücksichtigenden Kontrollbereiche wie Zutritts-, Zugangs-, Zugriffskontrolle, usw. Das wiederum hat zur Konsequenz, dass es mit Geltung der DSGVO zur Beurteilung einer ausreichenden „Sicherheit der Verarbeitung" verstärkt auf eine „Gesamtschau" der kompletten, anhand eines entsprechenden Risikomanagements getroffenen technischen und organisatorischen Maßnahmen ankommt.

Somit gilt es letztlich für Ärzte, Praxen, MVZ usw. und die von ihnen eingesetzten Auftragsverarbeiter, selbst „kreativ" zu werden, einen gangbaren Weg zu finden und zu beurteilen, was die für sie selbst passenden, notwendigen, risikoadäquaten Maßnahmen sind. Ferner müssen sie sich überlegen, wie bzw. nach welchen Kriterien sie die getroffenen Maßnahmen strukturieren, dokumentieren und ggf. „präsentieren" wollen. Da die Aufsichtsbehörden noch ziemlich in der Struktur der Anlage von § 9 BDSG-alt verhaftet sind, ist es möglicherweise sinnvoll/ und hilfreich, die in dieser Anlage enthaltenen Kontrollbereiche denen von Art. 32 zuzuordnen.

Art 32 zählt (nicht abschließend) in Abs. 1 einige Maßnahmen/ grundsätzliche Anforderungen auf, die zur Gewährleistung eines angemessenen Schutzniveaus getroffen werden sollten. Dazu zählen bspw.

- die Pseudonymisierung und die Verschlüsselung,
- die Fähigkeit, die Vertraulichkeit, Integrität, Verfügbarkeit und Belastbarkeit der Systeme und Dienste im Zusammenhang mit der Verarbeitung auf Dauer sicherzustellen,
- die Fähigkeit, die Verfügbarkeit der personenbezogenen Daten und den Zugang zu ihnen bei einem physischen oder technischen Zwischenfall rasch wiederherzustellen (Recovery),
- ein Verfahren zur regelmäßigen Überprüfung, Bewertung und Evaluierung der Wirksamkeit der getroffenen technischen und organisatorischen Maßnahmen.

Dass die DSGVO diese Maßnahmen explizit aufzählt, dürfte ein Hinweis darauf sein, dass besonders diese Maßnahmen/Kriterien erwogen bzw. getroffen werden müssen. Im Nachfolgenden werden diese Bereiche näher inkl. Beispiele erläutert. Ferner werden die jeweils passenden Kontrollbereiche aus der Anlage zu § 9 BDSG-alt den jeweiligen Bereichen zugeordnet. Dadurch soll gezeigt werden, dass Art. 32, jedenfalls in der grundsätzlichen Darstellung der Maßnahmen, gar nicht so viel Neues mit sich bringt.

12.2.1 Pseudonymisierung

Wie in *Kapitel 6.3* dargestellt, zeichnet eine Pseudonymisierung aus, dass bei dieser Daten so verändert werden müssen, dass aus ihnen, außer für die Berechtigten (mittels einer entsprechenden Zuordnungsmöglichkeit) kein Personenbezug mehr herstellbar sein darf.

Es sei ferner darauf hingewiesen, dass die Pseudonymisierung/die Anonymisierung, aber auch die Verschlüsselung, hochkomplexe **Verarbeitungsformen** sind und somit, dem Rechtmäßigkeitsgrundsatz folgend, immer auch eine entsprechende Verarbeitungslegitimation benötigen.

Ausgewählte Maßnahmen für die Pseudonymisierung, die bspw. bei der Auswahl von Patienteninformationssystemen oder anderen in einer Praxis einzusetzende Software erfüllt sein sollten, sind z. B.:

- die Festlegung der durch Pseudonymisierung zu ersetzenden identifizierenden Daten,
- die Definition der Pseudonymisierungsregel, ggf. anknüpfend an Personal-, Kunden- oder Patienten-Kennziffern,
- die Autorisierung bzw. Festlegung der Personen, die zur Verwaltung der Pseudonymisierungsverfahren, zur Durchführung der Pseudonymisierung und ggf. der Depseudonymisierung (Zugriff auf die Zuordnungstabellen) berechtigt sind,
- die Festlegung der zulässigen Anlässe für Pseudonymisierungs- und Depseudonymisierungsvorgänge,
- die zufällige Erzeugung der Zuordnungstabellen oder der für die Pseudonymisierung benötigten geheimen Parameter,

- der Schutz der Zuordnungstabellen bzw. geheimen Parameter sowohl gegen unautorisierten Zugriff als auch gegen unautorisierte Nutzung,
- die Trennung von Patienten-Kontaktdaten und Behandlungsdaten/Befunden/Rechnungsdaten,
- ...

12.2.2 Verschlüsselung

Aufgrund der mannigfaltigen, in die Presse gekommenen Meldungen über „Hacks" großer Institutionen, politischer Organisationen, Privatpersonen usw. kommt stets die Schutzmaßnahme der Verschlüsselung ins Gespräch. Beim Verfolgen dieser zum Teil öffentlich geführten Diskussionen bekommt man schnell das Gefühl, dass heutzutage eigentlich alle Daten verschlüsselt und somit „sicher" sein sollten. Umso mehr wundert man sich dann, dass bei diesen ganzen großen Hacks die Daten scheinbar nicht ausreichend verschlüsselt waren, denn sonst wären sie ja nicht in die Presse gekommen. Was bei diesen Diskussionen auch auffällt, ist die Tatsache, dass in diesen zwar durchgehend von Verschlüsselung geredet wird, aber nie so wirklich gesagt wird, was mit „Verschlüsselung" im konkreten Fall eigentlich gemeint ist, wozu sie dient, wie verschlüsselt werden soll, etc.

Durch Stellungnahmen einiger Aufsichtsbehörden dürfte klar sein, dass je mehr Daten von Verantwortlichen (Ärzten/Praxen) verarbeitet werden, umso mehr erwartet wird, dass diese auch entsprechend verschlüsselt werden. Daher gilt es für Ärzte, die den immer „digitaleren Weg" gehen wollen, sich auch mit dem hochkomplexen Thema „Verschlüsselung" auseinanderzusetzen.

Um sich dem Thema zu näheren, sollte man sich zunächst eine „Binsenwahrheit" immer vor Augen führen:

„Verschlüsselung ist nicht gleich Verschlüsselung! Vielmehr muss man zwischen unterschiedlichen Arten und Formen streng unterscheiden."

Verschlüsselung bedeutet vereinfach gesagt:

- die Veränderung eines Klartextes (Datei) bzw. eines Signals,
- mittels eines bestimmten, mathematisch hochkomplexen Verfahrens (Algorithmus),
- unter Verwendung eines geheimen Schlüssels,
- in einen Chiffretext,
- den keiner ohne Kenntnis vom geheimen Schlüssel (bzw. des Passworts zum Schlüssel) dechiffrieren (entschlüsseln) können soll.

> Die Sicherheit einer Verschlüsselung hängt daher maßgeblich von der Fehlerfreiheit des verwendeten mathematischen Verfahrens (Algorithmus), der korrekten Implementierung des Verfahrens und der Geheimhaltung des Schlüssels/des Passworts zum Schlüssel ab.

In der Praxis sollte man grundsätzlich danach unterscheiden, ob es um eine Verschlüsselung von gespeicherten Daten (data at rest) oder um die Verschlüsselung von zu übermittelnden Daten (data in motion) geht. Bei Daten, die bspw. per E-Mail übermittelt werden sollen, gilt es wiederum streng zu unterscheiden, ob man den Transportweg der Daten verschlüsseln will oder die zu transferierenden Daten selber.

Es ist vergleichsweise einfach, den Transportstrom bei einer Datenübermittlung (z. B. bei Webseiten oder E-Mails) zu verschlüsseln, so dass es Angreifern erschwert wird, die zu übermittelnden Nachrichten wie E-Mails mitzulesen. Da jedoch zunehmend E-Mails mit Dateianhängen versandt werden sollen, sind diese Anhänge zumeist nicht vollumfänglich von der Transportverschlüsselung erfasst. In diesem Fall sollten die Anhänge separat verschlüsselt werden, was jedoch je nach gewähltem „Verfahren" nicht ganz so einfach ist. Ausführungen und Tipps zur E-Mailverschlüsselung finden sich in *Kapitel 16.3*.

Darüber hinaus treten regelmäßig Probleme in den Fällen auf, in denen Daten z. B. auf einer Festplatte oder in einer Datenbank (wie z. B. in der Datenbank eines Patientenmanagementsystems) verschlüsselt sein sollen, man aber auf diese jederzeit zugreifen muss. Aufgrund technischer Einschränkungen bzw. Limitierungen in der verwendeten Software ist es oftmals nur schwer möglich, eine durchgehende Verschlüsselung inkl. jederzeitiger Zugriffsmöglichkeit auf die Daten („on the fly") zu gewährleisten. Ferner kann es auch gerade in solchen Fällen zu Leistungseinbußen des Systems kommen, die wiederum zu einer schweren Nutzbarkeit des Systems führen können. Diese Leistungseinbußen resultieren zumeist daher, dass das System ständig damit beschäftigt ist, die auf ihm gespeicherten verschlüsselten Dateien, auf die zugegriffen werden sollen, zu ent- und wieder zu verschlüsseln. Gerade die komplizierte Implementierung einer solchen Verschlüsselung und die bei einer Verschlüsselung zu erwartenden Leistungseinbußen sind die Hauptgründe dafür, dass vielfach Hersteller von Patientenmanagementsystemen und anderer, in einer Arztpraxis verwendeten Software auf eine solche Verschlüsselung verzichten. Diese oftmals anzutreffende Praxis der Hersteller sollte ein Arzt jedoch gerade bei Systemen, mit denen hochsensible Daten (Patientendaten) verarbeitet werden, kritisch hinterfragen.

Wiederum anders stellt sich die Situation dar, wenn Daten bzw. Datenbanken z. B. rein zu Archivierungszwecken gespeichert und verschlüsselt werden sollen. Denn hier ist es nicht notwendig, die verschlüsselten Daten dauernd zu ent- und wieder zu verschlüsseln. Daher ist es durchaus praktikabel und sinnvoll, die ganze (externe) Festplatte zu verschlüsseln und nur wenn man Zugriff auf die Daten braucht, diese zu entschlüsseln.

Die vorstehenden, zugegebenermaßen sehr rudimentären Ausführungen sollten deutlich machen, dass Verschlüsselung halt nicht gleich Verschlüsselung ist. Vielmehr ist es essenziell, im Einzelfall abzuwägen und zu entscheiden, wo eine Verschlüsselung Sinn macht bzw. zwingend erforderlich ist und wo nicht. Ferner sei auch darauf hingewiesen, dass die korrekte Implementierung von Verschlüsselung alles andere als „einfach" und oftmals fehlerbehaftet ist. Von daher sollte man bspw. auch vollmundigen Ankündigungen von Herstellern, dass bei ihren Produkten alles bzw. alle Daten mit einem „Regierungsstandard" verschlüsselt seien, nicht zu blauäugig folgen. Wenn die Hersteller ihre Produkte vollmundig, gerade auch hinsichtlich der von ihnen verwendeten Verschlüsselung anpreisen, sollte ein Arzt/eine Praxis vor Erwerb dieser Software vielmehr entsprechende Zertifikate/Prüfberichte anfordern, die die „Sicherheit" des Produkts bzw. der Verschlüsselung belegen.

Aufgrund der mannigfaltigen Konstellationen im Rahmen der Verschlüsselung sind daher auch verschiedenste zu treffende Maßnahmen denkbar wie bspw.:

- Verschlüsselung der Daten/einzelner Datenkategorien mittels eines anerkannten Verschlüsselungsverfahrens XXX auf mobilen sowie stationären Datenträgern,
- komplette Festplattenverschlüsselungen der eingesetzten Laptops,
- komplette Festplattenverschlüsselung des physischen Servers, auf dem bspw. die virtuellen Maschinen laufen, die die Datenverarbeitung vornehmen. N.B. Bei einem laufenden „vollverschlüsselten" Server sind die Festplatten und damit die Daten immer entschlüsselt!!! Nur wenn der Server aus ist, sind die Daten verschlüsselt. Daher sollte man sich davon in Werbebroschüren etc. auch nicht täuschen lassen, die einem einen „vollverschlüsselten Server" usw. anbieten,
- Einsatz von Transportverschlüsselung durch den E-Mailserver, Webserver, etc.,
- Verschlüsselung der Daten beim E-Mailversand (Ende-zu-Ende-Verschlüsselung),
- Einsatz eines verschlüsselten Virtual Private Network-(VPN-) Tunnels zum Aufschalten auf Praxisrechner,
- …

Es sei ferner darauf hingewiesen, dass durch die gleichzeitige Nennung der Pseudonymisierung und der Verschlüsselung in Art. 32 der europäische Gesetzgeber diese beiden Schutzmaßnahmen prinzipiell auf der gleichen Schutzstufe zu sehen scheint. Dies ist auch durchaus nachvollziehbar, da sowohl bei einer Verschlüsselung als auch einer ordnungsgemäß durchgeführten Pseudonymisierung der Daten eine Kenntnisnahme von der Person des Betroffenen nicht möglich sein darf. Ferner werden in beiden Fällen ähnliche Verfahren eingesetzt. Mithin empfiehlt es sich für einen Arzt, eine Praxis, ein MVZ usw., die von ihnen verwendete Software danach zu untersuchen, ob mit dieser eine Pseudonymisierung bzw. Verschlüsselung möglich ist. Diese Maßnahmen sollten auch, wie nachfolgend noch näher dargelegt werden wird, ein Kriterium bei der Beschaffung sein. Verschlüsselung und Pseudonymisierung sind ferner oftmals auch Teil der Maßnahmen, um die „klassischen Ziele" der Informationssicherheit zu erreichen.

12.2.3 Die „klassischen" Ziele der Informationssicherheit

Wie durch Lesen des Wortlauts von Art. 32 deutlich wird, verfolgt die DSGVO die gleichen Schutzziele, die auch schon bei der Informationssicherheit eine wesentliche Rolle spielen. So schreibt sie in Art. 32 Abs. 1 b) vor, dass Verantwortliche (Arzt, Praxis, MVZ usw.) inkl. seiner Auftragsverarbeiter in der Lage sein müssen (verpflichtet sind), die klassischen Schutzziele der **Vertraulichkeit**, der **Integrität**, der **Verfügbarkeit** bei den von ihnen zur Datenverarbeitung eingesetzten Systeme und Dienste auf Dauer sicherzustellen. Das bedeutet somit zum einen, dass die von ihnen eingesetzten Systeme von sich aus diese drei Schutzziele berücksichtigen müssen.

Zum anderen bedeutet dieses aber auch, dass ein Arzt/eine Praxis diese Sicherheitsziele durch entsprechende organisatorische Maßnahmen erfüllen sollte. Gerade hier sind viele Maßnahmen denkbar, so dass ein Arzt für sich selber entscheiden muss, welche Maßnahmen für ihn passend sind. Bei der Beantwortung der Frage spielt bspw. immer auch die Größe der Arztpraxis, die Mitarbeiteranzahl, die Menge der zu verarbeitenden

Daten und der „Digitalisierungsgrad" eine Rolle. Es gilt dabei die Faustformel, dass je mehr „Digitalisierung" eingesetzt wird, umso höhere Anstrengungen müssen betrieben werden, den Einsatz der (vernetzten) IT rechtskonform abzubilden. Beispiele für (generelle) organisatorische Maßnahmen können sein:

- Formulierung von verbindlichen Datenschutz-/Sicherheitsleitlinien,
- Definition der Verantwortlichkeiten für das Datenschutz-/Informationssicherheitsmanagement,
- Inventarisierung der zu verarbeitenden personenbezogenen Daten,
- Inventarisierung der eingesetzten IT,
- Erarbeitung eines Datenschutz-/Sicherheitskonzepts, ggf. unter Durchführung einer Risikoanalyse,
- Überprüfung und Verpflichtung des Personals auf Einhaltung der datenschutzrechtlichen Prinzipien, Sensibilisierung und Training, Aufgabentrennung,
- Festlegung von Sicherheitsanforderungen an Informationssysteme und deren Konfiguration, Prüfung ihrer Einhaltung,
- ...

Ferner gilt es natürlich auch, spezielle Maßnahmen zur Sicherstellung dieser drei klassischen Schutzziele zu treffen. Im Nachfolgenden werden daher diese Schutzziele inkl. entsprechender Beispiele dargestellt. Es sei darauf hingewiesen, dass es schwer bis unmöglich ist, bestimmte Maßnahmen nur einem Bereich zuzuordnen. Wie schnell deutlich wird, gibt es durchaus einige Schutzmaßnahmen, die für mehrere Bereiche umgesetzt werden sollten. Um Redundanzen zu vermeiden, werden nachfolgend die Maßnahmen immer nur bei einem Bereich genannt.

Vertraulichkeit

Die Vertraulichkeit ist ein ganz wesentliches, oftmals in seiner Reichweite ziemlich unterschätztes Prinzip der Informationssicherheit. Nach diesem Prinzip gilt es stets zu gewährleisten, dass kein Unbefugter sich von den eingesetzten Systemen/von den darauf verarbeiteten Daten Kenntnis verschaffen kann. Das Prinzip der Vertraulichkeit ist aufgrund seiner ähnlichen Zielsetzung eng mit den datenschutzrechtlichen Anforderungen (*siehe Kapitel 7*) verbunden. Somit gilt, dass ein Zugriff auf IT-Systeme/Daten (aus Sicht der Informationssicherheit) nur vertraulich und „sicher" sein kann, wenn der Nutzer/der Verantwortliche damit einverstanden ist. Dieses bedeutet wiederum, dass er von der Tatsache des Zugriffs, den damit verfolgten Zwecken usw. Kenntnis haben muss. Daraus folgt jedoch zwangsläufig, dass wenn er keine Kenntnis von einem Zugriff hat, niemals damit einverstanden sein kann. Und genau aus diesem Grund sind die immer stärker zunehmenden, im Hintergrund (ohne das Wissen des Nutzers) erfolgenden Zugriffe auf die IT/Daten des Nutzers durch die Hersteller bzw. die selbständig kommunizierenden Geräte/Software wie Smartphones und Apps nicht nur aus datenschutzrechtlicher Sicht, sondern auch aus Sicht der Informationssicherheit wegen Verstoßes gegen die Vertraulichkeit, sehr kritisch zu betrachten. Denn bei dieser modernen Kommunikationsfreudigkeit der Geräte/der Software sollte immer eines im Hinterkopf behalten werden:

> Wenn sich ein Hersteller (unerkannt) Zugriff auf die Daten des Nutzers verschaffen kann, kann dieses möglicherweise ein „findiger" Hacker auch, indem er den gleichen Zugriffsweg nutzt!

Bei der Darstellung der getroffenen Maßnahmen, die Vertraulichkeit betreffend, empfiehlt es sich, all die Maßnahmen aus den entsprechenden Kontrollbereichen der Anlage zu § 9 BDSG-alt aufzuführen, die getroffen (und dokumentiert) wurden, um einen unautorisierten Zugang oder Zugriff auf personenbezogene Daten sowohl beim Arzt/bei der Praxis selbst oder auf dem Transportweg zu Auftragsverarbeitern oder Dritten zu verhindern. Dazu zählen Maßnahmen, die man damals den Bereichen der:

- Zutrittskontrolle
- Zugangskontrolle
- Zugriffskontrolle
- Weitergabekontrolle
- Trennungskontrolle

zugeordnet hat.

Zutrittskontrolle

Die Zutrittskontrolle betrifft Maßnahmen, um Unbefugten den Zutritt zu den Datenverarbeitungsanlagen zu verwehren, mit denen personenbezogene Daten verarbeitet werden. Beispiele für Maßnahmen aus diesem Bereich sind:

- Zutrittskontrollsystem, Ausweisleser, Magnetkarte, Chipkarte,
- (kontrollierte) Schlüssel/Schlüsselvergabe,
- Türsicherung (elektrische Türöffner usw.),
- Pförtner/Wachpersonal,
- Überwachungseinrichtung Alarmanlage, Video-/Fernsehmonitor,
- (physischer) Schutz der verwendeten Mobilgeräte, wie Wegschließen, nicht unbeaufsichtigt herumliegen lassen usw.

Zugangskontrolle

Die Zugangskontrolle betrifft Maßnahmen, die verhindern, dass Unbefugte die Datenverarbeitungsanlagen und -verfahren benutzen. Beispiele für Maßnahmen aus diesem Bereich sind:

- Verfahren, um Nutzerberechtigungen zu vergeben,
- Aktivieren von Anmeldemöglichkeiten (Benutzername/Passwort) im System/der eingesetzten Programme,
- Verwendung sicherer Passwörter und einem entsprechende Verfahren zur Generierung von Passwörtern (u. a. Notwendigkeit von Sonderzeichen, bestimmte Mindestlänge, regelmäßiger Wechsel des Passworts, etc.)
- automatische Sperrung des Computers nach einer gewissen Zeit der Inaktivität (z. B. Kennwort oder Pausenschaltung),

- Einrichtung eines Benutzerstammsatzes pro Benutzer,
- Einsatz von Malwareschutzmaßnahmen,
- Maßnahmen zum Umgang mit Schwachstellen in Software (Updates, Upgrades etc.),
- Maßnahmen zur kontrollierten Inbetriebnahme/Installation und Konfiguration neuer Hard-/Software,
- Maßnahmen zur Kommunikationssicherheit, wie Kontrolle und Einschränkung des Datenverkehrs z. B. mittels einer Firewall, Netzwerksegmentierungen (Etablierung und Trennung von Netzwerkzonen), Einrichtung von speziellen Sicherheitszonen im Netzwerk, Authentisierung von Geräten im Netzwerk und untereinander (z. B. mittels sog. MAC-Filter).

Zugriffskontrolle

Der Bereich der Zugriffskontrolle betrifft Maßnahmen, die gewährleisten, dass die zur Benutzung der Datenverarbeitungsverfahren Befugten ausschließlich auf die ihrer Zugriffsberechtigung unterliegenden personenbezogenen Daten zugreifen können. Beispiele hierfür sind:

- klar ausdifferenziertes Berechtigungskonzept entsprechend des „need to know-Prinzips" (bezogen auf Profile, Rollen, Transaktionen und Objekte),
- Anfertigung und Auswertungen der (Zugriffs-)Protokolle besonders hinsichtlich der Kenntnisnahme, der Veränderung, der Löschung von Daten durch die Nutzer,
- Sicherstellung der Revisionsfähig-/festigkeit der Protokolle,
- Maßnahmen, die (berechtigte oder unberechtigte) Veränderung gespeicherter oder übertragener Daten nachträglich feststellbar machen (wie z. B. Einsatz von Signaturverfahren, Hashverfahren, usw.).

Weitergabekontrolle

Die Weitergabekontrolle betrifft Maßnahmen, die gewährleisten, dass personenbezogene Daten bei der elektronischen Übertragung oder während ihres Transports oder ihrer Speicherung auf Datenträger nicht unbefugt gelesen, kopiert, verändert oder entfernt werden können, und dass überprüft und festgestellt werden kann, an welchen Stellen eine Übermittlung personenbezogener Daten durch Einrichtungen zur Datenübertragung vorgesehen ist. Beispiele für diesen Bereich sind:

- Identifizierung und Authentifizierung des Nutzers bei der Weitergabe,
- sichere Gestaltung von Informationsübertragungen, einschließlich des Abschlusses von Vereinbarungen mit regelmäßigen Übermittlern und Empfängern personenbezogener Daten und der Authentisierung der Kommunikationspartner,
- Einsatz von Tunnelverbindungen zur Fernkommunikation (VPN),
- Einsatz von elektronischen Signaturen,
- umfassende Protokollierungen und regelmäßige Auswertung dieser,
- Transportsicherung,
- Etablierung eines entsprechenden Managements bei „Datenpannen" (*siehe Kapitel 13*).

Trennungskontrolle

Zur Trennungskontrolle zählen Maßnahmen, die gewährleisten, dass zu unterschiedlichen Zwecken erhobene Daten getrennt voneinander verarbeitet werden können. Beispiele für Maßnahmen einer Trennungskontrolle sind:

- ausdifferenziertes Rollen- und Berechtigungskonzept,
- (interne) Mandantenfähigkeit der eingesetzten Software,
- logische oder physikalische Trennung der Datenverarbeitung nach zugriffsberechtigten Personen, den verfolgten Verarbeitungszwecken und nach Gruppen betroffener Personen.

Integrität

Neben der Gewährleistung von Vertraulichkeit sind zwingend immer auch Maßnahmen zur Gewährleistung der Integrität der

Systeme und Dienste notwendig. Dazu zählen alle Maßnahmen, die gewährleisten, dass personenbezogene Daten nicht (unbemerkt) geändert werden können. Hierzu zählen u. a. die Maßnahmen aus dem Kontrollbereich der früheren **Eingabekontrolle** wie:

- die organisatorische und technische Absicherung von Berechtigungen,
- Protokollierungsmaßnahmen,
- Protokoll-Auswertungen/Revision
- ...

Ferner zählen zu diesen Maßnahmen auch einige der vorstehend beschriebenen Maßnahmen aus den Bereichen der Zugangs- sowie der Zutrittskontrolle, aber natürlich auch die ergriffenen Verschlüsselungsmaßnahmen, die jedoch schon in *Kapitel 12.2.2* dargestellt wurden.

Verfügbarkeit

Nach den Bereichen der Vertraulichkeit und Integrität sind darüber hinaus die entsprechenden Maßnahmen zur **Gewährleistung der Verfügbarkeit der Systeme und Dienste** aufzuführen.

Dazu zählen all die Maßnahmen, die sicherstellen, dass personenbezogene Daten dauernd und uneingeschränkt verfügbar und insbesondere vorhanden sind, wenn sie gebraucht werden. Zu diesen Bereichen zählen daher die Maßnahmen der damaligen

- Verfügbarkeitskontrolle und
- Auftragskontrolle

Verfügbarkeitskontrolle

Zu diesem Bereich zählen die Maßnahmen, die gewährleisten sollen, dass personenbezogene Daten gegen (zufällige) Zerstörung oder Verlust geschützt sind. Typische Beispiele sind:

- Anfertigung von (vollständigen) Sicherheitskopien/Backups unter Verwendung entsprechender Backup-Verfahren.

Dabei sollte immer der zeitliche Backup-Rhythmus, das verwendete Backup-Medium, die Dauer der Backup-Aufbewahrung und der Aufbewahrungsort festgelegt werden.

Durch meine Erfahrungen aus der Praxis kann ich nur empfehlen, in regelmäßigen Abständen zu testen, ob die Daten aus den Backups auch wirklich alle wiederherstellbar sind. Insbesondere sollte sich ein Arzt nicht blind darauf verlassen, dass ein von ihm beauftragter Dienstleister regelmäßig Datensicherungen korrekt durchgeführt hat. Dieses lernt man spätestens dann, wenn man von einem Verschlüsselungstrojaner befallen wurde, dabei alle Daten verschlüsselt wurden und man nicht mehr auf die vermeintlich ordnungsgemäß angefertigten Backups zugreifen kann …

- Redundanz von Hard- und Software,
- „Spiegeln" von Festplatten, z. B. im RAID-Verfahren,
- unterbrechungsfreie Stromversorgung (USV),
- getrennte Aufbewahrung von Daten (unterschiedliche Brandabschnitte),
- Einsatz von Virenschutz/Firewall,
- Erstellung eines Notfallplans,
- Aufstellen von Vertretungsregelungen,
- Schutzmaßnahmen vor äußeren Einflüssen (Schadsoftware, Sabotage z. B. DDOS, höhere Gewalt).

Auftragskontrolle

Der Verantwortliche (Arzt/Praxis) muss sicherstellen, dass der von ihm eingesetzte Auftragsverarbeiter die Daten entsprechend seiner vertraglichen Weisungen/Vorgaben verarbeitet *(siehe hierzu auch Kapitel 17.3)*. Es ist die Pflicht des Verantwortlichen, die gesetzlichen Vorgaben vertraglich zu manifestieren und die Einhaltung seiner Vorgaben zu überprüfen. Beispiele für diesen Bereich sind:

- eine Vertragsgestaltung bezogen auf den konkreten Einzelsachverhalt,

- Aufstellung von Kriterien zur Auswahl des Auftragsverarbeiters,
- Kontrolle der Vertragsausführung z. B. durch entsprechende Vor-Ort-Audits durch Externe oder eigene.

Belastbarkeit der Systeme und Dienste

Neben den drei klassischen Zielen der Informationssicherheit (Vertraulichkeit, Integrität, Verfügbarkeit), verlangt die DSGVO ferner das Treffen entsprechender Maßnahmen zur Gewährleistung der Belastbarkeit der Systeme und Dienste.

Mit diesen Maßnahmen ist zu gewährleisten, dass die Systeme und Dienste so gesichert und ausgelegt sind, dass sie auch punktuell hohen Belastungen oder hohen Dauerbelastungen standhalten. Belastbarkeit lässt sich daher mit „Widerstandsfähigkeit" gleichsetzen. Durch die für diesen Bereich zu treffenden Maßnahmen soll gewährleistet werden, dass die Daten, die auf diesen Systemen verarbeitet werden, auch weiterhin verfügbar sind. Insofern kann hinsichtlich der Maßnahmen auf die des Bereichs „Verfügbarkeitskontrolle" verwiesen werden.

Wiederherstellung nach Zwischenfall

Wie einige Beispiele auch aus der näheren Vergangenheit zeigen, ist es für Ärzte/Praxen oftmals essenziell, entsprechende Maßnahmen getroffen zu haben, um nach einem **physischen oder technischen Zwischenfall die Verfügbarkeit** personenbezogenen Daten und den Zugang zu ihnen rasch wiederherzustellen. Auch in diesen Bereich dürften maßgeblich die relevanten Maßnahmen des Bereichs „Verfügbarkeitskontrolle" zählen.

Verfahren zur Überprüfung der Wirksamkeit

Durch meine beruflichen Erfahrungen merkte ich schnell, dass das Sprichwort „Papier ist geduldig" gerade auch in der Informationssicherheit/dem Datenschutz durchaus seine Daseinsberechtigung besitzt. Denn in diesen Bereichen steht viel auf dem Papier, was in der Praxis gar nicht umgesetzt wird. Oftmals wird auch nicht geprüft, ob die Maßnahmen, die man getroffen hat, auch wirklich „wirksam“ sind, die zu verarbeitenden Daten angemessen zu schützen. Daher sieht die DSGVO vor, dass ein Verantwortlicher mittels entsprechendem Verfahren eine regelmäßige Überprüfung, Bewertung und Evaluierung der Wirksamkeit der von ihm getroffenen technischen und organisatorischen Maßnahmen zur Gewährleistung einer ausreichenden Sicherheit durchführt. Mithin betrifft diese Anforderungen eher konzeptionelle/organisatorische Tätigkeiten inkl. der diesbezüglichen Umsetzung wie bspw.:

- Prüfung der Maßnahmen im Rahmen von internen Audits bspw. durch den Datenschutzbeauftragten,
- Prüfung der Maßnahmen durch externe Dienstleister,
- Audits und Zertifizierung von Prozessen/Maßnahmen (soweit möglich),
- Entwicklung und regelmäßige Revision eines Daten-/Informationssicherheitskonzepts,
- regelmäßige Überprüfung der Risikobewertungen (*siehe Kapitel 12.1.4*)
- ...

12.2.4 Maßnahmen zur Erfüllung der datenschutzrechtlichen Prinzipien

Grundsätzlich sollte mit der Abbildung der vorstehenden Bereiche das von Art. 32 Geforderte zunächst erfüllt worden sein. Doch wie aufgezeigt, betreffen diese Bereiche eher die „Informationssicherheit“ und lassen daher gewisse datenschutzrechtliche Anforderungen oftmals außen vor. Daher kann es durchaus sinnvoll sein, in seiner Dokumentation auch Maßnahmen aufzuführen, die zur Erfüllung der wichtigsten datenschutzrechtlichen Prinzipien gem. Art. 5 unternommen wurden. Denn erfahrungsgemäß lassen sich diese Maßnahmen nur schwer in die vorstehenden Bereiche der Informationssicherheit einordnen bzw. würden aufgrund der anderen dargestellten Maßnahmen schnell untergehen. Dass die DSGVO selber ihre Maßnahmenbereiche als möglicherweise nicht abschließend ansieht, wird durch die Formulierung in Art. 32 Abs. 1 deutlich, in der es heißt: *„diese Maßnahmen schließen unter anderem Folgendes ein"*.

Meiner Ansicht nach empfiehlt sich daher im anzufertigenden Dokument eine separate Darstellung der Maßnahmen

- zur Gewährleistung der Zweckbindung,
- zur Schaffung von Transparenz,
- zur Gewährleistung der Betroffenenrechte („Fairness").

Maßnahmen zur Gewährleistung der Zweckbindung

Wie in *Kapitel 7.5* dargestellt, muss ein Verantwortlicher stets u. a. durch entsprechende Maßnahmen gewährleisten, dass Daten des Betroffenen nur für den Zweck verarbeitet und ausgewertet werden können, für den sie erhoben wurden. Beispiele für Maßnahmen, die u. a. auch dem Bereich der Zugriffskontrolle zugeordnet werden können, sind

- die Einschränkung von Verarbeitungs-, Nutzungs- und Übermittlungsrechten,
- die Trennung der Daten mittels entsprechender Rollen- und Berechtigungskonzepte,
- abgestufte Zugriffsrechte auf der Basis eines Identitätsmanagements,
- die Verwendung sicherer und anerkannter Authentisierungsverfahren,
- die Verwendung und von Verarbeitung pseudonymer bzw. anonymisierter Daten.

Maßnahmen zur Gewährleistung der Transparenz

Durch die Ausführungen in *Kapitel 7.4* sollte deutlich geworden sein, dass Transparenz das „A und O" einer rechtskonformen Datenverarbeitung ist. Primär Betroffene, aber natürlich auch Verantwortliche und Aufsichtsbehörden müssen durch die vom Verantwortlichen (Arzt/Praxis) getroffenen technischen und organisatorischen Maßnahmen erkennen können, welche Daten, für welchen Zweck, wie verarbeitet sowie welche Systeme und

Prozesse dafür genutzt werden. Beispiele für Maßnahmen aus diesem Bereich sind:

- Dokumentation der Verarbeitungstätigkeiten mit besonderem Fokus auf den Prozessablauf, die zu verarbeitenden Daten, die Datenflüsse, die zur Verarbeitung genutzten IT-Systeme, ggf. das Zusammenspiel mit anderen Verarbeitungstätigkeiten (*vgl. hierzu auch Kapitel 11*),
- geordnete Verwaltung und Dokumentation von Verträgen mit Mitarbeitern, externen Dienstleistern und Dritten, von denen Daten erhoben bzw. an die Daten übermittelt werden, Zuständigkeitsregelungen, etc.,
- Dokumentation von Einwilligungen und Widersprüchen,
- Protokollierung von Zugriffen und Änderungen,
- Nachweis der Quellen von Daten (Authentizität),
- Dokumentation der Verarbeitungsprozesse mittels Protokollen auf der Basis eines Protokollierungs- und Auswertungskonzepts. Berücksichtigung der Auskunftsrechte in diesem Konzept.

Maßnahmen zur Gewährleistung der Betroffenenrechte/der Fairness

Wie in *Kapitel 9* aufgezeigt, war eine der Hauptintentionen der DSGVO die Stärkung der Betroffenenrechte. Daher sollte man zu guter Letzt in seiner Dokumentation auch die Maßnahmen aufführen, die man zur Gewährleistung dieser Rechte als Ausformung des Fairnessprinzips getroffen hat. Denkbare Maßnahmen sind hierbei:

- Etablierung entsprechender Prozesse, um dem Betroffenen die ihm zustehende Rechte auf Benachrichtigung, Auskunft, Berichtigung, Sperrung und Löschung jederzeit wirksam gewähren zu können.
- Überprüfung, ob mit der verwendeten Software die Betroffenenrechte entsprechend abgebildet und umgesetzt werden können. Falls dem nicht so sein sollte, gilt es Kontakt zu dem/den Softwareherstellern aufzunehmen und eine Lösung zu finden.

- Vorsehen differenzierter Einwilligungs-, Rücknahme- sowie Widerspruchsmöglichkeiten,
- Prüfung auf Vorhandensein notwendiger Datenfelder in der in einer Arztpraxis verwendeten Software wie z. B. Sperrkennzeichen, Benachrichtigungen, Einwilligungen, Widersprüche, Gegendarstellungen. Falls diese in der verwendeten Software nicht vorhanden sein sollten, sollte Rücksprache mit den Herstellern genommen werden.
- Vorsehen einer Deaktivierungsmöglichkeit einzelner Funktionalitäten/Zugriffsmöglichkeiten in der verwendeten Software z. B. in Falle einer Sperrung, ohne dass die Datenverarbeitung des Gesamtsystems eingeschränkt wird.
- Einrichtung einer zentralen Anlaufstelle für Betroffene, wie z. B. den Datenschutzbeauftragten der Praxis.

Nach den vorstehenden Ausführungen lässt sich daher zusammenfassend feststellen, dass die (moderne) Sicherheit entsprechend der DSGVO in einer „modernen, vernetzten, smarten" Arztpraxis durchaus mehr als bspw. nur die Durchführung eines Backups, der Einsatz eines Antivirenscanners oder einer Firewall erfordert. Vielmehr gilt es, die „Sicherheit" planmäßig und risikoorientiert anzugehen.

Dabei gilt es stets zu beachten, dass es niemals eine „one size fit all"-Lösung geben kann!

Denn der konkrete Einsatz von Schutzmaßnahmen muss sich immer an den konkreten Begebenheiten des jeweiligen Einzelfalls orientieren. Das bedeutet mithin, dass eine Schutzmaßnahme, die in einer Praxis als risikoadäquat angesehen werden kann, noch lange nicht in allen anderen Arztpraxen gleichermaßen risikoadäquat ist.

Durch den Wortlaut des Gesetzes und die vorstehenden Ausführungen sollte ferner auch deutlich geworden sein, dass die Sicherheit im Datenschutz durch die Regelungen der DSGVO nunmehr konzeptionell angegangen werden sollte. Ein Arzt, eine Praxis, ein MVZ usw. sollte daher die Umsetzung der nachfolgend, meiner Ansicht nach wichtigsten (komprimiert dargestellten) technischen und organisatorischen Maßnahmen in Betracht ziehen:

- Erstellung eines Datenschutz-/Informationssicherheitskonzepts,
- Erstellung von Zutrittsplänen einschl. Schlüsseldokumentation,
- Erstellung von Zugriffskonzepten (Rollen- und Berechtigungskonzepte),
- Durchführung von Mitarbeitersensibilisierungen,
- Dokumentationen der Zugänge zu den IT-Systemen,
- aktuelle Dokumentation der gesamten getroffenen technischen und organisatorischen Maßnahmen
- Erstellung von Notfallhandbüchern einschließlich Datensicherungskonzepten,
- Dokumentationen über durchgeführte Rücksicherungstests,
- Anfertigung etwaiger Verschlüsselungskonzepte,
- Dokumentationen der Sicherheitskonfiguration (Firewall, Router, Gateway, Proxy-Server, etc.),
- Erstellung eines Netzwerkplans und Übersichten über Hard- und Software,
- Erstellung von Wartungs- und Austauschplänen bspw. für defekte IT wie Scanner, Drucker usw.
- Vertragsmanagement, insbesondere gilt es dabei, sämtliche Verträge mit den eingesetzten Dienstleistern zu sammeln und zu überprüfen, ob diese den jeweiligen datenschutzrechtlichen Anforderungen gerecht werden,
- ...

Dass die Gewährleistung von Daten- bzw. Informationssicherheit nicht statisch, sondern ein dynamischer Prozess ist, sieht man an der Forderung in Art. 32 Abs. 1 d). Hiernach sind ein Verantwortlicher (Arzt, Praxis, MVZ usw.) und seine Auftragsverarbeiter verpflichtet, ein Verfahren zu etablieren und umzusetzen, mit dem die Wirksamkeit der getroffenen Maßnahmen regelmäßig überprüft und bewertet wird. Wird im Rahmen dieses Verfahrens festgestellt, dass die getroffenen Maßnahmen nicht (mehr) „risikoadäquat" sind, gilt es, entsprechende Änderungen an den Maßnahmen vorzunehmen oder neue Maßnahmen zu ergreifen.

Die Bewertung von Maßnahmen der Datensicherheit kann zudem im Einzelfall auch die Hinzuziehung von Experten aus anderen Fachbereichen wie IT, Sicherheitstechnik, Brandschutz, Klima- und Lüftungstechnik, etc. erforderlich machen.

Ob beim Verantwortlichen bzw. dem Auftragsverarbeiter ein angemessenes Schutzniveau vorliegt, muss wie aufgezeigt immer im Einzelfall bewertet werden. Dabei müssen insbesondere die Risiken berücksichtigt werden, die bei der Verarbeitung durch (unbeabsichtigte, unrechtmäßige) Vernichtung, Verlust, Veränderung oder Offenbarung drohen. Faktoren zum Nachweis angemessener Maßnahmen können gem. Art. 32 Abs. 3 bspw.:

- genehmigte Verhaltensregeln (Art. 40) oder
- genehmigte Zertifizierungsverfahren (Art. 42)

sein. Es sei in diesem Zusammenhang darauf hingewiesen, dass es bis dato noch keine solche Verhaltensregeln- bzw. Zertifizierungsverfahren gibt. Daher sollte man auch entsprechenden reißerischen Versprechungen von Unternehmen, die ihre Produkte mit „zertifizierten" Verfahren oder mit „anerkannten Siegeln" bewerben, kritisch gegenüberstehen.

Darüber hinaus muss gem. Art. 32 Abs. 4 sichergestellt werden, dass Personen, die Zugang zu den Daten des Betroffenen erhalten, diese Daten nur entsprechend den Weisungen des Arztes als Verantwortlichen der Praxis verarbeiten. Gleiches gilt auch für etwaige, vom Arzt eingesetzte Auftragsverarbeiter. Damit sind ein Verantwortlicher und seine Auftragsverarbeiter zum einen verpflichtet, technisch und organisatorisch zu gewährleisten, dass ihre Mitarbeiter wissen, wie sie die Daten zu verarbeiten haben. Ferner müssen der Verantwortliche und seine Auftragsverarbeiter durch entsprechende Maßnahmen sicherstellen, dass die Verarbeitung stets auch nur entsprechend ihrer Vorgaben erfolgt. Diese Pflicht in Art. 32, die praktisch wortgleich von Art. 29 übernommen wurde, stellt in gewisser Weise das Pendant zur der aus § 5 BDSG-alt bekannten Verpflichtung auf die „Wahrung des Datengeheimnisses" dar.

Auch mit Geltung der DSGVO dürfte es weiterhin zielführend sein, alle der an der Datenverarbeitung beteiligten Personen auf ihre „Verschwiegenheit" und Weisungsgebundenheit zu verpflichten. Diese Verpflichtungen sollten möglichst auch in einem entsprechenden (Arbeits-)Vertrag festgelegt werden.

Dadurch hat der Verantwortliche/Auftragsverarbeiter im Fall eines Verstoßes auch vertraglich die Möglichkeit, diese betreffende Person entsprechend zur Rechenschaft zu ziehen. Sollten Mitarbeiter ihrer Weisungsgebundenheit zuwiderhandeln, drohen ihnen u. a. auch arbeitsrechtliche Konsequenzen.

Weil der Schutz von Daten wie dargestellt konzeptionell anzugehen ist, ist es zwingend erforderlich, dass der Verantwortliche bereits im „Design" seiner Prozesse die datenschutzrechtlichen Anforderungen berücksichtigt.

12.3 Datenschutz durch Technikgestaltung und durch datenschutzfreundliche Voreinstellungen

Der proaktive Charakter des Datenschutzes wird auch durch die Regelung von Art. 25 deutlich. Denn hiernach muss der Verantwortliche sowohl zum Zeitpunkt der Festlegung der Mittel für die Verarbeitung, als auch zum Zeitpunkt der eigentlichen Verarbeitung geeignete technische und organisatorische Maßnahmen treffen, die dafür ausgelegt sind, die Datenschutzgrundsätze (*vgl. Kapitel 7*) wirksam umzusetzen und den Anforderungen der DSGVO zu genügen. Damit soll sichergestellt werden, dass der Datenschutz im kompletten Datenlebenszyklus und somit vom ersten Erheben (Erhalten der Daten), bis zum finalen Löschen der Daten, „by Design“ gewährleistet wird. Denn nur die Implementierung des Datenschutzes in die Verarbeitungsprozesse kann für einen nachhaltigen Datenschutz sorgen.

Bei Art. 25 handelt es sich um die gesetzliche Ausformung der gemeinhin bekannten Grundsätze von „data protection (privacy) by design“ und „by default“. Explizit gibt/gab es diese beiden Grundsätze in den bisher geltenden deutschen Gesetzen nicht. Jedoch ließen sich die hinter diesen Grundsätzen stehenden Prinzipien durchaus auch aus den bisher geltenden Regelungen ableiten. Sie sind deshalb im Prinzip auch kein „Novum“ in Deutschland.

„Data protection by design“ besagt, dass ein Verantwortlicher (ein Arzt, eine Praxis, ein MVZ) in möglichst allen seinen Verarbeitungsprozessen die datenschutzrechtlichen Anforderungen (im Design) mit berücksichtigen sollte. Es sei daher explizit darauf hingewiesen, dass sich Art. 25 gerade nicht nur an die von einem Arzt eingesetzte Software richtet. Vielmehr bezieht sich Art. 25 auf **alle**! in einer Arztpraxis stattfindenden Datenverarbeitungsprozesse. Insbesondere gilt es auch zu beachten, dass eine Software immer nur ein „Mittel“ zur Durchführung einer Verarbeitung ist und somit auch keinen eigenen Prozess bzw. Verarbeitungsverfahren darstellen kann.

Mithin ist ein Arzt nach Art. 25 verpflichtet, alle ihm zumutbaren technischen und organisatorischen Maßnahmen zu ergreifen, um u. a. die in Art. 5 enthaltenen Datenschutzgrundsätze schon im „Design“ seiner Verarbeitungsprozesse umzusetzen.

Für die Beurteilung der Zumutbarkeit der Umsetzung der erforderlichen technischen und organisatorischen Maßnahmen sind diverse Aspekte wie:

- der Stand der Technik,
- die Kosten der Maßnahmen,

- die Art, die Umstände und die Zwecke der Datenverarbeitung und damit insbesondere auch
- die Risiken der Verarbeitung

zu berücksichtigen. Auch hier gilt es daher, nicht „mit Kanonen auf Spatzen" zu schießen, sondern wirklich nur die Maßnahmen zu treffen, die risikoadäquat und wirtschaftlich sind.

Nach dem in Art. 25 Abs. 2 adressierten Grundsatz „data protection by default" soll der Datenschutz schon durch entsprechende „Voreinstellungen" bzw. die Möglichkeit, etwaige Einstellungen in der verwendeten Soft- und Hardware vorzunehmen, gewährleistet werden. Mit diesen Maßnahmen soll insbesondere sichergestellt werden, dass nur die notwendigen Daten verarbeitet werden (Datenminimierung) und die Daten nicht von beliebig vielen Personen zur Kenntnis genommen werden können.

Ein genehmigtes Zertifizierungsverfahren gem. Art. 42 (das es bisher jedoch noch nicht gibt) kann, dem Wortlaut von Art. 25 Abs. 3 folgend, als Teil der Nachweisführung zur Ordnungsgemäßheit und Erforderlichkeit der Maßnahmen angesehen werden.

Darüber hinaus gilt auch zu beachten, dass Art. 25 primär nicht die Hersteller von Software usw. adressiert. Wie Erwägungsgrund 75 aufzeigt, sollen Hersteller von Software etc. (wenn sie nicht schon Verantwortliche für die Verfahren sind) lediglich dazu ermutigt (!) werden, „data protection by design/by default" in ihren Produkten zu berücksichtigen. Mithin intendiert der europäische Gesetzgeber mit der Regelung von Art. 25, dass auf die Softwarehersteller, die nicht verantwortlich für die Datenverarbeitung bei Ärzten, Praxen, MVZ usw. sind, ein mittelbarer Druck entstehen soll. Denn durch die Verpflichtung von Ärzten, Praxen, MVZ usw. werden diese nach der Intention des Gesetzgebers nur noch die Produkte kaufen, mit denen sich die von Art. 25 adressierten Prinzipien in der Praxis umsetzen lassen. Dieses wiederum hat zur Konsequenz, dass ein Verantwortlicher (Arzt, Praxis, MVZ) mehr denn je dazu aufgerufen ist, bei der Beschaffung von Software darauf zu achten, wie die Software ihn bei der Erfüllung der ihm obliegenden Pflichten unterstützt bzw. unterstützen kann. Diesbezüglich ist es oftmals empfehlenswert, vor Beschaffung von den Herstellern der Software aussagekräftige Informationen/Dokumente einzuholen. Denn ist die Software erst einmal beschafft, dürfte es oftmals nur gegen entsprechende Geldzahlungen möglich sein, den Hersteller dazu zu bewegen, in sein Produkt nachträglich „Datenschutz" einzubauen.

Kurz & knapp

Zusammenfassend lässt sich festhalten, dass der Verantwortliche praktisch vor jeder Verarbeitung immer genau die Risiken, die mit der Verarbeitung einhergehen, prüfen muss. Gemäß Art. 5 Abs. 2 muss er dieses als Nachweis für die ordnungsgemäße Erfüllung der gesetzlichen Anforderungen umfassend dokumentieren. Erst dann dürfte er in der Lage sein zu beurteilen und nachzuweisen, dass er seiner Pflicht in ausreichendem Maße nachgekommen ist, alle ihm nach dem Grundsatz der Verhältnismäßigkeit zumutbaren Maßnahmen zur Eindämmung der Risiken zu ergreifen, die durch die Datenverarbeitung für die Rechte und Freiheiten von natürlichen Personen bestehen.

Daraus folgt weiter, dass **nur** eine Verarbeitung, bei der die „geeigneten" und damit risikoadäquaten Maßnahmen zur Gewährleistung der ordnungsgemäßen, sicheren Datenverarbeitung getroffen wurden, rechtmäßig sein kann. Damit wird gleichzeitig deutlich, dass die „ausreichende Sicherheit" der Datenverarbeitung automatisch auch ein Bestandteil der Rechtmäßigkeit einer Datenverarbeitung ist. Doch reicht es nach dem Wortlaut von Art. 24 Abs. 1 nicht aus, dass die Maßnahmen lediglich getroffen wurden. Vielmehr muss auch immer sichergestellt sein, dass all dieses auch ausreichend dokumentiert wurde, die Wirksamkeit der

Maßnahmen regelmäßig überprüft und jederzeit nachgewiesen werden kann. Somit ist auch die umfassende Dokumentation ein Teil der Rechtmäßigkeit einer Datenverarbeitung. Zusammenfassend folgt daraus, dass man erst durch die Gesamtheit der jeweils identifizierten Risiken und dem entsprechend der Risiken getroffenen Maßnahmen sowie ihrer umfassenden Dokumentation in der Lage ist, nachvollziehbar (auch vor Gericht) darzulegen, dass die Datenverarbeitung im Einklang mit der DSGVO erfolgt.

Zusammenfassend lässt sich weiter feststellen, dass mit Geltung der DSGVO das Risikomanagement eine viel größere Bedeutung als bisher erlangt hat. Denn nun geht es weniger darum, dass bestimmte technische und organisatorische Maßnahmen getroffen werden. Vielmehr geht es darum, dass die zu treffenden Maßnahmen risikoadäquat und wirtschaftlich sind, was jedoch immer anhand des Einzelfalls bewertet und dokumentiert werden muss. Daraus folgt, dass nur, wenn die Risiken für die Rechte von natürlichen Personen identifiziert und bewertet wurden, sich die entsprechenden wirtschaftlichen und risikoadäquaten Maßnahmen auch treffen lassen. Und erst dann ist man auch in der Lage, Datenschutz „by Design" in die Verarbeitungsprozesse zu implementieren. Diese nicht zu unterschätzenden gesetzlichen Forderungen lassen sich jedoch immer nur dann erfüllen, wenn sich der Arzt eine ausreichende Transparenz über die konkreten Umstände der konkreten Datenverarbeitung verschafft hat.

13 Verletzung des Schutzes von Daten/Meldepflichten

Mit der DSGVO wurden nun auch die Meldepflichten bei einem Datenschutzverstoß bzw. bei einer „Datenpanne" im Vergleich zu denen des bisherigen BDSG (vgl. § 42a BDSG-alt) deutlich erweitert. Dieses hat natürlich auch Auswirkungen auf die Pflichten und Organisation in einer Arztpraxis. U. a. aufgrund der Konsequenzen, die nun bei einem Unterlassen der Meldung an die Aufsichtsbehörde/den Betroffenen drohen, gilt es daher, technisch sowie organisatorisch sicherzustellen, dass ein Verantwortlicher (Arzt/Praxis) in der Lage ist, eine Verletzung des Schutzes von Daten zu erkennen, die Auswirkungen zu beurteilen und zu entscheiden, ob er diese melden muss oder nicht. Zunächst ist daher zu klären, was sich die DSGVO unter einer Verletzung des Schutzes von Daten vorstellt.

Setzt man sich mit der diesbezüglich in Art. 4 Nr. 12 enthaltenen Definition näher auseinander, merkt man schnell, dass dort die in der Informationssicherheit bekannte, klassische „Datenpanne" oder der „data breach" beschrieben ist. Art. 4 Nr. 12 hat folgenden Wortlaut:

„Verletzung des Schutzes personenbezogener Daten" [ist] eine Verletzung der Sicherheit, die zur Vernichtung, zum Verlust oder zur Veränderung, ob unbeabsichtigt oder unrechtmäßig, oder zur unbefugten Offenlegung von beziehungsweise zum unbefugten Zugang zu personenbezogenen Daten führt, die übermittelt, gespeichert oder auf sonstige Weise verarbeitet wurden;"

Wesentlich für eine Datenpanne und die damit einhergehende Informationspflicht ist daher, dass aus der Verletzung der Vertraulichkeit, der Integrität oder der Verfügbarkeit von Daten (*siehe zu diesen Begrifflichkeiten Kapitel 12.2.3*) durch den Verantwortlichen, es zu einer Vernichtung, zum Verlust, zur unbefugten Offenlegung oder zur Veränderung (unabhängig davon, ob unbeabsichtigt oder unrechtmäßig) dieser Daten kommt. Meldepflichtige Vorfälle sind daher z. B. Angriffe von außen („Hacking") inkl. dem Abfluss von Patientendaten, der versehentliche Verlust von Datenträgern oder die Missachtung von Datenschutzvorgaben durch Mitarbeiter, die zu einer Verletzung der Vertraulichkeit, Integrität oder Verfügbarkeit von Daten führen.

Wie die für die Meldepflicht relevanten Art. 33 und 34 jedoch aufzeigen, wird eine Meldepflicht erst ausgelöst, wenn aus dieser Verletzung ein **nicht unerhebliches Risiko** für den Betroffenen resultiert. Somit hängt auch die Meldepflicht, ähnlich wie die „Sicherheit" der Datenverarbeitung *(siehe hierzu Kapitel 12)*, vom Risiko ab. Mithin gilt es auch bei einer Datenpanne, stets eine Risikoabschätzung (innerhalb von 72 Stunden) durchzuführen und entsprechend zu dokumentieren. Hinsichtlich der Durchführung einer Risikoabschätzung sei auf die Ausführungen im *Kapitel 12.1.4* verwiesen, die sich im Prinzip auch auf die Risikoabschätzung bei der Meldepflicht transferieren lassen. Aufgrund der mannigfaltigen Risiken, die mit einer „Datenpanne" verbunden sein können, dürfte es schwerfallen, die Kritikalität einer solchen Panne genau und treffend zu beurteilen. Gerade weil eine genaue Risikoeinschätzung quasi „mission impossible" ist, sollte man meiner Ansicht nach den Abwägungsgründen für die Risikoeinschätzung und ihrer Dokumentation verstärkte Aufmerksamkeit widmen. Kann man nachweisen, dass man sich umfassend mit den Risiken und ihrer Kritikalität auseinandergesetzt hat, aber möglicherweise zu anderen Schlüssen gelangt ist wie die Aufsichtsbehörde, kann und wird sie einem jedoch nicht den Vorwurf machen können, dass man sich mit den Risiken nicht auseinandergesetzt hätte.

Da eine Meldepflicht jedoch immer nur bei einem „Risiko" für den Betroffenen besteht, bedeutet dieses im Umkehrschluss, dass den Verantwortlichen (Arzt/Praxis) keine Informations-/Meldepflicht trifft, wenn kein Risiko für den Betroffenen angenommen werden kann (wofür jedoch der Arzt/die Praxis die

Beweislast trägt). Kein Risiko für den Betroffenen könnte bspw. anzunehmen sein, wenn zwar ein „Hack" stattgefunden hat, aber die Daten ordnungsgemäß verschlüsselt gewesen sind. Denn bei einer ordnungsgemäßen Verschlüsselung werden die Hacker nicht viel „Freude" an diesen Daten haben, da sie diese nicht entschlüsseln und weiterverwenden können.

Die DSGVO differenziert bei einer „Datenpanne" klar zwischen den Benachrichtigungspflichten des Verantwortlichen gegenüber der Aufsichtsbehörde (Art. 33) und der Meldung dieses Vorfalls an den Betroffenen (Art. 34). Anders als § 42a S. 1 BDSG-alt kennen die Art. 33, 34 jedoch keine Kategorisierung von betroffenen Daten, die eine Meldeverpflichtung auslösen. Daraus folgt wiederum, dass der Verantwortliche grundsätzlich jeden (und damit theoretisch jeden in- und externen) Datenschutzverstoß der Aufsichtsbehörde melden muss, es sei denn, es besteht kein (hohes) Risiko für den Betroffenen und seine Rechte.

Ein Verstoß gegen die Meldepflicht ist bußgeldbedroht (bis zu 10 Mio. € oder 2 % des Jahresumsatzes, Art. 83 Abs. 4 a).

13.1 Meldepflicht an die Aufsichtsbehörde

Ein Arzt/eine Praxis muss gem. Art. 33 eine „Datenpanne" grundsätzlich unverzüglich und möglichst innerhalb von 72 Stunden (nach Bemerken) der **zuständigen Aufsichtsbehörde** anzeigen. Erfolgt die Meldung nicht innerhalb dieses Zeitraums, ist der verspäteten Meldung eine entsprechende Begründung für die Verspätung beizufügen.

Die Anzeige der Datenpanne an die Aufsichtsbehörde muss mindestens die nachfolgenden Angaben enthalten:

- eine Beschreibung der Art der Verletzung des Schutzes personenbezogener Daten, soweit möglich mit Angabe der Kategorien und der ungefähren Zahl der betroffenen Personen, der betroffenen Kategorien und der ungefähren Zahl der betroffenen personenbezogenen Datensätze,

- den Namen und die Kontaktdaten des Datenschutzbeauftragten der Praxis oder einer sonstigen Anlaufstelle für weitere Informationen,
- eine Beschreibung der wahrscheinlichen Folgen der Verletzung des Schutzes personenbezogener Daten,
- eine Beschreibung der von dem Verantwortlichen ergriffenen oder vorgeschlagenen Maßnahmen zur Behebung der Verletzung des Schutzes personenbezogener Daten und gegebenenfalls Maßnahmen zur Abmilderung ihrer möglichen nachteiligen Auswirkungen.

Diese vorstehenden Informationen dienen insbesondere dazu, dass die Aufsichtsbehörde nach Eingang der Meldung den Sachverhalt schon einmal grob einordnen und einschätzen kann.

Kann der Arzt/die Praxis nicht innerhalb der 72 Stunden entsprechende Informationen der Aufsichtsbehörde beibringen, ist es möglich, der Aufsichtsbehörde zunächst eine Meldung über den Vorfall zu machen. Nach dieser Meldung gilt es dann, der Aufsichtsbehörde in weiteren (einzelnen) Schritten, ohne unangemessene Verzögerung, die restlichen Informationen nachzureichen.

U. a. durch die Rechenschaftspflicht ist die Praxis bei einer Datenpanne zur umfassenden Dokumentation des Vorfalls und insbesondere zur Darstellung der Umstände, der Auswirkungen und der getroffenen (Abhilfe-)Maßnahmen usw. verpflichtet.

Wenn einem etwaigen Auftragsverarbeiter (*siehe zum Auftragsverarbeiter Kapitel 17.3*) eine solche Panne bekannt wird oder sich bei ihm ereignet, muss er sie unverzüglich dem Verantwortlichen (Arzt/Praxis) melden. Daher gilt es, gerade bei der Vertragsgestaltung mit einem Auftragsverarbeiter, darauf zu achten, dass diese Verpflichtung des Auftragsverarbeiters umfassend geregelt ist (*siehe hierzu Kapitel 17.3.6*).

Im Zusammenhang mit den „datenschutzrechtlichen Meldepflichten" eines Arztes an die zuständige Aufsichtsbehörde, besonders wenn seine Patienten von der Panne betroffen sind, sollte man immer auch Folgendes beachten: Daten des Patienten fallen gleichzeitig unter die ärztliche Verschwiegenheitspflicht. Die Offenbarung dieser Daten könnte daher immer auch eine Straftat nach § 203 StGB darstellen. Da sich der Arzt jedoch durch die Meldeverpflichtung ggf. selber einer Straftat bzw. einer bußgeldbewährten Pflichtverletzung bezichtigen müsste, aber dieses grundsätzlich nicht muss, entsteht damit eine Konfliktsituation, die es zu lösen gilt. In der Praxis dürfte sich dieser Konflikt dergestalt lösen lassen, dass ein Arzt die Meldung an die Aufsichtsbehörde vornehmen muss, für diese jedoch ein „Verwertungsverbot" besteht. Daher darf diese Meldung eigentlich auch nur im Strafverfahren oder im Ordnungswidrigkeitenverfahren mit Zustimmung des Arztes verwendet werden.

13.2 Meldepflicht an den Betroffenen

Neben der Meldung an die Aufsichtsbehörde gem. Art. 33 beinhaltet die DSGVO in Art. 34 noch eine weitere Meldepflicht. Nämlich die Meldung bei einer Datenpanne eines Arztes/einer Praxis an den bzw. die jeweils von dieser Panne Betroffenen wie bspw. seine Patienten. Diese Pflicht gilt **ergänzend** zu der Meldepflicht an die Aufsichtsbehörde.

Eine Meldung an Betroffene, wie z. B. Patienten, hat bei einer Verletzung des Datenschutzes immer dann zu erfolgen, wenn mit dieser „Datenpanne" **voraussichtlich ein hohes Risiko** für die Betroffenen einhergeht. Wie vorstehend aufgezeigt, ist der Arzt/die Praxis verpflichtet, das diesbezüglich mit der Datenpanne einhergehende Risiko angemessen zu evaluieren und bei einem voraussichtlich hohen Risiko den bzw. die Betroffenen zu informieren. Kommt der Verantwortliche zum Schluss, dass kein hohes Risiko für den Betroffenen droht, trägt er diesbezüglich die Beweislast (Rechenschaftspflicht gem. Art. 5 Abs. 2).

Kommt er zum Ergebnis, dass voraussichtlich ein hohes Risiko für den Betroffenen besteht, muss der Verantwortliche den Betroffenen unverzüglich (ohne schuldhaftes Zögern) über diesen Vorfall informieren.

Dabei muss er dem Betroffenen folgende Angaben liefern:

- den Namen und die Kontaktdaten des Datenschutzbeauftragten oder einer sonstigen Anlaufstelle für weitere Informationen,
- eine Beschreibung der wahrscheinlichen Folgen der Verletzung des Schutzes personenbezogener Daten
- sowie eine Beschreibung der von dem Verantwortlichen ergriffenen oder vorgeschlagenen Maßnahmen zur Behebung der Verletzung des Schutzes personenbezogener Daten und gegebenenfalls Maßnahmen zur Abmilderung ihrer möglichen nachteiligen Auswirkungen. Die Erteilung dieser Informationen muss sich an dem Grundsatz der Transparenz (Fairness) orientieren (*vgl. Kapitel 7.4*). Daher muss die Benachrichtigung in klarer und einfacher Sprache die Art der Verletzung des Schutzes personenbezogener Daten darstellen.

Eine Ausnahme von der Benachrichtigungspflicht an den Betroffenen/Patienten besteht nach Art. 34 Abs. 3, wenn

- der Arzt/die Praxis geeignete technische und organisatorische Maßnahmen/Sicherheitsvorkehrungen getroffen hat, wie z. B. die Verschlüsselung der betroffenen Daten (und diese zum Zeitpunkt des Vorfalls auch tatsächlich verschlüsselt waren),
- der Arzt/die Praxis durch entsprechende Maßnahmen sichergestellt hat, dass das hohe Risiko für den Betroffenen aller Wahrscheinlichkeit nach nicht mehr besteht,
- die Benachrichtigung der Betroffenen mit einem unverhältnismäßigen Aufwand verbunden wäre. In diesem Fall muss

der Verantwortliche den Vorfall öffentlich, z. B. in einer Zeitung, bekanntmachen.

Darüber hinaus gilt es, gerade für Geheimnisträger, zusätzlich zu den in Art. 34 Abs. 3 aufgeführten Ausnahmetatbeständen die Regelungen des § 29 BDSG zu berücksichtigen, die auf der in Art. 23 Abs. 1 enthaltenen Öffnungsklausel basieren.

§ 29 Abs. 1 S. 3 BDSG betrifft den Ausschluss der Mitteilungspflicht bei Geheimnisträgern wie Ärzten. Nach dieser Regelung gilt, dass trotz einer Datenpanne eine etwaige Benachrichtigungspflicht an den Betroffenen entfällt (die an die Aufsichtsbehörde gem. Art. 33 bleibt bestehen), falls bei der zu erteilenden Mitteilung an den Betroffenen etwaige Geheimnisse offenbart werden müssten, die im berechtigten Interesse eines Dritten geheim gehalten werden müssen. Doch auch wenn § 29 Abs. 1 S. 3 BDSG einen Ausschluss der Mitteilungspflicht vorsieht, gilt es diesbezüglich immer auch, die Rückausnahme des § 29 Abs. 1 S. 4 BDSG zu beachten. Denn für den Fall, dass die Betroffeneninteressen das Geheimhaltungsinteresse überwiegen sollten, z. B. weil dem Betroffenen nicht unerhebliche Schäden drohen, muss der Geheimnisträger den Betroffenen über die Datenpanne informieren. Insofern muss ein Arzt/eine Praxis daher auch hier eine Abwägung der unterschiedlichen Interessen vornehmen und sollte dieses umfänglich dokumentieren.

Art. 34 Abs. 4 sieht ferner vor, dass die Aufsichtsbehörde vom Arzt/der Praxis verlangen kann, dass eine Benachrichtigung an den Betroffenen/die Betroffenen nachgeholt wird, falls noch keine Benachrichtigung an den Betroffenen erfolgt sein sollte (vgl. vorstehende Ausführungen zu Art. 33). Ferner hat eine Behörde bei unterbliebener Anzeige an den Verantwortlichen aber auch die Möglichkeit, per Beschluss festzustellen, dass eine solche Benachrichtigung (aus welchen Gründen auch immer) nicht mehr nötig ist.

Kurz & knapp

Datenpannen kommen, wenn man ehrlich ist, durch die weite Begriffsbestimmung in Art. 4 Nr. 12 DSGVO im Arbeitsalltag einer Praxis häufiger vor als einem lieb ist. Aufgrund der Sanktionsmöglichkeiten, die bei einem Unterlassen der Meldung drohen, sollten die Praxismitarbeiter zum einen besonders darin geschult werden, sich datenschutzkonform zu verhalten. Weil aber Menschen immer auch Fehler machen, müssen die Mitarbeiter auch in der Lage sein, Datenpannen zu erkennen und wissen, wie sie sich in einem solchen Fall zu verhalten haben. Es sollten daher in einer Arztpraxis entsprechende Prozesse definiert und Zuständigkeiten festgelegt werden, um auf Datenschutzvorfälle angemessen reagieren zu können.

Bei Datenpannen (außer bei keinem Risiko für den Betroffenen) ist grundsätzlich die zuständige Datenschutzaufsichtsbehörde zu informieren (Art. 33). Wenn voraussichtlich ein hohes Risiko für den Betroffenen/Patienten besteht, ist dieser zusätzlich zu benachrichtigen (Art. 34). Und bei all dem gilt es immer, die 72-Stunden-Meldefrist im Auge zu behalten, die zusätzlich den Druck erhöhen dürfte. U. a. wegen dieser kurzen Frist ist es unumgänglich, besonnen, strukturiert und planmäßig vorzugehen. Daher dürfte es empfehlenswert sein, einfach mal ein solches Szenario „durchzuspielen“. Dann sieht man sehr schnell, wo es hakt und wo nachgebessert werden muss.

14 Pflicht zur Vornahme einer Datenschutzfolgenabschätzung

14.1 Einführung in die Datenschutzfolgenabschätzung

Zunehmend wird in den einschlägigen Medien, auf Veranstaltungen etc. die Frage aufgeworfen, ob ein Arzt zukünftig aufgrund der Vorgaben der DSGVO eine bzw. mehrere sog. Datenschutzfolgenabschätzungen (im Nachfolgenden DSFA) durchführen muss. Dabei fällt jedoch auch schnell auf, dass dieses Thema zwar immer angerissen wird, aber in den seltensten Fällen konkrete Ausführungen dazu gemacht werden, was dieser sperrige Begriff eigentlich meint, wann eine DSFA nötig ist und ganz besonders auch, wie eine DSFA durch wen durchgeführt werden sollte. Dass dieses Thema immer, wenn es um die DSGVO geht, zwar der Vollständigkeit halber genannt, aber nie eingehend thematisiert wird, ist auch nicht verwunderlich. Denn es handelt sich um einen nur schwer vollständig greifbaren, hochkomplexen, bisher noch wenig thematisierten Bereich des Datenschutzes. Im Prinzip weiß daher derzeit eigentlich noch keiner so wirklich, wie man mit einer DSFA umgehen muss. Um Ihnen, lieber Leser, jedoch eine kleine Vorstellung davon zu geben, was eine DSFA ist und was möglicherweise auf Sie zukommen könnte, wenn ein von Ihnen geplanter Verarbeitungsvorgang die Notwendigkeit zur Durchführung einer DSFA auslöst, sollen im Nachfolgenden die wichtigsten Aspekte zur DSFA dargestellt werden.

Ob ein Arzt/eine Praxis zur Durchführung einer DSFA verpflichtet ist, lässt sich nicht generell sagen und hängt wie immer vom jeweiligen Einzelfall ab.

Es gilt die Grundformel, dass, wenn **viele Personen** auf eine **Vielzahl von sensiblen Daten** mittels **neuester Technologie** zugreifen können und die Auswirkungen einer „falschen" bzw. unerlaubten Datenverarbeitung **hohe Risiken für die Betroffenen** bedeuten können, es nicht unwahrscheinlich ist, dass eine DSFA durchgeführt werden muss.

Die DSFA, im Englischen als „privacy impact assessment" bezeichnet, ist der Nachfolger der damaligen, in Deutschland mehr oder weniger bekannten und etablierten „Vorabkontrolle". Sowohl die Vorabkontrolle als auch die DSFA betreffen Datenverarbeitungen, die für Betroffene, aus welchen Gründen auch immer, mit einem hohen, wie auch immer gearteten Risiko verbunden sind. Aufgrund der Risikogeneigtheit dieser Verarbeitungen sieht es der EU-Gesetzgeber als zwingend notwendig an, dass Verantwortliche bei der DSFA die relevanten Verarbeitungen genau analysieren, bewerten und entsprechend des Risikos die notwendigen technischen und organisatorischen Schutzmaßnahmen treffen (*vgl. hierzu auch Kapitel 16*).

14.2 Pflicht zur Durchführung

Um sich eine grobe Vorstellung von einer DSFA zu verschaffen, empfiehlt sich zunächst der Blick in den Gesetzeswortlaut von Art. 35 Abs. 1. Hierin heißt es (wesentliche Anforderungen sind hervorgehoben):

*„Hat eine **Form** der **Verarbeitung**, insbesondere bei **Verwendung neuer Technologien**, aufgrund der **Art**, des **Umfangs**, der **Umstände** und der **Zwecke** der Verarbeitung **voraussichtlich** ein **hohes Risiko für die Rechte und Freiheiten** natürlicher Personen zur Folge, so führt der **Verantwortliche vorab** eine **Abschätzung** der **Folgen** der vorgesehenen Verarbeitungsvorgänge für den Schutz personenbezogener Daten durch. Für die Untersuchung mehrerer ähnlicher **Verarbeitungsvorgänge** mit ähnlich hohen Risiken kann eine einzige Abschätzung vorgenommen werden."*

Aus dieser Regelung lässt sich schon einiges zum Wesen der DSFA und zu der Frage, wann eine solche Abschätzung von wem vorzunehmen ist, ableiten.

14.3 Verpflichteter zur DSFA = Der Verantwortliche

Verpflichteter zur Durchführung einer DSFA ist nach Art. 35 Abs. 1 DSGVO der Verantwortliche. Dies ist je nach Organisationsstruktur der Einzelarzt, die Praxis, das MVZ, das Krankenhaus etc. (Hinweise dazu, wer in den jeweiligen Organisationen verantwortlich ist, finden sich in *Kapitel 4.2.*)

Hersteller von Medizinprodukten oder sonstiger Software, mit der Patientendaten verarbeitet werden sollen, sind deshalb, wenn sie nicht als (Mit-)Verantwortliche für diese Verarbeitung anzusehen sind, von sich aus auch nicht verpflichtet, eine solche Abschätzung vorzunehmen. Weil sie aber oftmals die einzigen sein dürften, die gewisse Fragen im Rahmen einer DSFA beantworten können, ist es essenziell, sie vertraglich zu verpflichten, bei einer DSFA, die eine Praxis/MVZ ggf. durchführen muss, ggf. als Auftragsverarbeiter mitzuwirken (*siehe hierzu Kapitel 17.3.6*).

Es ist daher dringend anzuraten, die bisher bestehenden vertraglichen Regelungen mit diesen Herstellern (Auftragsverarbeitern) danach zu überprüfen, ob und inwiefern die entsprechenden Hersteller als Auftragsverarbeiter den Verantwortlichen bei der Durchführung der DSFA zu unterstützen haben.

Nach Analyse der einzelnen Verträge dürfte sich ein sehr gemischtes Bild ergeben. So dürfte man schnell feststellen, dass in manchen Verträgen derartige Klauseln fehlen. Manche Verträge beinhalten explizit eine solche Regelung, in manchen ist sie verklausuliert enthalten. Es dürfte aber auch Verträge geben, die grundsätzlich solche Klauseln enthalten. Doch wird darin vielfach geregelt, dass der Auftragsverarbeiter den Verantwortlichen nur gegen eine entsprechende (entgeltliche) Aufwandsentschädigung bei der DSFA unterstützen wird. In der DSGVO ist von einer Entgeltlichkeit der Unterstützung durch den Auftragsverarbeiter jedoch keine Rede und es widerspricht eigentlich auch dem Wesen einer Auftragsverarbeitung, dass ein Auftragsverarbeiter diese essenziellen Informationen nur gegen Geld an den Verantwortlichen gibt. Aus diesem Grund ist zu empfehlen, derartige, für den Verantwortlichen (z. B. den Arzt) nachteilige Klauseln aus den Verträgen zu streichen bzw. nicht zu akzeptieren!

14.4 Verarbeitungsvorgang

Eine DSFA bezieht sich grundsätzlich auf einen bzw. mehrere Verarbeitungsvorgänge. Mit Verarbeitungsvorgang ist die Gesamtheit bestimmter Datenverarbeitungstätigkeiten gemeint, die notwendig sind, um einen oder mehrere bestimmte Zwecke zu erfüllen. Der Begriff „Verarbeitungsvorgang" erfasst damit automatisch die in Zusammenhang mit diesem Vorgang stehenden zu verarbeitenden Daten inkl. der an der Verarbeitung beteiligten IT-Systeme und Geschäftsprozesse (*siehe hierzu auch Kapitel 11.4*). Gerade weil für die DSFA eine genaue Kenntnis über die entsprechenden Verarbeitungsvorgänge essenziell ist, ist eine umfassende Transparenz über alle der relevanten, zu verarbeitenden Daten, der konkreten Datenflüsse, der an der Datenverarbeitung beteiligten Parteien und der eingesetzten IT-Systeme zwingend notwendig (*vgl. Kapitel 7.4*).

Nur wenn man weiß, wie die Datenverarbeitung genau stattfindet, ist es möglich, etwaige Gefahren/Risiken zu identifizieren und zu bewerten.

Es ist ferner auch durchaus möglich, mehrere Verarbeitungsvorgänge/Verarbeitungstätigkeiten, die mit einem ähnlichen/vergleichbaren Risiko einhergehen, in einer DSFA gemeinsam zu betrachten und zu bewerten. Ähnliche Risiken dürften insbesondere dort bestehen, in denen ähnliche bzw. miteinander vernetzte Technologien zur Erfüllung eines Zwecks eingesetzt werden (bspw. vernetzte Software-Medizinprodukte, die alle gemeinsam an ein Patientenmanagementsystem angeschlossen sind.)

14.5 Erforderlichkeit der Durchführung

Wie u. a. in *Kapitel 12.1.4* dargestellt, muss theoretisch bei jeder in einer Praxis, MVZ oder im Krankenhaus durchgeführten Verarbeitungstätigkeit eine mehr oder weniger umfangreiche Risikoanalyse durchgeführt werden. Kommt man im Rahmen dieser Analyse zum Ergebnis, dass bei der Datenverarbeitung ein hohes Risiko für Betroffene besteht und somit ein gewisser „Risikoschwellenwert" überschritten ist, gilt es, eine DSFA durchzuführen. Um der in Art. 5 Abs. 2 enthaltenen Rechenschaftspflicht gerecht zu werden, gilt es in jedem Falle, die Entscheidung hinsichtlich der Durchführung einer DSFA inkl. der Angabe der diesbezüglichen Erwägungen ausreichend zu dokumentieren.

Wie aus Art. 35 Abs. 3 deutlich wird, sieht die DSGVO insbesondere bei Persönlichkeitsbewertungen („Profiling"), beim Scoring, bei einer Videoüberwachung (im öffentlichen Raum), bei umfangreichen Verarbeitungen besonderer Kategorien von Daten (wie Patienten-/Gesundheitsdaten) gemäß Art. 9, 10 oder beim Einsatz neuer Technologien, deren Funktions-/Wirkungsweise man bzw. der Verantwortliche/Auftragsverarbeiter noch nicht einschätzen kann, als erforderlich an. In all diesen Fällen dürfte entweder aufgrund der Menge der zu verarbeitenden Daten, der Sensibilität der Daten oder der nur schwer einzuschätzenden Konsequenzen, ein hohes Risiko für Betroffene mit der Datenverarbeitung verbunden sein. Der Datenschutzausschuss, als Vereinigung der europäischen Aufsichtsbehörden, wird bald auf seiner Webseite eine Liste veröffentlichen, in denen die Verarbeitungsvorgänge/-tätigkeiten aufgeführt sind, bei denen zwingend eine DSFA durchzuführen ist.

14.6 Inhalt der DSFA und ihrer Dokumentation

Die nachfolgenden Ausführungen stellen die wesentlichen Inhalte des DSFA-Dokuments dar. Der DSFA-Prüfprozess, mit dem diese Informationen gewonnen werden, ist in *Kapitel 14.8* näher dargestellt.

Wie vorstehend aufgezeigt, ist eine umfassende Kenntnis des (geplanten) Verarbeitungsvorgangs essenziell, um die inhaltlichen Anforderungen gem. Art. 35 Abs. 7 in der anzufertigenden Dokumentation abzubilden. Ein wesentlicher Teil eines DSFA-Dokuments ist daher die (systematische) Beschreibung der Verarbeitungsvorgänge. Es empfiehlt sich dabei, den kompletten Verarbeitungsprozess bzw. -vorgang inkl. der zu verarbeitenden Daten, der konkreten Datenflüsse, der an der Datenverarbeitung beteiligten Parteien, der eingesetzten IT-Systeme und den verfolgten Zweck bzw. Zwecke darzustellen.

Danach gilt es aufzuzeigen, inwiefern der Verarbeitungsvorgang notwendig und verhältnismäßig ist, um den verfolgten Zweck zu erreichen. Man sollte an dieser Stelle darstellen, dass und wieso die konkrete Durchführung des Verarbeitungsvorgangs geeignet, erforderlich und angemessen ist, den Zweck zu erreichen. Dabei gilt es insbesondere auch, sich mit den Interessen der Betroffenen am Schutz ihrer Daten auseinanderzusetzen. Möglicherweise stellt man bei dieser Gelegenheit im Sinne einer Prozessoptimierung fest, dass man auf gewisse Daten, ihre Speicherung oder sogar bestimmte Prozesse verzichten kann.

In einem nächsten Abschnitt sollte eine konkrete Auflistung der relevanten Risiken inkl. ihrer Bewertung für die Rechte und Freiheiten der Betroffenen erfolgen. Wie bereits in *Kapitel 5.2* angesprochen, geht der von der DSGVO erfasste Schutzbereich weit über das Persönlichkeitsrecht hinaus und erfasst bspw. auch die Gesundheit und das Leben, weshalb auch diese Schutzgüter im Rahmen der Risikobewertung berücksichtigt werden müssen.

Zuletzt gilt es dann, die Abhilfemaßnahmen darzustellen, die man treffen wird/die getroffen wurden, um die ermittelten Risiken zu senken. Dabei gilt es auch darzustellen, wie den Betroffenenrechten und den Interessen ausreichend Rechnung getragen wird. In diesem Zusammenhang gilt es auch immer, die Restrisiken, die trotz der getroffenen Maßnahmen noch bestehen, darzustellen (vgl. zu dem hochkomplexen Bereich der Risikobeurteilung *Kapitel 12.1.4*).

14.7 Zeitpunkt der Durchführung einer DSFA

Eine DSFA ist dem Wortlaut von Art. 35 Abs. 1 folgend, grundsätzlich immer vor Aufnahme der Verarbeitungsvorgänge durchzuführen. Für Datenverarbeitungsvorgänge, die vor Geltung der DSGVO eingeführt wurden, ist ggf. nachträglich eine entsprechende Prüfung vorzunehmen. Da eine DSFA eine nicht unbeträchtliche Zeit in Anspruch nehmen kann, sollte man möglichst früh damit anfangen, um letzten Endes nicht den Einsatz der Software usw. zu verzögern.

Es ist ferner durchaus vorstellbar, dass Änderungen im Verarbeitungsvorgang, z. B. durch die Implementierung neuer, „smarter" Systeme, bei Vorgängen, für die eine DSFA bisher nicht notwendig war, nun auch eine DSFA erforderlich werden lassen. Des Weiteren ist es auch nicht ausgeschlossen, dass wenn man bereits für einen Verarbeitungsvorgang eine DSFA durchgeführt hat und sich wesentliche Umstände ändern, man verpflichtet sein kann, eine neue Abschätzung vorzunehmen.

Zuletzt sei auch darauf hingewiesen, dass die DSFA kein einmaliger Vorgang ist, weshalb eine einmal durchgeführte DSFA in regelmäßigen Abständen auf ihre Validität hin überprüft werden sollte.

14.8 Konkrete Durchführung einer DSFA

Hinsichtlich der Frage, wie eine DSFA durchzuführen ist, gibt es keine einheitliche Antwort. Zwar existieren einige formelle Anforderungen, die u. a. in Art. 35 sowie den Erwägungsgründen 84, 90, 91, 92 und 93 enthalten sind. Hinsichtlich der Methode der Durchführung ist der Verantwortliche jedoch recht flexibel. Essenziell ist aber immer eine ausreichende und umfangreiche Dokumentation, u. a. um der Rechenschaftspflicht aus Art. 5 Abs. 2 nachzukommen!

Weil es sich bei der DSFA um einen immer wiederkehrenden, iterativen Prozess handelt, sollte man in regelmäßigen Abständen entsprechend der Vorgehensweise „P(lan) D(o) C(heck) A(ct)" die Ergebnisse der durchgeführten DSFA überprüfen und ggf. nachjustieren bzw. die Prüfung mit Hinblick auf die geänderten Umstände neu vornehmen. Nachfolgend erfolgt nun die Darstellung einer möglichen Durchführung einer DSFA (vgl. https://www.lda.bayern.de/media/dsk_kpnr_5_dsfa.pdf).

PRAXIS-TIPP

Manche der geforderten Punkte dürften besonders für eine kleine Arztpraxis möglicherweise ein wenig überzogen sein. Nach meiner Ansicht dürfte bei einer DSFA das (nachvollziehbare), vollumfänglich dokumentierte Ergebnis zählen. Daher ist es das A und O, alle bei einer DSFA angestellten Erwägungen sinnvoll und nachvollziehbar zu dokumentieren.

1. Planung: Auch wenn es sich zunächst ein wenig übertrieben anhören mag: Die Durchführung einer DSFA ist ein Projekt und sollte entsprechend sorgfältig geplant werden. Insbesondere sollten dabei die jeweils durchzuführenden Schritte, die anzuwendenden Methoden, die Beteiligten usw. bestimmt werden.

2. Bildung eines „DSFA-Projekt-Teams": Wie deutlich werden sollte, ist eine DSFA eine nicht zu unterschätzende Herausforderung, die unterschiedliche fachliche „Disziplinen" erfasst. Daher sollten bei einer DSFA mehrere Personen aus unterschiedlichen fachlichen Bereichen (temporär) beteiligt werden, um ein nachvollziehbares Ergebnis zu erzielen. Insbesondere sollte gewährleistet sein, dass im Team die Bereiche „Datenschutz", „Risikoermittlung" und „Kenntnis der entsprechenden Fachprozesse" ausreichend vertreten sind. Der Datenschutzbeauftragte steht dem Team während des gesamten Prozesses beratend zur Seite. Er darf grundsätzlich nicht vollumfänglich in die DSFA involviert werden, denn er ist derjenige, der das DSFA-Ergebnis „abnehmen" und bewerten soll. Wie vorstehend dargestellt, kann es auch angezeigt sein, z. B. Auftragsverarbeiter oder Hersteller von IT-Systemen in die DSFA mit einzubeziehen.

3. Definition des Beurteilungsumfangs, Identifikation wesentlicher Faktoren: Wie vorstehend beschrieben, gilt es bei der DSFA, den Gegenstand (den Verarbeitungsvorgang) genau zu definieren. Dabei gilt es insbesondere auch, die zu überprüfenden Umstände der Verarbeitung inkl. der Datenflüsse, der Akteure, der betroffenen Personen sowie die verfolgten Zwecke genau zu identifizieren und zu dokumentieren. Ggf. ist es dabei sogar erforderlich, dass der Verantwortliche den Standpunkt der betroffenen Personen oder ihrer Vertreter zu der beabsichtigten Verarbeitung einholt (vgl. Art. 35 Abs. 9). Gerade bei hochkritischen Datenverarbeitungen gibt es vielfach Einschätzungen von Patientenverbänden, die man ggf. mit in die DSFA mit einfließen lassen sollte.

4. Bewertung der Notwendigkeit/Verhältnismäßigkeit der Verarbeitungsvorgänge in Bezug auf ihren Zweck: Da im Datenschutz der Grundsatz gilt, dass eine Datenverarbeitung immer in einem angemessenen Verhältnis mit dem beabsichtigten Zweck stehen muss, gilt es auch in einer DSFA, die zu betrachtenden Verarbeitungsvorgänge mit den verfolgten Zwecken (rechtlich) zu bewerten. Insbesondere gilt es dabei zu überprüfen, ob der Eingriff in die Rechte und Freiheiten der Betroffenen im Verhältnis zu dem angestrebten Zweck durch den Verantwortlichen (Arzt/Praxis) steht. Dabei gilt es auch zu prüfen, ob die konkrete Verarbeitung zum Erreichen der Zwecke tatsächlich notwendig ist oder ob es nicht vielleicht weniger

„einschneidende“ Alternativen gibt. Es ist in diesem Schritt bereits denkbar, dass der Verantwortliche eine Art „Modifikation“ der Verarbeitung in Erwägung zieht, z. B. durch Limitierung der zu verarbeitenden Daten, der Änderung der beteiligten Akteure oder der eingesetzten Technologien.

5. Bestimmung der einschlägigen Legitimationen: Nachdem die vorstehende Bewertung durchgeführt wurde, gilt es, die für die Verarbeitung einschlägigen gesetzlichen Legitimationsgrundlagen (Art. 6 oder Art. 9) zu identifizieren und zu dokumentieren.

6. Ermittlung der Risiken/Risikoquellen und ihre Beurteilung: Ist die Identifikation/der Dokumentation der Umstände erfolgt, gilt es in einem weiteren Schritt, die Risikoquellen beim Verarbeitungsvorgang zu identifizieren. Wie in *Kapitel 12.1.4* näher dargelegt, gilt es dabei insbesondere zu ermitteln, welche Personen/Organisationen die Daten unberechtigterweise nutzen könnten. Ferner aber auch, was und wie hoch ihre diesbezügliche Motivation ist. In einem weiteren Schritt gilt es dann zu beurteilen, wie wahrscheinlich der Eintritt eines Ereignisses/Schadens für die Betroffenen inkl. der Höhe des Schadens sein kann. Potenzielle Schäden für Betroffene können wie in *Kapitel 12.1.4* dargestellt, physischer, materieller oder immaterieller Art sein.

7. Auswahl geeigneter Abhilfemaßnahmen: Nachdem die Risiken, die Eintrittswahrscheinlichkeit und die Schadenshöhe ermittelt wurden, gilt es zu überprüfen, ob und inwieweit die ermittelten Risiken durch geeignete (technische und organisatorische) Maßnahmen reduziert werden können. Etwaige, trotz der getroffenen Maßnahmen verbleibende Restrisiken müssen dabei identifiziert und dokumentiert werden.

8. Erstellung des DSFA-Berichts: Hinsichtlich des gesamten Vorgehens/der Durchführung der DSFA gilt es, einen entsprechenden Bericht zu erstellen. Diesbezüglich sei auf die vorstehenden Ausführungen verwiesen.

9. Weitere Schritte nach Durchführung der DSFA: Wenn die DSFA nun durchgeführt wurde, gilt es, die notwendigen Maßnahmen durchzuführen, um die Risiken zu minimieren.

Der Einsatz von modernen Schutzmaßnahmen können u. U., wenn sie tief in die Betroffenenrechte (z. B. der Mitarbeiter) eingreifen, sogar eine neue DSFA nötig machen. Wenn zum Minimieren von Risiken bspw. umfassende Überwachungsmaßnahmen eingeführt werden, kann dieses wiederum eine DSFA notwendig machen.

Darüber hinaus muss man sich darüber bewusst sein, dass eine geplante Datenverarbeitung nicht stattfinden darf, bevor die entsprechenden Abhilfemaßnahmen umgesetzt wurden. Falls man feststellt, dass eigentlich geplante Maßnahmen so nicht realisierbar sind, gilt es bspw., andere Maßnahmen zu treffen, die Restrisikobewertung oder die Verarbeitungsvorgänge insgesamt anzupassen, so dass stets den Anforderungen der DSGVO genügt werden kann. Wie in *Kapitel 12.2.3* dargestellt, gilt es, dann die Maßnahmen auch auf ihre Wirksamkeit hin zu testen, was wiederum bedeuten kann, dass man nach Durchführung des Tests feststellt, dass die Risiken nicht so wie erhofft minimiert wurden bzw. neue Risiken aufgetreten sind. In diesem Falle gilt es, entsprechend nachzujustieren. Nachdem die DSFA durchgeführt wurde und die Maßnahmen ergriffen und erwiesenermaßen die Risiken gesenkt wurden, sollte der Verantwortliche den Vorgang förmlich „freigeben". In gewissen zeitlichen Abständen kann es durchaus sinnvoll sein, einen Dritten die DSFA überprüfen zu lassen. Dieses kann auch der Datenschutzbeauftragte sein, der sowieso gem. Art. 35 Abs. 2 entsprechend einzubeziehen ist.

14.9 Konsultation der Aufsichtsbehörde

Sollte die DSFA ergeben, dass trotz Treffen der entsprechenden Maßnahmen weiterhin ein hohes Risiko im Sinne eines Restrisikos besteht, ist der Verantwortliche (Arzt/Praxis) gem.

Art. 36 verpflichtet, die für ihn zuständige Aufsichtsbehörde (die Aufsichtsbehörde des Bundeslandes, in dem die Praxis liegt) zu konsultieren. Diese überprüft dann seine komplette DSFA und gibt entsprechende Empfehlungen, wie weiter verfahren werden soll. Der Verantwortliche entscheidet dann, ob die Verarbeitungsvorgänge aufgrund der verbleibenden Restrisiken durchgeführt oder welche zusätzlichen Maßnahmen getroffen werden sollen. Stellt die Aufsichtsbehörde bei Überprüfung fest, dass ein Einsatz dieses Verarbeitungsvorgangs nicht hinnehmbar ist, kann sie bspw. die Nutzung untersagen und etwaige weitere, in Art. 58 genannte Befugnisse im Rahmen der ihr zugestanden gesetzlichen Kompetenzen ausüben (vgl. hierzu auch die Ausführungen in *Kapitel 18*).

Kurz & knapp

Zusammenfassend lässt sich feststellen, dass eine DSFA in ihrer Komplexität und ihren Anforderungen nicht unterschätzt werden sollte. Doch ist sie nicht nur ein lästiges Übel. Vielmehr ist sie nach Ansicht der Verfasser ein sehr sinnvolles Werkzeug, die eigenen Prozesse besser zu verstehen, Transparenz zu schaffen und sich mit Risiken aus unterschiedlichen Betroffenenperspektiven auseinanderzusetzen. Oder anders ausgedrückt ist die DSFA ein Schritt dazu, nicht nur neueste, smarte Technik „wild", ohne großes Nachdenken einzusetzen, sondern einen solchen Einsatz reflektiert, mit entsprechendem Respekt für die Betroffenen, vorzunehmen.

15 Datenschutzbeauftragter – Pflicht zur Bestellung/Aufgaben etc.

Während der „DSGVO-Aufregung" des letzten Jahres wurde an mich vermehrt die Frage gestellt, ob Arztpraxen zwingend einen Datenschutzbeauftragten (DSB) bestellen müssen. Wie immer lässt sich diese Frage nicht generell beantworten, denn es kommt aufgrund der einschlägigen (interpretationsbedürftigen) gesetzlichen Vorgaben stets auf den jeweiligen Einzelfall an. Bei der Beantwortung der Frage können mehrere Umstände eine entscheidende Rolle spielen, denn es haben bspw. die Größe der Praxis/die Mitarbeiterzahl, die Menge der zu verarbeitenden Daten, ihre Sensibilität usw. einen großen Einfluss auf diese Verpflichtung.

Weil sich noch immer sehr viele Praxen mit der Frage, ob und wann nach der DSGVO Praxen einen DSB zu bestellen haben, wer DSB werden kann, was dieser für Aufgaben hat etc. beschäftigen, werden im Nachfolgenden diese Fragen so gut es geht praxisorientiert beantwortet.

15.1 Wann muss ein DSB bestellt werden?

Art. 37 ist die Kernvorschrift zur Beantwortung der Frage, wann ein Verantwortlicher nach der DSGVO einen DSB bestellen muss. Ferner enthält der Artikel Regelungen dazu, welche Qualifikationen ein DSB erfüllen muss.

Gemäß Art. 37 Abs. 1 c) müssen Verantwortliche oder der Auftragsverarbeiter einen Datenschutzbeauftragten insbesondere bestellen, wenn ihre Kerntätigkeit in der umfangreichen Verarbeitung besonderer Kategorien von Daten gemäß Art. 9 Abs. 1 besteht.

Falls gem. Art. 37 Abs. 4 eine Bestellung nach dem Recht der Union oder der Mitgliedstaaten (nationale Öffnungsklausel) vorgeschrieben ist, müssen der Verantwortliche und der Auftragsverarbeiter einen Datenschutzbeauftragten benennen. Weil in Deutschland der Lobbydruck auf den Gesetzgeber, die Institution des DSB weiterhin aufrechtzuerhalten, als durchaus hoch bezeichnet werden kann, hat sich der Gesetzgeber entschieden, von der in diesem Absatz enthaltenen nationalen Öffnungsklausel Gebrauch zu machen und mit § 38 BDSG eine entsprechende nationale Regelung zu schaffen, die an die „Tradition" des § 4f BDSG-alt anknüpft. So gilt also auch weiterhin, dass ein Datenschutzbeauftragter zu bestellen ist, wenn in der Regel mindestens 10 Personen ständig mit der Datenverarbeitung mittels IT beschäftigt sind. Falls der Verantwortliche/Auftragsverarbeiter Datenverarbeitungen vornehmen will, die eine Datenschutzfolgeabschätzung notwendig machen (vgl. Art. 35 und *Kapitel 4*), muss er unabhängig von der Mitarbeiterzahl einen Datenschutzbeauftragten bestellen. Gleiches gilt (wie bisher), wenn er personenbezogene Daten geschäftsmäßig zum Zweck der Übermittlung, der anonymisierten Übermittlung oder für Zwecke der Markt- oder Meinungsforschung verarbeitet.

Den vorstehenden Ausführungen folgend, muss man daher prüfen, ob und wenn ja, welche der Alternativen zur Bestellungsverpflichtung in einer Arztpraxis vorliegen. Da bei Auslegung der Regelungen noch immer viel Unsicherheit besteht, sollen im Nachfolgenden die einzelnen Alternativen mit spezifischem Fokus auf die Ärzteschaft beleuchtet werden.

10 Personen mit der automatisierten Datenverarbeitung beschäftigt – § 38 Abs. 1 BDSG:

Betreibt ein Arzt eine Praxis und sind dort **einschließlich seiner Person** in der Regel **mindestens 10 Personen ständig** mit der Verarbeitung personenbezogener Daten beschäftigt, besteht eine gesetzliche Verpflichtung zur Benennung eines DSB.

Bei der Mitarbeiteranzahl sind nur die Mitarbeiter zu berücksichtigen, die dauerhaft (ständig) mit der IT-Datenverarbeitung zu tun haben. Dies sind typischerweise die Mitarbeiter, die beispielsweise mit der Datenerfassung am Empfang oder der Datenverarbeitung im Rahmen der Abrechnung betraut sind. Mithin scheiden diejenigen aus, die nur gelegentlich mit der Datenverarbeitung beschäftigt sind. Erfasst werden auch angestellte Ärzte, Auszubildende sowie freie Mitarbeiter.

Umfangreiche Datenverarbeitung besonderer Daten(-kategorien) – Art. 37 Abs. 1 c:

Gem. Art. 37 Abs. 1 Nr. 3 muss ferner ein DSB bestellt werden, wenn es sich um eine „umfangreiche" Datenverarbeitung besonderer Kategorien von Daten handelt. Diese Bestellungsverpflichtung gilt unabhängig von der Anzahl der Mitarbeiter. Mithin muss eine Praxis, die weniger als 10 Mitarbeiter ständig mit der IT-Datenverarbeitung beschäftigt, einen DSB bestellen, wenn sie in ihrer Kerntätigkeit eine umfangreiche Datenverarbeitung vornimmt. Dreh- und Angelpunkt der Bestellungsverpflichtung ist somit die **„umfangreiche" Datenverarbeitung** bei der **Kerntätigkeit**, die im Nachfolgenden näher beleuchtet werden soll.

Zunächst einmal lässt sich tunlichst darüber streiten, ob die Kerntätigkeit einer Arztpraxis in der Datenverarbeitung besteht. Natürlich lässt sich sagen, dass die Kerntätigkeit ja eigentlich die (analoge) Behandlung des Patienten ist. Wenn man jedoch betrachtet, dass immer mehr IT rund um die Behandlung des Patienten eingesetzt wird und dieser Einsatz auch immer weiter zunimmt, kommen einem doch Zweifel, ob nicht auch immer mehr die Datenverarbeitung mittels IT so langsam zur Kerntätigkeit wird. Bei Arztpraxen, die noch immer auf das „gute alte" papierbasierte Aktensystem zurückgreifen, stellt sich natürlich nicht die Frage, ob die bzw. eine Kerntätigkeit in der Datenverarbeitung mittels IT besteht.

Auch die Frage, ob es sich um eine „umfangreiche" Datenverarbeitung von Gesundheitsdaten handelt, lässt sich nicht pauschal beantworten. Prinzipiell dürfte davon auszugehen sein, dass eine Einzelarztpraxis keine so große Menge an Daten verarbeitet, die als „umfangreich" zu verstehen ist. Eine Ausnahme könnte jedoch dann bestehen, wenn diese Praxis, aus welchen Gründen auch immer, ein Ausmaß an Daten von Betroffenen (Patienten) verarbeitet, die das gewöhnliche Maß übersteigt. Statistiken zeigen, dass für manche Facharztbereiche Behandlungsfallzahlen von 1 500 Patienten pro Quartal als durchschnittlich zu bezeichnen sind. Mithin im Jahr ca. 6 000 Datensätze von Patienten.

Für Praxisgemeinschaften dürfte aufgrund der Notwendigkeit zur getrennten Datenhaltung (*siehe auch Kapitel 4.2.4 „Verantwortlicher"*) der jeweiligen Ärzte sich für den einzelnen Arzt nichts anderes als bei einer Einzelarztpraxis ergeben. Im Ergebnis lässt sich bei entsprechender Organisation der Datenhaltung durch ein entsprechendes Rollen- und Berechtigungskonzept daher auch eine generelle Bestellungsverpflichtung ablehnen.

Auch Gemeinschaftspraxen (Berufsausübungsgemeinschaften) müssen nicht zwingend einen DSB bestellen (außer es sind mindestens 10 Mitarbeiter in der Regel ständig mit der digitalen Datenverarbeitung beschäftigt), soweit dort die Behandlung durch einen „einzelnen Arzt" erfolgt und dieser die Dokumentation verantwortet. Wenn die vorstehend angegebene Zahl von 1 500 Fällen pro Quartal in der Gemeinschaftspraxis nicht signifikant überschritten wird, dürfte man nicht von einer umfangreichen Verarbeitung ausgehen.

Hohes Risiko für Rechte und Freiheiten durch die Datenverarbeitung (Datenschutzfolgenabschätzung):

Bei Datenverarbeitungen, die mit einem hohen Risiko für den Betroffenen einhergehen, gilt es von Gesetzes wegen, eine sog. Datenschutzfolgenabschätzung durchzuführen (*mehr hierzu siehe Kapitel 14*). Das Ergebnis dieser Abschätzung muss ein DSB überprüfen, weshalb in diesen Fällen denklogisch immer ein DSB bestellt sein muss, auch bei weniger als 10 Mitarbeitern

Bei Ärzten, die zu mehreren bspw. in einer Praxisgemeinschaft bzw. Gemeinschaftspraxis zusammengeschlossen sind oder die ihrerseits weitere Ärzte beschäftigt haben, und ein hohes Risiko für die Rechte und Freiheiten bei der Verarbeitung personenbezogener Daten zu erwarten ist, ist eine Datenschutzfolgenabschätzung vorgeschrieben und damit zwingend ein DSB zu bestellen. Neben einer umfangreichen Datenverarbeitung, die ohnehin zu einer Bestellungspflicht führt, kann jedoch auch der Einsatz von neuen Technologien oder höchstsensiblen Daten, wie bspw. genetischen Daten, die ein hohes Risiko für die Patienten mit sich bringen können, eine Datenschutzfolgenabschätzung notwendig werden.

Sollten die in der DSGVO bzw. dem BDSG geregelten Fälle einer verpflichtenden Bestellung eines DSB im Einzelfall nicht vorliegen, ist natürlich ein Arzt jederzeit frei, einen DSB zu bestellen, was oftmals gar keine so schlechte Idee sein dürfte. Denn wie nachfolgend dargestellt werden wird, ist eine wesentliche Aufgabe des DSB die Beratung des Verantwortlichen im Bereich Datenschutz. Somit hat der DSB auch die Pflicht, den Verantwortlichen auf etwaige datenschutzrechtliche „Missstände" hinzuweisen und entsprechende Empfehlungen zur Beseitigung zu geben. Mithin ist ein DSB ein wesentlicher Teil einer Datenschutzorganisation und ist durchaus in der Lage, den Verantwortlichen vor Fehlern, die durchaus Konsequenzen nach sich ziehen können, zu bewahren. Nimmt der Arzt einen externen DSB in Anspruch und basiert seine Tätigkeit auf einem Vertrag, kann ein Arzt diesen bei einem entsprechenden Verschulden in Regress nehmen.

15.2 Welche Anforderungen muss ein DSB erfüllen?

Der Datenschutzbeauftragte muss gem. Art. 37 Abs. 5 eine entsprechende berufliche Qualifikation und Fachwissen besonders auf den Gebieten des Datenschutzrechts und der Datenschutzpraxis haben, um die in Art. 39 aufgezählten Aufgaben erfüllen zu können. Der Grad des Fachwissens bemisst sich nach dem Umfang der Datenverarbeitung und dem Schutzbedarf der Daten. Zur erforderlichen Fachkunde gehören neben guten Kenntnissen über die technischen Gegebenheiten zudem gute Kenntnisse über die rechtlichen Vorgaben.

Wie bisher kann gem. Art. 37 Abs. 6 ein Datenschutzbeauftragter

- ein Beschäftigter des Verantwortlichen oder Auftragsverarbeiters sein (interner Datenschutzbeauftragter) oder
- seine Aufgaben auf der Grundlage eines Dienstleistungsvertrags erbringen (externer Datenschutzbeauftragter).

Damit kann durchaus auch ein Mitarbeiter der Arztpraxis, der über entsprechendes Fachwissen verfügt, als betrieblicher DSB benannt werden. Der Praxisinhaber als Verantwortlicher im Sinne des Datenschutzrechts kann diese Aufgabe nicht übernehmen. Die notwendigen Fachkenntnisse können über Schulungen erworben werden. Nach meinen Erfahrungen bietet es sich sogar an, einen Mitarbeiter mit der Aufgabe als DSB zu betrauen, so dass dieser jederzeit die Augen im Unternehmen hat. Er hat zumeist einen jederzeitigen Überblick über die Prozesse der Arztpraxis bzw. kann sich diesen in der Regel beschaffen. Weiß er einmal nicht weiter, sollte er sich externen Rat holen können, um sich auch in gewisser Weise abzusichern. Ehrlicherweise muss man aber auch sagen, hat die Bestellung eines Mitarbeiters einen großen „Haken", der viele Arbeitgeber abschreckt: Wie im Nachfolgenden noch dargestellt wird, hat ein Mitarbeiter, der DSB ist, einen besonderen Kündigungsschutz. Mithin kann ein Arzt ihn nur noch „außerordentlich" kündigen.

Bei einem externen DSB basiert die Bestellung auf einem Vertrag, der praktisch jederzeit kündbar ist.

Ein Datenschutzbeauftragter muss ferner unabhängig sein bzw. seine Aufgaben in vollständiger Unabhängigkeit ausüben können!

Hat ein Verantwortlicher (Arzt/Praxis) einen DSB bestellt, muss er gem. Art. 37 Abs. 7 die Kontaktdaten des DSB der Aufsichtsbehörde mitteilen. Die jeweiligen Aufsichtsbehörden halten diesbezüglich ein Onlineformular auf ihren Webseiten bereit, mittels dessen man bequem den DSB melden kann. Ferner ist der Verantwortliche gemäß Art. 13, 14 verpflichtet, die Kontaktinformationen des Datenschutzbeauftragten insbesondere Betroffenen zur Verfügung zu stellen (u. a. auch auf der Webseite, doch dann muss nicht zwingend der Name genannt werden).

Gem. Art. 38 muss der Arzt/die Praxis sicherstellen, dass

- der DSB ordnungsgemäß und frühzeitig in alle mit dem Schutz von personenbezogenen Daten zusammenhängenden Fragen eingebunden wird (Abs. 1)
- er entsprechende Ressourcen zur Verfügung hat, um seine Aufgaben (Art. 39) wahrzunehmen und sein Fachwissen aktuell zu halten bzw. sich neues Wissen anzueignen (Abs. 2),
- er Zugang zu den Verfahren/Daten bekommt (Abs. 2),
- er seine Funktion als Hauptansprechpartner für Betroffene in ausreichendem Maße ausüben kann,
- er weisungsfrei agieren kann (Abs. 3).

Ein DSB muss daher ausreichend zeitliche und finanzielle Ressourcen haben, um seine verantwortungsvolle Aufgabe zu erfüllen. Daneben braucht er natürlich immer auch Kenntnis von der konkreten Verarbeitung bzw. muss die Möglichkeit haben, sich von dieser Kenntnis zu verschaffen. Insbesondere ist es essenziell, dass ein DSB frühzeitig vom Praxisinhaber in geplante Beschaffungen von IT-Geräten, Software usw. mit eingebunden wird. Nur so hat der DSB die Möglichkeit, auf etwaige Probleme etc. hinzuweisen und somit den Arzt vor etwaigen vorschnellen, unüberlegten Handlungen, die durchaus mit Konsequenzen verbunden sein können, zu bewahren.

Der Datenschutzbeauftragte darf nicht wegen seiner Tätigkeit abberufen oder benachteiligt werden (Art. 38 Abs. 3). Mithin ist es notwendig, dass demjenigen, der als DSB tätig ist, aus dieser oftmals verantwortungsvollen aber vielfach unbequemen Aufgabe kein Nachteil erwachsen darf. Aus diesem Grund sieht das Gesetz für einen internen DSB auch einen entsprechenden Kündigungsschutz vor. Daher darf einem Mitarbeiter, der DSB ist, nur außerordentlich gem. § 626 BGB gekündigt werden.

Um gerade der Verschwiegenheitspflicht von Ärzten entsprechend Rechnung zu tragen, ist der DSB zur strengen Verschwiegenheit verpflichtet. Insofern sollte insbesondere ein externer DSB auf das Patientengeheimnis verpflichtet werden. Korrespondierend dazu erhält der DSB inkl. der ihm unterstellten Personen von Gesetzes wegen auch ein Zeugnisverweigerungsrecht gem. Art. 38 Abs. 5 i.V.M. § 38 Abs. 2 und, § 6 Abs. 6 BDSG. Diese können/müssen das Zeugnis über Daten, von denen sie bei ihrer Tätigkeit Kenntnis erlangt haben, ggü. Gerichten, Behörden usw. verweigern. Ob und wie im Ernstfall der DSB das Zeugnisverweigerungsrecht ausüben soll, obliegt der Entscheidung der Person, der das Zeugnisverweigerungsrecht aus beruflichen Gründen zusteht (dem Arzt), es sei denn, dass diese Entscheidung in absehbarer Zeit nicht herbeigeführt werden kann. In einem solchen Fall entscheidet der DSB von sich aus. Korrespondierend mit dem Zeugnisverweigerungsrecht sieht § 6 Abs. 6 BDSG ferner vor, dass etwaige Unterlagen und andere Dokumente, deren Inhalt auch vom Zeugnisverweigerungsrecht erfasst ist, einem entsprechenden (prozessualen) Beschlagnahmeverbot unterliegen.

Es sei darauf hingewiesen, dass die unbefugte Offenbarung dieser Geheimnisse durch den Datenschutzbeauftragten gem. § 203 Abs. 2a StGB eine Straftat darstellt bzw. strafbewehrt ist.

Der DSB hat ferner gem. Art. 38 Abs. 3 ein Berichtsrecht bzw. eine Berichtspflicht gegenüber dem Verantwortlichen (Arzt/ Praxis). Mithin sollte der DSB einzelfallbezogen ansonsten in regelmäßigen Abständen über den „Datenschutz" in der Praxis informieren.

Wie Art. 38 Abs. 6 klarstellt, darf der interne DSB weitere andere Aufgaben und Pflichten in der Praxis wahrnehmen. Der Verantwortliche (Arzt/Praxis) muss dabei jedoch sicherstellen, dass die weitere Aufgabe nicht zu Interessenkonflikten mit seiner Tätigkeit als Datenschutzbeauftragter führt und er immer noch genügend Zeit für seine DSB-Tätigkeit hat.

15.3 Welche Aufgaben muss ein DSB erfüllen?

Dem DSB obliegen nach Art. 39 Abs. 1 u. a. folgende Aufgaben:

- die Überwachung der Einhaltung der geltenden Datenschutzvorschriften
  Dabei ist fraglich, ob das „Überwachen" strenger zu interpretieren ist als das in § 4 g BDSG enthaltene „Hinwirken". Der Datenschutzbeauftragte muss bei der Überwachung insbesondere immer auch der Risikogeneigtheit der Datenverarbeitung besonders Rechnung tragen.
- die Unterrichtung und Beratung des Verantwortlichen/ Auftragsverarbeiters inkl. der Beschäftigten, die personenbezogene Daten verarbeiten, hinsichtlich ihrer Pflichten entsprechend den geltenden Datenschutzvorschriften
- die Zuweisung von Zuständigkeiten
- die Sensibilisierung und Schulung der an den Verarbeitungsvorgängen beteiligten Mitarbeiter und die diesbezüglichen Überprüfungen
- die Beratung (auf Anfrage) im Zusammenhang mit der Datenschutzfolgenabschätzung und der Überwachung ihrer Durchführung gemäß Art. 35
- die Zusammenarbeit mit der Aufsichtsbehörde.

Besonders die Sensibilisierung der Mitarbeiter dürfte eine Kernaufgabe des DSB sein. Denn wie aufgezeigt, lassen sich die Anforderungen der DSGVO nur vernünftig umsetzen, wenn alle in der Praxis beschäftigten Personen an einem Strang ziehen.

Kurz & knapp

Zusammenfassend lässt sich feststellen, dass der DSB für den Datenschutz in einer Arztpraxis nicht verantwortlich ist. Das ist der Praxisinhaber. Der DSB hat aber die wichtige Aufgabe, die Datenverarbeitung zu überwachen, auf „Ungereimtheiten" hinzuweisen, zu beraten und natürlich auch die Mitarbeiter zu sensibilisieren. Die Aufgaben des DSB sind mannigfaltig und spiegeln damit seine wichtige Rolle in einer Organisation wider, die man nicht in ihrer Bedeutung unterschätzen sollte.

16 Empfehlungen zur Umsetzung des Schutzes von Daten in der Praxis

16.1 Allgemeines zum technischen und organisatorischen Schutz von (Patienten-)Daten

Wie im *Kapitel 12* dargestellt, ist es gerade für die Datenverarbeitung in Arztpraxen schwer, allgemeingültige Empfehlungen zum Schutz von Daten zu geben. Denn wie dargestellt, differieren die Umstände der Datenverarbeitung von Praxis zu Praxis, was wiederum u. a. zu ganz unterschiedlichen Risikobeurteilungen führen kann. Dieses wiederum hat zur Konsequenz, dass sich die konkret zu treffenden Maßnahmen von Praxis zu Praxis deutlich unterscheiden können. Auch wenn sich zwar grundsätzlich eine „one size fit all"-Lösung im Datenschutzrecht verbietet, gibt es doch so einige Dinge und Bereiche, die man beim Schutz von Daten (Datenschutz und ärztliche Verschwiegenheitspflicht) in einer Arztpraxis immer berücksichtigen sollte.

Bei den konkret zu treffenden technischen und organisatorischen Maßnahmen müssen die rechtlichen Vorgaben anhand des jeweiligen Einzelfalls „interpretiert" und in einem angemessenen Maße entsprechend des „Risikos" für die Daten umgesetzt werden. Bei all dem sollte immer im Hinterkopf behalten werden, dass der Schutz von Daten nie statisch ist. Vielmehr ist es ein Prozess, der immer wieder angepasst werden sollte. In regelmäßigen Abständen gilt es daher, die Prozesse inklusive der getroffenen Maßnahmen auf ihre Effektivität und Effizienz hin zu überprüfen. Dabei gilt es, immer auch der Tatsache Rechnung zu tragen, dass der Schutz von Daten nur proaktiv funktionieren kann. Daher sollte man sich immer wieder vor Augen führen:

> **!** Der Schutz von Daten kann immer nur präventiv funktionieren. Sind Daten einmal in den Händen von unbefugten Dritten, ist dieser Verlust nicht mehr heilbar. Es muss daher im Vorfeld alles nur Mögliche getan werden, damit es gar nicht erst zu einem Verlust von Daten kommt.

Dem proaktiven Ansatz folgend, müssen daher alle an der Datenverarbeitung beteiligten Personen für die gesetzlichen Anforderungen sensibilisiert sein und gemeinsam an „einem Strang" ziehen. Denn es gilt, sich immer vor Augen zu führen, dass die Mitarbeiter eine der tragenden Säulen einer Praxis sind und deshalb auch besonders zur Gewährleistung des Vertrauensverhältnisses beitragen. Aus diesem Grund sollten sie auch besonders für die Relevanz des „Schutzes von Daten" sensibilisiert werden.

Da besonders die ärztliche Verschwiegenheitspflicht nicht nur digitale Daten betrifft, sondern vielmehr auch „schriftlich manifestierte" sowie das gesprochene Wort, gilt es bei den erforderlichen zu treffenden technischen und organisatorischen Maßnahmen zum Schutz von Daten in einer Arztpraxis, auch diese speziellen „Datenverarbeitungsformen" gebührend zu berücksichtigen.

Um sich einen ersten Überblick über die empfohlenen technischen Maßnahmen zu verschaffen, hat die kassenärztliche Bundesvereinigung einen Leitfaden herausgegeben, der unter http://www.kbv.de/media/sp/Technische_Anlage_Datenschutz.pdf heruntergeladen werden kann.

Im Nachfolgenden sollen ergänzend zu diesem Dokument einige weitere relevante (physische) Bereiche ein wenig näher betrachtet werden.

16.2 Räumliche Ausgestaltung und Praxisorganisation

Ein Punkt, der immer zuallererst, am besten schon vor dem Einzug in eine neue Praxis beachtet werden sollte, ist, wie die Räume aufgeteilt sind. In diesem Zusammenhang sollte man auch die Organisation der Praxis auf die räumlichen Begebenheiten abstimmen. Gerade weil das Patientengeheimnis auch mündliche Informationen schützt, sollte man diesem, zugegebenermaßen heutzutage immer weniger beachteten Aspekt weiterhin Geltung tragen. Es gilt nämlich schon bei der räumlichen Gestaltung, den Patienten entsprechenden Respekt entgegenzubringen. Denn jeder Patient hat ein Recht darauf, dass keine anderen von seinen Befindlichkeiten usw. erfahren. Die zunehmend anzutreffenden offenen und großzügig gestalteten Räume sind möglicherweise aus Sicht des Patientendatenschutzes nicht zu empfehlen …

Ein Arzt sollte stets eine strikte Trennung von Empfangs-, Warte- und Behandlungsbereich gewährleisten und seine Organisation darauf ausrichten, dass so wenig Informationen, die das jeweilige Arzt/Patientenverhältnis betreffen, wie möglich an nicht an der Behandlung beteiligte Personen, wozu natürlich auch andere Patienten des Arztes gehören, gelangen.

So sollte durch eine entsprechende räumliche Trennung erreicht werden, dass so wenige andere Patienten/Personen, die z. B. auf ihre Behandlung warten, von den Informationen, die Patienten im Empfangsbereich von sich preisgeben, erfahren. Daher empfiehlt es sich dringend, Wartebereich und Empfangsbereich räumlich/baulich etwa durch eine Tür zu trennen, die möglichst „schalldicht" sein sollte.

Diese räumliche Trennung gilt erst recht für die Trennung des Behandlungszimmers bzw. der Behandlungszimmer von den restlichen Räumen, in denen sich andere Patienten aufhalten können.

In diesem Zusammenhang ist es nicht ausreichend (auch wenn es modern ist), dass die entsprechenden Bereiche nur durch eine wie auch immer geartete Sichtblende, schalldurchlässige Tür oder sogar nur einen Vorhang getrennt sind.

Im Optimalfall sollten entsprechende „Diskretionsbereiche" eingerichtet werden, in denen sich ein Patient dem Personal diskret offenbaren kann.

Wie aufgezeigt ist es essenziell, neben den baulichen Gegebenheiten besonders auch die „Praxisorganisation" entsprechend den (gesetzlichen) Anforderungen sinnvoll vorzunehmen. So sollte das Personal insbesondere darauf sensibilisiert werden, dass es Dritten Patientendaten nicht unbefugt offenbart. Diesbezüglich sollte man zunächst die „Prozesse"/Situationen identifizieren, in denen Patientendaten/Informationen Dritten möglicherweise offenbart werden könnten.

Gerade, wenn eine räumliche Trennung bspw. aufgrund der baulichen Raumsituation nicht stringent gewährleistet werden kann, gilt es, das Personal besonders anzuhalten, so weit wie möglich keine Informationen, die einen Patienten identifizieren und in einen medizinischen Zusammenhang bringen lassen, zu offenbaren.

Diesbezüglich sind etwa Gespräche zu erwähnen, bei denen sich das Personal über einen Patienten und seine „medizinischen Befindlichkeiten" unterhält und andere Patienten/Externe mithören können. Derartige Gespräche sollten, wenn andere mithören können, auf ein Minimum beschränkt werden.

> Das Praxispersonal sollte angehalten werden, im Empfangsbereich so wenige sensible Informationen mit dem Patienten (wenn andere mithören können) wie möglich auszutauschen, bzw. selber möglichst wenig Informationen über den medizinischen Zustand des Patienten preiszugeben. Vielmehr sollten sie Gespräche so führen, dass nur die entsprechend betroffenen Patienten selber medizinische Sachverhalte zusammen mit ihrem Namen den mithörenden Anwesenden offenbaren.

Auch ein Arzt sollte darauf achten, dass Gespräche mit medizinischen Inhalt möglichst immer nur im Behandlungs- oder in einem anderen Zimmer, in dem andere Patienten/Externe nicht mithören können, geführt werden.

Das Vermeiden der Preisgabe sensibler Informationen gilt besonders auch bei Telefongesprächen mit Dritten, die Anwesende (wohl oder übel) mithören können. Daher sollte so weit wie möglich, auch wenn es nicht immer leicht ist, auf eine namentliche Anrede verzichtet werden, besonders wenn es um die Mitteilung von Informationen mit medizinischem Bezug geht. Im Optimalfall sollte der Arzt selber, wenn er alleine im Behandlungszimmer ist, ein Gespräch mit medizinischem Inhalt mit den entsprechenden Patienten führen.

Da vermieden werden muss, dass unbefugte Dritte entsprechende Informationen erhalten können, muss eine Praxishilfe/ ein Arzt darauf achten, dass diese Informationen auch wirklich nur den Betroffenen mitgeteilt werden. Daher ist es essenziell, dass die Identität des Anrufenden auch entsprechend gesichert ist. Eine Verifizierung des Anrufers kann durch entsprechenden Rückruf oder durch die Abfrage entsprechender, eigentlich nur dem Patienten bekannten Daten erfolgen, die jedoch nicht gleichzeitig schon Anhaltspunkte zum medizinischen Status des Patienten haben sollten.

Die ärztliche Verschwiegenheitspflicht bezieht sich auf alle „Dritten" und daher grundsätzlich auch auf die Familienangehörigen des Patienten. Nur wenn ein Arzt/ eine Praxishilfe positiv weiß, dass ein Angehöriger des Patienten auch diese Kenntnis haben darf, dürfen diese Daten dem Angehörigen offenbart werden. In jedem Fall empfiehlt es sich, einen entsprechenden Kurzvermerk in der (digitalen) Patientenakte anzulegen, ob und wenn ja wer in die entsprechenden „Geheimnisse" mit eingeweiht werden darf.

Zu einer ordnungsgemäßen Organisation gehört auch, dass Informationen, die Aufschluss über einen Patienten geben und hochsensible medizinische Informationen, die auf Karten/Akten dokumentiert sind, nicht von Externen eingesehen werden können.

Fax-Geräte und Drucker sollten so positioniert werden, dass Unbefugte sich keinen Zugriff auf diese Geräte und besonders auch auf entsprechende Faxe oder Ausdrucke verschaffen können. Faxe und Ausdrucke sollten vielmehr so schnell wie möglich aus dem Drucker/dem Fax-Gerät geholt und vor den Blicken Unbefugter geschützt aufbewahrt werden.

Wie für „handfeste" Akten/Karteikarten, gilt die Pflicht zur Verhinderung der Einsichtnahme auch für digitale Medien. Insbesondere muss bei Anzeigegeräten wie Monitoren verhindert werden, dass sich andere Patienten/Externe von nicht für sie bestimmten Informationen Kenntnis verschaffen können. Daher sollten Monitore von Praxiscomputern besonders auch im Empfangsbereich so aufgestellt werden, dass andere Patienten/Externe keine Kenntnis von den darauf sichtbaren Daten/Informationen sich verschaffen können. Auch Ärzte sollten in ihrem Behandlungszimmer, wenn ein Patient auf sie wartet, durch entsprechende Maßnahmen verhindern, dass die PCs/Monitore für den Patienten sichtbar sind. Dieses gilt besonders für den Fall, dass auf diesen Monitoren noch die Daten des vorherig behandelten Patienten sichtbar sind. Daher sollte ein Arzt/eine Praxishilfe immer darauf achten, dass wenn sie nicht im Raum sind, entsprechende Geräte ihren Inhalt zumindest „ausgeblendet" haben bzw. gesperrt sind.

16.3 Sicherheitsvorkehrungen bei externer elektronischer Kommunikation

Ein wesentlicher Teil der Digitalisierung des Gesundheitswesens bzw. das sog. eHealth basiert auf elektronischer Kommunikation. Erst mit dieser ist es u. a. möglich, schnell und bequem Kontakt mit anderen aufzunehmen sowie diesen große Mengen an Daten zukommen zu lassen. Durch diese Kommunikationsform ist es daher schnell und bequem möglich, sich in kurzer Zeit bspw. mit Kollegen auszutauschen, mit den Patienten zu kommunizieren usw. Durch den Einsatz von elektronischer Kommunikation ist damit ein Arzt durchaus in der Lage, seinen

Patienten Mehrwerte/Komfort zu erbringen, seine Behandlungsprozesse zu optimieren sowie effektiver und effizienter zu gestalten.

Doch beschäftigt man sich einmal intensiver mit dem hochkomplexen Thema der elektronischen Kommunikation, dürften einem auch schnell die Schattenseiten/die Risiken, die mit der immer fortschreitenden elektronischen Kommunikation einhergehen, bewusst werden. Diese sollte man nicht ignorieren. Vielmehr gilt es sich vor Augen zu führen, dass digitale Kommunikation Datenverarbeitung ist, die den Anforderungen der DSGVO entsprechen muss. Wie u. a. in den *Kapiteln 12 und 14* dargestellt, sollte man sich daher von Gesetzeswegen gerade bei neuen, modernen Kommunikationsformen intensiv mit diesen beschäftigen, die damit einhergehenden Risiken abschätzen und die entsprechenden risikoadäquaten Schutzmaßnahmen treffen. Denn als Übermittler und zunächst Alleinverantwortlicher ist man von Gesetzes wegen verpflichtet, stets sicherzustellen, dass die Datenverarbeitung mit rechten Dingen abläuft bzw. sicher und rechtskonform ist.

16.3.1 Pflichten bei der elektronischen Kommunikation

Elektronische Kommunikation via E-Mail, Messenger-Apps usw. ist etwas, was man zwar selber initiiert, aber danach nicht mehr wirklich „steuern"/beherrschen kann. Darüber hinaus benötigt man immer jemanden, der die Übermittlung der Nachrichten für einen übernimmt. Das wiederum bedeutet, dass man durch die elektronische Kommunikation zwangsläufig immer mehr Externe in die Übermittlung von hochsensiblen Daten einbindet, die sie möglicherweise sogar für ihre eigenen Zwecke weiterverarbeiten.

Den eigentlichen Vorgang der elektronischen Kommunikation können wir nicht ohne entsprechende Hilfsmittel sinnlich wahrnehmen. Gerade weil wir nicht mitbekommen was geschieht, gilt es, sich im Vorhinein so gut wie möglich Transparenz über die Datenverarbeitung zu verschaffen. Dazu gehört, dass man sich u. a. über die Art und Weise der Kommunikation, die Datenflüsse, die an der Kommunikation Beteiligten und ihre Verantwortlichkeiten sowie die bei der Kommunikation getroffenen Schutzmaßnahmen informiert. In diesem Zusammenhang sollte man sich auch immer vor Augen führen, dass, wenn die Daten einmal „in den Äther" geschickt wurden, man dieses nicht mehr ungeschehen machen kann. Insbesondere kann man praktisch nicht mehr auf die dann erfolgende Datenverarbeitung Einfluss nehmen. Vielmehr bleibt einem nichts anderes mehr übrig als zu hoffen, dass alles seinen rechtmäßigen Gang geht ...

Aus diesem Grund muss ein Verantwortlicher (wie Arzt, Praxis, MVZ) usw. gerade beim Einsatz elektronischer Kommunikation die Risiken, die mit dieser einhergehen, identifizieren und bewerten. Im Anschluss gilt es dann, die risikoadäquaten Schutzmaßnahmen zu treffen. Bei der Risikobeurteilung sollte man nicht nur den elektronischen Kommunikationsweg betrachten, vielmehr ist auch die Sicherheit für den Nachrichteninhalt zu berücksichtigen. Darüber hinaus gilt es, stets im Hinterkopf zu behalten, dass die Sicherheit der Kommunikation untrennbar mit der Sicherheit der Geräte, mit denen die Kommunikation stattfindet, verbunden ist. Nur wenn u. a. diese Geräte, die auf ihnen installierte Kommunikations-Software und die restliche Software, die auf diesen Geräten installiert ist, „sicher" sind, kann eine „sichere" elektronische Kommunikation erfolgen.

Stellt man fest, dass mit einer gewählten Kommunikationsform hohe, praktisch nicht zu beherrschende Risiken einhergehen, gilt es u. U. sogar, eine Datenschutzfolgenabschätzung durchzuführen. Stellt man im Rahmen der Risikobetrachtung fest, dass die Risiken unbeherrschbar bzw. nicht einschätzbar sind, sollte man sich ggf. dafür entscheiden, von dieser zwar bequemen, aber selbst durch entsprechende Maßnahmen unbeherrschbaren Kommunikationsart Abstand zu nehmen ...

Elektronische Kommunikation kann in unterschiedlichen Formen stattfinden. Eine vor allem früher häufig genutzte Form ist die Übermittlung per Fax.

16.3.2 Übermittlung und Empfang via Fax

Auch wenn die Fax-Nutzung immer mehr von der E-Mail-Nutzung verdrängt wird, werden gewisse Praxis-Prozesse doch immer noch per Fax abgewickelt.

Wie auch die E-Mail, ist ein Fax eigentlich aufgrund seiner technischen Spezifikationen (heutzutage praktisch nur noch Voice over IP = Internet) und den fehlenden Sicherheitsfeatures grundsätzlich kein Medium, das zur Übertragung von sensiblen Patientendaten genutzt werden sollte. Ein Versand von Patientendaten über dieses Medium sollte daher auf ein Minimum beschränkt werden.

Falls im Einzelfall medizinische Daten via Fax übermittelt werden sollen, sollte durch entsprechende Hinweise etc. sichergestellt sein, dass nur der Empfänger selbst oder ausdrücklich dazu ermächtigte Dritte Kenntnis vom Inhalt des Schreibens erhalten. Da das Fax-Gerät oftmals eine eigene Nummer besitzt, kann es sich empfehlen, während eines Telefonats das Fax zu senden und direkt beim Empfänger nachzufragen, ob er es erhalten hat. Ansonsten empfiehlt es sich, innerhalb einer kurzen Zeit (ca. 5–10 Minuten) telefonisch nachzufragen, ob das Fax angekommen ist.

Auch in den Fällen, in denen Krankenkassen entsprechende Anfragen per Fax stellen (vgl. http://www.kbv.de/media/sp/02_Erlaeuterungen.pdf), dürfte eine Rückantwort des Arztes per Fax möglich sein. In allen anderen Fällen muss die Kommunikation statt über Fax auf dem Postweg erfolgen. Zu diesem Zweck muss eine Krankenkasse auch einen entsprechenden Freiumschlag bereitlegen.

Grundsätzlich gilt, dass eine Übermittlung per Fax immer nur dann zulässig ist, wenn der Patient schriftlich in die Übermittlung seiner Daten eingewilligt hat.

16.3.3 Übermittlung und Empfang via E-Mail

Mit schwindendem Einfluss der Nutzung von Fax-Geräten steigt die Bedeutung der Übermittlung via E-Mail und neuerdings sogar über andere digitale Kommunikationswege wie z. B. WhatsApp. Die Zunahme dieser Kommunikationsformen ist durchaus nachvollziehbar. Denn diese Nachrichten sind sehr schnell geschrieben und ohne Probleme auch versendet. War es mit dem Fax-Gerät oftmals noch ein ziemlicher Aufwand, das Dokument zu versenden, ist es heute praktisch nur noch ein Klick, und die E-Mail ist draußen …

Doch gerade die Übermittlung von Daten/Informationen via E-Mail erfolgt auf Wegen, die als nicht vertrauenswürdig und sicher anzusehen sind. Weil an dieser Kommunikation viele „Externe" beteiligt sind bzw. in der Lage sind, von den Daten/Informationen Kenntnis zu nehmen, dürften diese Kommunikationsformen als noch unsicherer (zumindest im Hinblick auf die Gewährleistung der Vertraulichkeit) anzusehen sein, als eine Übermittlung mittels Fax.

Weil praktisch jeder mit entsprechendem „Know- How" unverschlüsselte E-Mails mitlesen und sogar „modifizieren" kann, sollte man eine E-Mail, bildlich gesprochen, als eine „mit einem Bleistift geschriebene Postkarte" betrachten. Wie beim Fax-Versand sollten daher auch keine E-Mails mit sensiblen Patienteninformationen unverschlüsselt versandt werden. Ein unverschlüsselter E-Mail-Versand dürfte nur möglich sein, wenn sich der Patient explizit damit einverstanden erklärt, wobei auch hier Zweifel an der Wirksamkeit dieser Einwilligung existieren. Im Optimalfall sollte der Arzt ihn aufklären, dass dieser Übermittlungsweg unsicher ist. Wenn er dennoch damit einverstanden ist, sollte dieses Einverständnis entsprechend dokumentiert werden. Falls eine unverschlüsselte E-Mail-Zusendung gewünscht ist, sollte darauf geachtet werden, dass die entsprechenden Daten/Informationen angemessen gesichert sind.

In jedem Fall muss aber auch darauf geachtet werden, dass der **Transportweg** zum Empfänger verschlüsselt, mittels TLS usw., erfolgt. Ob der eigene E-Mailserver eine solche Transportverschlüsselung einsetzt, sollten Sie bspw. mit ihrem Anbieter oder IT-Dienstleister klären. Eine Verschlüsselung des Transportweges verhindert jedoch nicht, dass der Inhalt des Anhangs nicht von Unbefugten mitgelesen wird. Diesbezüglich ist es daher empfehlenswert, Dateien (Anhänge) zu verschlüsseln. Dieses kann durch ein „Packen" der Datei mittels eine Komprimierungsprogramms geschehen (z. B. ZIP) und der Vergabe eines entsprechenden Passworts. Ferner auch durch eine Vergabe eines Passworts des entsprechenden Dokuments. Das Passwort zu dieser Datei sollte dem Empfänger auf einem anderen Kommunikationsweg als dem E-Mail mitgeteilt werden.

Auch wenn der Wirkungsgrad von Firewalls und Virenscannern oftmals recht begrenzt ist, sollten eingehende E-Mails grundsätzlich immer mittels einer solchen Lösung überprüft werden. Gerade weil Virenscanner usw. keinen 100 %igen Schutz bieten, sollte man E-Mails, besonders von Versendern, die man nicht kennt und mit denen man keinen direkten Bezug/Kontakt hat, vorsichtig umgehen. Wenn die E-Mails Anhänge enthalten, gilt es, diese Anhänge sehr sensibel zu behandeln. Insbesondere sollten sie nicht „unreflektiert" geöffnet werden. Zu diesem Zweck sollte darüber nachgedacht werden, dass eine spezielle (virtuelle) Umgebung geschaffen wird, in der diese Anhänge geöffnet werden und ihr Inhalt, ohne eine Infektion des eigenen Systems bzw. des Netzwerks zu riskieren, betrachtet werden können.

16.3.4 Einsatz mobiler Geräte wie Smartphones und Apps

Smartphones entwickeln sich immer mehr zu einem ständigen Begleiter und sind damit auch in einer Arztpraxis allgegenwärtig. Doch sollte man diesen „Taschenspionen" nicht zu viel Vertrauen schenken und sie zu sehr in den Ablauf einer Arztpraxis einbinden. Weil das Thema Smartphones so hochkomplex und mannigfaltig ist, dass es hier den Rahmen sprengen würde, sollen im Nachfolgenden nur ein paar generelle Empfehlungen und Hinweise gegeben werden, um so gut wie möglich auf die Gefahren, die beim Umgang mit Smartphones lauern, hinzuweisen.

Eines der großen Probleme bei Smartphones ist die Komplexität und die Intransparenz der Datenverarbeitung. Als Nutzer wissen wir grundsätzlich nicht und können es, ohne erheblichen technischen Aufwand zu betreiben, auch nicht nachvollziehen, was sich alles im Hintergrund auf den Geräten abspielt.

Erschwerend kommt hinzu, dass wir (standardmäßig) auch nicht in der Lage sind, wirklich selbstbestimmt zu entscheiden, welche Daten ein Smartphone an die Hersteller des Smartphones oder Apps transferieren darf. So ist es auch nicht verwunderlich, dass manche Experten mit sehr guten Argumenten bspw. das Android-Berechtigungsmodell als „perfides Konstrukt", bezeichnen (https://www.kuketz-blog.de/das-android-berechtigungsmodell-ein-perfides-konstrukt/).

Zusammenfassend hängt damit der Einsatz von Smartphones wieder einmal alleine vom „Vertrauen" in die Anbieter/Hersteller der Geräte/der Apps ab.

Man sollte immer im Hinterkopf haben, dass das Installieren einer App, die auf viele Ressourcen des Smartphones wie z. B. auch das Adressbuch, in dem die Kontaktinformationen der Patienten gespeichert sind, zugreift und an die Anbieter versendet, einen Verstoß gegen datenschutzrechtliche Grundsätze darstellt. Gerade bei Diensten/Apps, die auf dem Smartphone gespeicherte Daten, die dem Patientengeheimnis unterliegen, an Dritte wie Facebook, WhatsApp und Co. versenden, liegt zusätzlich eine Verletzung der ärztlichen Verschwiegenheitspflicht vor!

Daher sollte man sich als Geheimnisträger gut und sehr genau überlegen, welche Apps man auf einem dienstlichen Smartphone, auf dem sich auch Daten des Patienten befinden (auch Kontaktdaten der Patienten zählen dazu), installiert. Doch auch wenn man bei den zu installierenden Apps vorsichtig und besonnen vorgeht, kann man oftmals nicht verhindern, dass Daten, die dem Patientengeheimnis unterliegen, an Google, Apple und Co. aufgrund etwaiger „Funktionen" im Betriebssystem (Android, iOS) versendet werden.

Aufgrund dieser praktisch unkontrollierbaren Datensammelwut der Geräte sollte sich ein Geheimnisträger, auch wenn es sich zunächst ein wenig althergebracht anhören mag, überlegen, ob er ein „Smartphone" für die dienstlichen Anrufe wirklich benötigt. Vielmehr sollte er in Erwägung ziehen, für die dienstliche Kommunikation ein althergebrachtes Handy zu nutzen. Gerade, weil Handys keine Internetfunktionalität haben, lassen sie sich nur zum Telefonieren nutzen und geben damit auch nicht die Daten unbefugt im Hintergrund preis.

Eine Alternative zum Handy wäre, wie in der siebenteiligen Artikelserie „Your Phone Your Data" (https://www.kuketz-blog.de/your-phone-your-data-teil1/) und Your Phone Your Data (light) (https://www.kuketz-blog.de/your-phone-your-data-light-android-unter-kontrolle/) aufgezeigt, zu versuchen, die Herrschaft über seine Daten auf einem Smartphone wiederzuerlangen. Dieses Vorhaben ist jedoch recht ambitioniert, erfordert ein gewisses technisches Know-How, Zeit und die Bereitschaft, sich von den so vertrauten Smartphone-Funktionalitäten ein Stück weit zu verabschieden. Aufgrund des nicht unbeträchtlichen Aufwands, der für die „Wiedererlangung der Datenherrschaft" auf einem Smartphone aufgewendet werden muss, dürfte es aber häufiger sinnvoll sein, einfach ein Handy zu nutzen, mit dem man nur Telefonieren und SMS schreiben kann.

Eine weitere Alternative zur Smartphone-Benutzung wäre, einfach die Internetverbindung zu kappen und niemals zu aktivieren. Doch dann müsste man sich wiederum fragen, wieso man dann noch ein Smartphone benötigt. Ferner zeigt die Erfahrung, dass man in bestimmten Situationen immer wieder bestrebt ist, die Internetverbindung zu nutzen, um schnell mal Informationen aus dem Netz zu erhalten etc. Und genau auf diese Situation warten dann die Apps und senden genau dann alle vom Handy gesammelten Daten.

Wenn man sich (dennoch) dazu entscheidet, ein Smartphone für seine dienstlichen Zwecke zu nutzen, sollte man umso mehr darauf achten, dass man alles nur Mögliche getan hat, um das Smartphone bzw. die auf diesem Gerät gespeicherten Daten vor den Gefahren der „virtuellen“ aber auch der „realen Welt“ zu schützen. Nachfolgend sollen daher (nicht abschließend) einige Hinweise diesbezüglich gegeben werden:

Gerade, weil Smartphones (die Geräte) einen nicht unerheblichen wirtschaftlichen Wert haben, sind sie beliebte Diebstahlobjekte in der „realen Welt“. Aus diesem Grund ist es zwingend notwendig, wenn man ein Smartphone für seine dienstlichen Zwecke einsetzen will, dieses entsprechend zu verschlüsseln und mit einem entsprechenden „sicheren“ Passwort/Zugangsschutz zu versehen. Es gilt in jedem Fall zu verhindern, dass wenn das Smartphone gestohlen werden sollte, sich die Diebe Zugriff auf sensible Daten/Informationen wie Kontaktdaten, Zugangsdaten, VPN-, WLAN-Schlüssel oder sonstige Passwörter usw. verschaffen können.

Gerade, weil Smartphones oftmals „Opfer“ eines Diebstahls werden, gilt es unbedingt auch entsprechende Back-ups der Daten auf dem Smartphone anzufertigen. Dabei sollte jedoch in keinem Fall eine Herstellerlösung wie die „iCloud“ oder die „Google-Cloud“ aufgrund der damit einhergehenden strafrechtlichen Relevanz genutzt werden.

Da ein Smartphone im Prinzip ein vollwertiger, vernetzter Computer ist, lässt sich ein Smartphone auch aus dem Internet „hacken“. Aufgrund der Intransparenz der Datenverarbeitung des Geräts bemerkt man jedoch oftmals nicht, dass man „gehacked“ wurde und was eigentlich alles „erbeutet“ wurde. Oftmals wird das Smartphone, gerade weil es oftmals über einen Zugang in das Praxis- bzw. Krankenhausnetz verfügt, angegriffen, um sich über dieses Smartphone Zugang in das Praxisnetz zu verschaffen und entsprechende, auf den Servern gespeicherte Daten abzugreifen. Aus diesem Grund ist es essenziell, dass sämtliche Software, die auf dem Smartphone installiert ist (und dazu gehört auch das Betriebssystem) stets auf dem aktuellen Sicherheitsstand ist. Datenverbindungen wie Bluetooth, WLAN etc. sollten nur aktiviert und genutzt werden, wenn sie wirklich benötigt werden. In allen anderen Fällen sollten diese Funktionen deaktiviert werden, was zusätzlich auch der Akkuleistung sehr zugute kommt. Ferner sollten so weit wie möglich auch alle „Dienste", besonders die „Backup-Cloud-Dienste" der Anbieter, aufgrund der vorstehend angesprochenen strafrechtlichen Relevanz von vornherein deaktiviert werden.

Bei großen Organisationen wie Krankenhäusern, MVZ etc., in denen Smartphones zum Einsatz kommen, sollten entsprechende Sicherheitskonzepte ausgearbeitet werden. Ferner sollte darüber nachgedacht werden, ob eine sog. Mobile Device Management (MDM) -Lösung, bei der die Nutzung bzw. der Nutzungsumfang der entsprechenden Smartphones halbwegs gesteuert werden kann, sinnvoll ist. In diesem Zusammenhang sei darauf hingewiesen, dass auch eine solche MDM-Lösung ein planvolles, organisatorisches Vorgehen inklusive entsprechender Regelungen erfordert.

Wie aufgezeigt, sind die zu treffenden technischen und organisatorischen Maßnahmen bei Smartphones und Co. nicht zu unterschätzen.

16.4 Der „Praxisauftritt" im Netz

Ein weiterer Bereich, der von einem Arzt auch nicht in seiner Relevanz unterschätzt werden sollte, ist sein „Praxisauftritt" im Internet. Mehr als die Hälfte der Arztpraxen in Deutschland verfügte nach einer Untersuchung der Stiftung Gesundheit aus dem Jahre 2015 über eine Internet-Präsenz (https://www.stiftung-gesundheit.de/pdf/studien/Aerzte_im_Zukunftsmarkt_Gesundheit-2015_eHealth-Studie.pdf). Im Jahre 2019 dürften es praktisch alle sein. Denn keine Praxis kann sich noch leisten, nicht im Netz präsent zu sein.

Neben Informationen zur Praxis und zum Praxispersonal, den Tätigkeitsschwerpunkten, besonderen Qualifikationen usw. werden die Webseiten immer serviceorientierter. So ist bspw. zu beobachten, dass über den Webauftritt zunehmend auch (ärztliche) Serviceleistungen wie etwa die Vereinbarungen von Terminen oder die Anforderung von Rezepten angeboten werden.

Für über 70 % der Ärzte stellt die Praxis-Homepage nach dieser Studie eine der wichtigsten Marketingmaßnahmen dar, um sich ihren (potenziellen) „Kunden" gegenüber zu präsentieren. Auch dieser Anteil dürfte deutlich gestiegen sein.

Jedoch gilt es zu beachten, dass je mehr „Services" diese Webseite anbietet, umso mehr rechtliche Relevanz dieser Webseite zukommt. In diesen Fällen können die unterschiedlichsten rechtlichen Aspekte zu beachten sein.

Je nach Serviceangebot kann die Nichtbeachtung der einschlägigen Gesetze, die von der DSGVO, dem Telemediengesetz (TMG), dem Heilmittelwerbegesetz (HWG) bis hin zum Medizinprodukterecht reichen können, einschneidende rechtliche Konsequenzen mit sich bringen. So zeigt die vorstehend erwähnte Studie etwa auch, dass in etwa 10 % der Fälle bereits Abmahnungen wegen rechtlicher Verstöße gegen die Webseitenbetreiber erfolgten. Auch diese Zahl dürfte deutlich gestiegen sein. Gerade im Rahmen der DSGVO hatte ich mit diversen Abmahnungen zu tun.

Da die Webseite als Telemedium angesehen werden kann, muss diese zwingend immer ein Impressum mit den entsprechenden von § 5 TMG vorgesehenen Angaben enthalten. Falls in regelmäßigen zeitlichen Abständen Artikel erscheinen sollen, wie z. B. in einem Blog, so sollte in diesem Impressum ein redaktionell Verantwortlicher gem. § 55 Abs. 2 Rundfunkstaatsvertrag (RStV) benannt werden. Das Impressum sollte leicht erreichbar sein. Die Rechtsprechung nimmt eine solche an, wenn man mit maximal zwei „Klicks" das Impressum leicht erreichen kann.

Um die Webseite ansprechend und freundlich zu gestalten, verwenden Ärzte gerne auch auf ihrer Webseite Bilder von sich und ihren Mitarbeitern und etwaige andere Fotos. Diesbezüglich gilt es immer penibel darauf zu achten, dass der Arzt diesbezüglich auch über die entsprechend notwendigen Rechte verfügt. Bei Veröffentlichungen von Bildern des Praxispersonals sollte die (explizite), schriftlich dokumentierte Einwilligung der Mitarbeiter eingeholt werden. Diesbezüglich sei auch darauf hingewiesen, dass Gerichte Einwilligungen von Mitarbeitern aufgrund des Machtungleichgewichts zwischen Arbeitgeber und Arbeitnehmern oftmals als unwirksam betrachtet haben. Aus diesem Grund muss alles unternommen werden, damit ein solcher Anschein erst gar nicht entsteht. Insbesondere sollte der Arzt die Mitarbeiter darüber aufklären, dass sie nicht verpflichtet sind, ihre Einwilligung zu erteilen und dass ein Versagen der Einwilligung keine beruflichen Konsequenzen nach sich zieht.

Die datenschutzrechtlichen Anforderungen, die sich auf einen Großteil der Datenverarbeitung der Homepage beziehen, bemessen sich zunächst maßgeblich an den Regelungen der DSGVO und des TMG, das in seinen datenschutzrechtlichen Bestimmungen möglicherweise bald von der sog. ePrivacy-Verordnung abgelöst werden wird. Wie aufgezeigt, können jedoch aufgrund der Tatsache, dass die Informationen, die aus den Daten extrahiert werden können, eine unterschiedliche „Qualität" besitzen, durchaus auch weitere Gesetze einschlägig sein. Unklar ist bislang auch, wie das Verhältnis der DSGVO zur TMG ist. Meiner Ansicht nach empfiehlt es sich, die allgemeinen Regeln der DSGVO als Maßgabe zu nehmen und zu prüfen, inwieweit das TMG andere/weitere Vorgaben beinhaltet. Grundsätzlich dürfte aber im datenschutzrechtlichen Bereich die DSGVO vorrangig gelten.

Das TMG regelt in §§ 12 ff. die datenschutzrechtlichen Anforderungen an den Anbieter einer Homepage (z. B. den Praxisinhaber) in Bezug auf die Rechte der Nutzer (wie z. B. der Patienten).

Besonders zu beachten sind in diesem Zusammenhang die Regelungen von §§ 13 und 15 TMG. Gem. § 13 ist der Webseitenbetreiber (sog. Diensteanbieter) verpflichtet, die Nutzer zu Beginn ihrer Nutzung über

- die Art,
- den Umfang und
- die Zwecke der Erhebung und Verwendung personenbezogener Daten sowie
- ggf. die Verarbeitung der Daten außerhalb der Europäischen Union bzw. des Europäischen Wirtschaftsraums

zu unterrichten.

Diese Informationspflicht dürfte jedoch durch Art. 13 ersetzt/ergänzt werden. Mithin ist es nunmehr notwendig, dass jede Webseite in ihrer „Datenschutzerklärung" alle Informationen gem. Art. 13 hinsichtlich der Datenverarbeitung der Webseite auf eine transparente und nachvollziehbare Art und Weise darstellt. Hinsichtlich des konkreten Inhalts sei auf *Kapitel 9.3* verwiesen. Wie an diversen Stellen in diesem Buch aufgezeigt, lassen sich die ganzen gesetzlichen Anforderungen und insbesondere auch die Informationspflicht nach Art. 13 jedoch immer nur bei entsprechender Transparenz über die wahren Datenverarbeitungsvorgänge abbilden.

An dieser Stelle ein Hinweis: Die Datenschutzerklärung muss die **REALE** Datenverarbeitung auf der Webseite abbilden und in eine rechtliche Form gießen. Im Zuge des „DSGVO-Wahns" durfte ich um die 40–50 Datenschutzerklärungen von Webseiten überprüfen und anpassen. Dabei fiel mir bei JEDER dieser Webseiten auf, dass die bisherige Erklärung, auch wenn sie recht umfassend gewesen sein mag, niemals die wahre, technische Realität der Webseite erfasst hat. Denn so sind in ganz vielen „modernen" Webseiten oftmals viele externe Dienste eingebunden (bspw. von Google, Amazon und Co.), zu denen der Nutzer bzw. der Browser des Nutzers beim Besuch der Webseite automatisch eine Verbindung aufbaut, Daten des Nutzers übermittelt und der Nutzer dieses praktisch nicht verhindern kann. Verantwortlich dafür ist die Arztpraxis als Betreiber der Webseite, die zwar für diese Datenübermittlung verantwortlich ist, jedoch davon oftmals gar keine Kenntnis hat.

Um eine Rechtskonformität der Webseite zu gewährleisten, gilt es daher immer, erst die komplette Datenverarbeitung der Webseite „technisch" zu analysieren. Erst wenn sämtliche Komponenten und Datenverbindungen der Webseite identifiziert wurden, sollte man mit der Erstellung der Datenschutzerklärung beginnen.

Da ein Arzt eine solch tiefgehende Analyse oftmals nicht selber durchführen kann, empfehle ich, dass er sich mit dem Webdesigner auseinandersetzt, der ihm seine Webseite erstellt hat. Der Webdesigner sollte eigentlich in der Lage sein, dem Arzt Auskunft über sämtliche von ihm eingebundene „Services" und Datenverbindungen zu geben. Wie leider jedoch meine Erfahrungen zeigen, wissen viele Webdesigner oftmals selber nicht, was sie alles für Services eingebunden haben bzw. welche Datenverbindungen alle im Hintergrund stattfinden. So traurig und unglaublich das klingen mag. Oftmals klicken Webdesigner bei der Erstellung der Webseite nach einer Art Baukastensystem einfach die technischen Komponenten zusammen und kümmern sich praktisch ausschließlich nur um das Design der Webseite. Dass die von ihnen eingesetzten technischen Komponenten jedoch möglicherweise nicht so gut miteinander harmonieren, ungewollte Funktionen mit sich bringen, ungewollte Datenverbindungen aufbauen usw. und dieses alles letzten Endes der (Rechts-) Sicherheit der Webseite nicht gerade zuträglich ist, wissen viele gar nicht. Wenn Ihnen daher Ihr Webdesigner keine klaren Auskünfte über ALLE von ihm eingesetzten „Services" geben und keine klaren Angaben darüber machen kann, welche Datenverbindungen alles beim Besuch der Webseite aufgemacht werden, sollten Sie sich, auch wenn es hart klingen mag, überlegen, ob dieser Webdesigner der richtige für Sie ist.

Das Problem, das viele IT-Sicherheitsexperten und ich persönlich bei der Einbindung externer Dienste sehen, ist, dass mit jeder Einbindung von externen Services automatisch die Angriffsfläche der Webseite vergrößert wird. Ferner steigt mit jeder Einbindung dieser Services automatisch das Risiko, dass damit neue Sicherheitslücken entstehen. Gerade weil die Anbieter dieser externen Dienste Daten der Besucher Ihrer Webseite erhalten, müssten Sie theoretisch mit diesen auch entsprechende Vereinbarungen hinsichtlich der Datenverarbeitung treffen (*vgl. Kapitel 17*). Da sich diese jedoch nicht auf solche Vereinbarungen einlassen, sollten Sie sich aufgrund der damit entstehenden Rechtsunsicherheit überlegen, ob dieser eingebundene „Service" wirklich notwendig ist oder man ggf. datenschutzfreundlichere Alternativen einsetzen sollte.

Wie vorstehend angesprochen, werden auch immer mehr „Dienstleistungen" über eine Praxiswebseite angeboten. Aus datenschutzrechtlicher Sicht lässt sich dazu anmerken, dass jede zusätzlich zum Informationszweck angebotene Dienstleistung auf der Webseite im Prinzip eine eigene Verarbeitung darstellt. Denn mit den zusätzlichen Services werden andere Zwecke verfolgt als die bloße Informationsverschaffung der Webseite als Zweck. Somit gilt es, sich insbesondere hinsichtlich der Datenschutzerklärungen (Art. 13) zu überlegen, wie man diese gestalten will. Meine Empfehlung lautet diesbezüglich, eine eigene Datenschutzerklärung zu verwenden. Denn das Aufführen dieser Informationen in der (Haupt-)Datenschutzerklärung der Webseite kann schnell dazu führen, dass diese Erklärung zu umfangreich und damit zu intransparent wird. Beliebte Services, für die man eine eigene Erklärung verwenden sollte, sind bspw. das Kontaktformular, Rezeptbestellung, Terminvereinbarung (falls externer Service), Bewerberportal usw.

Gerade bei Formularen wie dem Kontaktformular sollte man darauf achten, auch wirklich nur die Angaben abzufragen, die für den Zweck der Kontaktaufnahme notwendig sind (Datenminimierungsgrundsatz). In der Datenschutzerklärung zu diesem Service sollte man den gesetzlichen Anforderungen folgend darstellen, wieso diese Daten benötigt werden und wozu diese verwendet werden. Handelt es sich bei diesen Diensten um „externe" Dienste, muss ein Nutzer, wie z. B. ein Patient, bevor er diesen Diensten seine Daten preisgibt, explizit auf die Übermittlung und die Verarbeitung seiner Daten hingewiesen werden. Werden externe Dienste angeboten, die in Bezug zur ärztlichen Verschwiegenheitspflicht stehen, sollte man als Arzt diesen Dienstleister in die berufliche Verschwiegenheitspflicht einbinden (vgl. § 203 Abs. 4 StGB).

Werden Online-Formulare zur Übertragung von Daten an die Praxis (z. B. für Terminreservierung, Rezeptbestellungen, Mitteilungen) angeboten, so sollten diese Daten immer nur verschlüsselt mit einem anerkannten Verschlüsselungsstandard übertragen werden. Trotz der faktischen Verschlüsselung sollte ferner immer ein Hinweis auf den Sicherheitsstandard der Übermittlung (verschlüsselte Übertragung) und die Verwendung der übermittelten Daten und deren eventuelle Weitergabe erfolgen.

Durch das sog. IT-Sicherheitsgesetz ist nunmehr auch eine Regelung in das TMG gekommen, in der deutlich gemacht wird, dass jeder Webseitenbetreiber, der seine Webseite geschäftlich nutzt, die entsprechend nach dem Stand der Technik erforderlichen Maßnahmen ergreifen muss, um die Sicherheit der Datenverarbeitung und die Sicherheit der Besucher zu gewährleisten. Nichts Anderes dürfte auch die DSGVO in Art. 32 fordern, vielleicht sogar noch ein wenig „extensiver". Daraus folgt zwangsläufig, dass je mehr „Services" dem Nutzer mittels einer Webseite angeboten werden und je mehr sensible Daten die Nutzer dadurch von sich preisgeben, umso höhere Anforderungen an die Gewährleistung der Sicherheit dieser Webseite gestellt werden müssen. Dieses bedingt auch, dass man die Webseite in regelmäßigen Abständen auf „Sicherheit" ggf. durch Externe prüfen lassen sollte. Diese explizite, nunmehr gesetzlich verankerte Forderung in der DSGVO und dem TMG ist nur konsequent und trägt dem Bedrohungspotenzial, das von Webseiten ausgehen kann, Rechnung.

17 Verarbeitung von Daten bei Einschaltung Externer

Bei vielen modernen Arztpraxen herrscht die Ansicht vor, dass man immer mehr vernetzte IT rund um die Behandlung des Patienten einsetzen muss, um ihn noch besser zu behandeln. Diese durchaus nachvollziehbare, jedoch auch diskussionswürdige Ansicht geht aber mit einer nicht unbedeutenden Konsequenz einher, die viele Ärzte, die immer mehr Digitalisierung einsetzen wollen, oftmals nicht so wirklich „auf dem Schirm" haben. Denn aus dem Einsatz von immer mehr vernetzter IT resultiert automatisch, dass damit auch immer mehr Externe, wie z. B. Softwareanbieter, Medizinproduktehersteller etc., Zugriff bzw. die Zugriffsmöglichkeit auf Patientendaten bekommen. Durch die Einbeziehung immer mehr externer Dienstleister in die Datenverarbeitung und die damit permanent zunehmende Übermittlung von Patientendaten an Externe steigt systemimmanent das Risiko für den Patienten, dass seine Daten nicht mehr ordnungsgemäß verarbeitet werden, mit den in *Kapitel 12* genannten Konsequenzen. Denn je mehr Stellen an einer Datenverarbeitung beteiligt sind, umso komplexer, intransparenter und schwerer beherrschbar wird diese für den Verantwortlichen (Arzt/Praxis). Konsequenterweise muss daher ein Arzt/eine Praxis mit jeder Einschaltung von Externen in die Datenverarbeitung verpflichtet werden zu gewährleisten, dass diese Externen ordnungsgemäß mit den vom Patienten anvertrauten Daten umgehen. Dieses gebieten alleine der Respekt vor dem Patienten sowie das Vertrauensverhältnis, das der Arzt zum Patienten hat. Es darf nicht sein, dass ein Arzt leichtfertig die Daten des Patienten, und damit auch das Vertrauensverhältnis zu ihm, durch die unbedachte Einbeziehung von Personen/Unternehmen, die nicht an der Behandlung beteiligt sind, aufs Spiel setzt.

Zum Schutz der Betroffenen (Patienten) und des Vertrauensverhältnisses zwischen Arzt und Patienten ist es daher auch nur konsequent, dass die einschlägigen gesetzlichen Regelungen hohe Anforderungen an die rechtskonforme Einbindung externer Personen/Dienstleister in die Datenverarbeitung stellen. Wie durch die Regelungen der DSGVO deutlich wird (hierbei insbesondere Art. 26 und Art. 28), sieht auch die DSGVO in der Einschaltung Externer ein nicht unerhebliches Risikopotenzial. Aus diesem Grund gibt sie dem Verantwortlichen (Arzt/Praxis) strenge Vorgaben auf, die er zwingend erfüllen muss. Erfüllt der Arzt diese Vorgaben nicht, ist die von ihm bzw. dem Externen durchgeführte Datenverarbeitung rechtswidrig und es drohen die in *Kapitel 19* dargestellten Sanktionen. Mithin ist ein Arzt gut beraten, bei der Einschaltung von Externen und der damit verbundenen Möglichkeit, dass diese auf die Daten zugreifen können, sich streng an die Vorgaben der DSGVO zu halten.

Um die gesetzlichen Anforderungen überhaupt erfüllen zu können, ist es gerade bei der Einschaltung externer Dienstleister essenziell, diese Einbindung (im Vorfeld) genau zu planen. Diesbezüglich ist es notwendig, sich **VOR** Beauftragung eines Dienstleisters/Beschaffung eines Produkts umfassende Kenntnis darüber zu verschaffen, wie die Datenverarbeitung durch den Externen konkret abläuft, zu welchen Zwecken er die Daten verarbeiten will, welche Garantien er geben kann, dass die Datenverarbeitung ordnungsgemäß ablaufen kann, usw. Denn erst bei einer entsprechenden Transparenz über die Datenverarbeitung des Externen kann ein Arzt/eine Praxis als datenschutzrechtlicher Verantwortlicher entscheiden, welche „Rolle" bzw. Verantwortlichkeit dem Externen im Rahmen der Datenverarbeitung zukommen soll.

Die Einordnung der Verantwortlichkeit sollte niemals auf einer „Pi mal Daumen"-Entscheidung beruhen, sondern aufgrund der Tragweite, die mit dieser Entscheidung verbunden ist, immer anhand der ermittelten Fakten des jeweiligen Einzelfalls erfolgen. Dabei ist es essenziell zu prüfen, welche Aufgaben der Externe konkret erfüllen und in wie weit er bei der Erfüllung dieser Aufgaben „weisungsgebunden" bzw. „weisungsfrei" sein soll. Mithin kommt es bei der Bestimmung der Verantwortlichkeit darauf an zu prüfen, ob und inwieweit der Arzt/die Praxis dem Externen vorgeben kann, wie dieser die Daten verarbeiten soll. Wie nachfolgend dargestellt werden wird, ist die rechtliche und faktische Weisungsgebundenheit des Externen ein nicht unerhebliches Indiz für die Annahme einer sog. Auftragsverarbeitung. Fehlt eine solche Weisungsgebundenheit und verarbeitet der Externe die Daten nach seinem eigenen „Gusto", dürfte keine Auftragsverarbeitung vorliegen, sondern eine eigene bzw. gemeinsame datenschutzrechtliche Verantwortlichkeit, was wiederum Konsequenzen für beide Seiten nach sich ziehen kann. Die Grenzen zwischen den unterschiedlichen Rechtsfiguren „Gemeinsame Datenverarbeitung", „Auftragsverarbeitung" und „Übermittlung von Daten an einen weiteren Verantwortlichen" sind fließend, weshalb es essenziell ist, den jeweiligen Verarbeitungssachverhalt genau zu analysieren und anhand der Fakten eine Entscheidung zu treffen. Denn alle diese Rechtsfiguren zählen zu den Empfängern. Bevor sich das vorliegende Kapitel mit den einzelnen Rechtsfiguren auseinandersetzt, soll kurz der Begriff des „Empfängers" von Daten, der bspw. auch im Rahmen des Verarbeitungsverzeichnisses eine Rolle spielt, erläutert werden.

17.1 Empfänger

Um Transparenz über die Datenverarbeitungen zu erhalten, sieht die DSGVO wie in *Kapitel 11.7.5* beschrieben vor, dass ein Verantwortlicher im Verarbeitungsverzeichnis die jeweiligen **Empfänger** bzw. Kategorien von Empfängern aufführen muss, die Daten von ihm erhalten. Meiner Ansicht nach will die DSGVO mit dieser Anforderung u. a. erreichen, dass der Verantwortliche die bei ihm stattfindenden Datenströme etc. genau analysiert und sich dadurch der weiteren Beteiligten, die seine Daten erhalten (Empfänger), bewusst wird (*siehe hierzu auch Kapitel 7.4*).

Der Begriff des Empfängers ist in Art. 4 Nr. 9 definiert. Dieser Definition folgend, können Empfänger quasi alle Personen, Unternehmen, Behörden, etc. sein, denen der Verantwortliche Daten übermittelt bzw. die „Einsicht" in personenbezogene Daten erhalten/erhalten können.

Daher bezieht sich der Begriff des Empfängers zum einen auf interne Empfänger, wie z. B. die in der Organisation des Verantwortlichen tätigen Personen oder Abteilungen.

Darüber hinaus betrifft dieser Begriff aber gerade auch externe Personen/Unternehmen, die Daten des Verantwortlichen erhalten bzw. auf diese zugreifen können. Bei diesen externen Empfängern gilt es, streng zwischen „gemeinsamen Verantwortlichen", „Auftragsverarbeitern" und „weiteren, zusätzlichen Verantwortlichen", die gerade keine „gemeinsamen Verantwortlichen" sind, zu unterscheiden.

Gerade die mit der DSGVO für Deutschland neu eingeführte Rechtsfigur des „gemeinsam Verantwortlichen" gem. Art. 26 dürfte in der Praxis noch für einigen Diskussionsbedarf sorgen.

17.2 Gemeinsam für die Verarbeitung Verantwortliche

Die DSGVO regelt in Art. 26 die „Gemeinsam für die Verarbeitung Verantwortlichen". Dieses Rechtsinstitut war bereits in der damaligen EG-Datenschutzrichtlinie vorgesehen, doch hat der deutsche Gesetzgeber dieses, aus welchen Gründen auch immer, niemals in deutsches Recht transferiert. Durch die Neuregelung des Art. 26, der aufgrund der direkten Anwendbarkeit der DSGVO auch in Deutschland direkt anzuwenden ist, sollte sich ein Arzt/eine Praxis mit diesem Rechtsinstitut auseinandersetzen. Dieses empfiehlt sich insbesondere deshalb, weil an die gemeinsame Verantwortlichkeit Verpflichtungen geknüpft sind, bei deren Nichteinhaltung Sanktionen drohen können (vgl. Art. 83 Abs. 4 a).

17.2.1 Allgemeines zur gemeinsamen Verarbeitung

Gemäß Art. 26 Abs. 1 sind mehrere Stellen „gemeinsam für die Verarbeitung Verantwortliche", wenn sie gemeinsam die Zwecke und die Mittel zur Verarbeitung festlegen. Diese Definition ist die Konkretisierung von Art. 4 Nr. 7, wonach Verantwortlicher diejenige Stelle ist, die allein oder gemeinsam mit anderen über die Zwecke und Mittel der Verarbeitung personenbezogener Daten entscheidet.

Die in Art. 26 vorgesehene Möglichkeit zur „gemeinsamen Datenverarbeitung" scheint auf den ersten Blick leicht zu erfüllen zu sein. Doch sei diesbezüglich darauf hingewiesen, dass bereits die Definition der Verantwortlichkeiten nur möglich ist, wenn die Verantwortlichen in ihren Organisationen genaue Kenntnis über ihre, die gemeinsame Datenverarbeitung tangierenden Prozesse haben (Transparenz). Ferner muss natürlich auch schon eine genaue Vorstellung über die konkrete Umsetzung (Datenverarbeitung) im Vorhaben bestehen. Gerade bei großen Projekten, die hochkomplexe Datenverarbeitungsprozesse bedingen (wie z. B. Forschungsprojekte mit unterschiedlichsten Beteiligten), ist dies alles andere als einfach zu gewährleisten.

Es sei ferner bereits jetzt schon darauf hingewiesen, dass es wie bei der Auftragsverarbeitung auch bei der gemeinsamen Verarbeitung gem. Art. 26 nicht darauf ankommt, wie man das gemeinsame Verhältnis bezeichnet. Vielmehr kommt es auf die tatsächliche Ausgestaltung in der Praxis an. Somit kann durchaus auch der Fall eintreten, dass die Parteien eine „Auftragsverarbeitung" gewählt haben, man aber an diese Datenverarbeitung, z. B. aufgrund der eigenmächtigen Verarbeitung des „Auftragsverarbeiters", eine gemeinsame Datenverarbeitung gem. Art. 26 annehmen muss.

Dreh- und Angelpunkt für eine gemeinsame Datenverarbeitung ist jedenfalls, dass sich mehrere Verantwortliche, wie z. B. Ärzte/Praxen, aus welchen Gründen auch immer, gemeinsam entscheiden, zusammen eine Datenverarbeitung durchzuführen. Wesentlich dabei ist, dass alle Beteiligten zusammen einen gewissen Anteil an der Entscheidungsfindung über die für diese Verarbeitung eingesetzten Mittel sowie die mit der Datenverarbeitung verfolgten Zwecke haben. In jedem Fall ist es notwendig, dass alle Beteiligten über die genaue Datenverarbeitung und die damit verbundenen Zwecke informiert sind. Mithin kann denklogisch keine gemeinsame Datenverarbeitung vorliegen, wenn ein Arzt weder auf die Art und Weise der Verarbeitung, noch darauf, wozu diese Daten verarbeitet werden sollen, Einfluss nehmen kann. Es sei ferner darauf hingewiesen, dass gemeinsame Verantwortliche untereinander als Empfänger im Sinne von Art. 4 Nr. 9 zu qualifizieren sind. Daher gilt es, dieses bspw. im Rahmen der Informationspflichten gem. Art. 13/14 (*siehe Kapitel 9.3 und 9.4*) und beim Verarbeitungsverzeichnis gem. Art. 30 (*siehe Kapitel 11*) entsprechend zu berücksichtigen bzw. diese anzugeben.

Eine gemeinsame Datenverarbeitung in Bezug auf Ärzte/Arztpraxen könnte bspw. in folgenden Fällen angenommen werden:

- wissenschaftliche Forschungsprojekte, in die ein Arzt/eine Praxis mit eingebunden ist,
- Arzneimittelstudien, in die ein Arzt/eine Praxis eingebunden ist,
- gemeinsame Nutzung von IT/Portalen bei Praxisgemeinschaften
- ...

Besonders aufgrund der immer weiter zunehmenden Kooperationsbestrebungen von Ärzten/Praxen, die oftmals auch zu einem Aufbau eines gemeinsamen Internetportals führen können, bei dem die jeweiligen Ärzte die Daten ihrer Patienten einstellen, sollte man immer auch an den Fall der gemeinsamen Verantwortlichkeit denken. Denn eine gemeinsame Verantwortlichkeit kann sich durchaus auch erst zu einem späteren Zeitpunkt in einer zunächst alleine durchgeführten Datenverarbeitung realisieren. Werden die Daten, die man vorher alleine verarbeitet hat, auf eine gemeinsam genutzte Internetplattform, aus welchen Gründen auch immer, hochgeladen, dürfte dieses eine Übermittlung (Verarbeitung) der Daten an weitere (gemeinsam) Verantwortliche darstellen, die eine entsprechende Legitimation benötigt. Das gemeinsame Betreiben stellt somit eine gemeinsame Datenverarbeitung i. S. d. Art. 26 dar. Daraus folgt wiederum, dass man die unterschiedlichen Verarbeitungshandlungen, wie das Erheben und Verarbeiten der Patientendaten durch den Arzt/die Praxis und das Hochladen dieser Daten und die Verarbeitung auf der gemeinsam mit anderen Ärzten betriebenen Plattform als zwei voneinander getrennt zu bewertende Datenverarbeitungsphasen zu betrachten und zu bewerten hat. Aufgrund der (strengen) Zweckbindung der Patientendaten gilt es daher, ganz besonders bei den hochgeladenen Daten darauf zu achten, dass diese auch wirklich nur zu den Zwecken rechtmäßig verarbeitet werden, zu denen sie hochgeladen wurden. Je nach Nutzungsintention der Plattform sollte daher in der Software-Architektur ein fein ausdifferenziertes Rollen- und Berechtigungskonzept vorhanden sein, durch das gewährleistet ist, dass bei Daten, die weiterhin nur selbständig (in eigener Verantwortlichkeit des Arztes/der Praxis) verarbeitet werden sollen, die anderen Verantwortlichen (Ärzte/Praxen) nicht auf diese Daten Zugriff nehmen können.

Auch wenn die vorstehend aufgeführten Beispiele eine gemeinsame Verarbeitung nahelegen, ist es dennoch essenziell, eine Prüfung des jeweiligen Einzelfalls vorzunehmen, um eindeutig entscheiden zu können, ob es sich um eine gemeinsame Datenverarbeitung handelt. Dabei sollte man insbesondere prüfen, inwieweit der einzelne Arzt/Praxis im Konsortium ein Mitspracherecht hat und wie umfassend dieses ist. Wie dargestellt, sind die Übergänge zu anderen Verarbeitungsformen fließend, weshalb es essenziell ist, die Analyse der Verantwortlichkeit und die angestellten Überlegungen genau zu dokumentieren. Es gilt herauszuarbeiten, inwieweit es sich um eine gemeinsame Entscheidung der Beteiligten handelt, die Daten gemeinsam zu verarbeiten.

17.2.2 Gemeinsame Entscheidung über Zwecke und Mittel der Verarbeitung

Wesentlich für die Annahme einer gemeinsamen Verantwortlichkeit ist eine „gemeinsame Entscheidung" über die Zwecke und Mittel der Verarbeitung. Dieses wiederum setzt denklogisch voraus, dass jeder der Beteiligten einen bestimmten, bestimmenden, tatsächlichen Einfluss auf die Datenverarbeitung nimmt bzw. nehmen kann.

Für einen bestimmenden Einfluss ist jedoch nicht zwingend notwendig, dass jeder der Beteiligten die umfassende und gleichrangige Einflussmöglichkeit/Kontrolle über alle Umstände und Phasen der Verarbeitung besitzt. Es ist vielmehr durchaus vorstellbar, dass die Einflussmöglichkeit auf die Entscheidung der Mittel und Zwecke der Datenverarbeitung unterschiedlich verteilt ist. Das Bestehen einer gemeinsamen Verantwortlichkeit bedeutet daher nicht zwingend auch eine gleichrangige Verantwortlichkeit! Es ist daher gerade bei hochkomplexen Projekten denkbar, dass gewisse Verantwortliche nur in einen kleinen Teil der Gesamtverarbeitung mit einbezogen werden.

Essenziell ist jedoch, dass alle Beteiligten die Mittel und die (ggfs. differenzierten) Zweckbestimmungen der Verarbeitung gegenseitig akzeptieren. Dafür ist es natürlich wichtig, dass alle Beteiligten ihre „Karten offen auf den Tisch legen" und alle Beteiligten die jeweiligen Verarbeitungszwecke nennen. Nur wenn mit offenen Karten gespielt wird, haben die Beteiligten eine belastbare Basis für die Entscheidung, ob sie an der gemeinsamen Verarbeitung teilnehmen wollen oder nicht. Wenn gewisse Zwecke verschwiegen werden und es zu einem wie auch immer gearteten Schaden kommt, kann dieses haftungsrechtliche Konsequenzen (*siehe Kapitel 17.2.4*) nach sich ziehen.

Wichtig ist ferner auch, dass die von den Beteiligten verfolgten Zwecke im Zusammenhang miteinander und nicht konträr zueinander stehen. So dürfte bspw. die Verarbeitung der Daten zu Forschungszwecken konträr zu dem Zweck stehen, die Daten der Patienten, auf welche Art auch immer, zu kommerzialisieren.

Sollen in eine bestehende gemeinsame Verarbeitung neue Verantwortliche aufgenommen werden, ist dieses grundsätzlich möglich. Jedoch gilt es, sich klarzumachen, dass der Beitritt des „Neuen" immer nur Wirkungen für die Zukunft hat. Weil gerade in Großprojekten Wechsel der Projektpartner nicht unwahrscheinlich sind, sollte man bei der Festlegung der Verarbeitungszwecke zukunftsorientiert vorgehen. Bei einem Wechsel oder einem Neuzugang müssen alle betroffenen Personen nach Art. 26 Abs. 2 bzw. Art. 13 Abs. 3 neu informiert werden und es gilt, die zwischen den bisherigen Verantwortlichen geschlossene Vereinbarung zu modifizieren.

17.2.3 Gemeinsame Vereinbarung/Vertrag

Weil, wie vorstehend dargestellt, durch eine gemeinsame Verarbeitung nicht unerhebliche Risiken für Betroffene (Patienten) aber auch für die einzelnen Verantwortlichen resultieren, sieht der Gesetzgeber in Art. 26 Abs. 1 vor, dass die Verantwortlichen eine gemeinsame Vereinbarung/einen Vertrag abschließen, in dem insbesondere die jeweiligen Verantwortlichkeiten eindeutig festgelegt werden müssen. Ferner muss in dieser Vereinbarung klar definiert werden, wer von den Verantwortlichen wofür genau verantwortlich zeichnet.

Auch wenn bei einer gemeinsamen Datenverarbeitung der Abschluss einer Vereinbarung/eines Vertrags zwingend notwendig ist, bedeutet dieses jedoch nicht, dass damit gleichzeitig auch die gemeinsame Datenverarbeitung legitimiert ist. Die Vereinbarung ist daher kein weiterer Legitimationsgrund im Sinne von Art. 6 oder Art. 9, sondern vielmehr eine dokumentierte Konkretisierung der gesetzlichen Anforderungen. In dieser muss insbesondere geregelt werden

- welche Tätigkeiten die gemeinsame Verarbeitung (Verantwortlichkeit) erfasst,

- wer die Verantwortlichen sind,
- welche Funktionen (Rolle) sie im Rahmen der gemeinsamen Verarbeitung einnehmen,
- wie sie zueinander in Beziehung stehen,
- wer von ihnen welche Verantwortlichkeiten übernimmt,
- welche Pflichten sie gegenüber einander, aber auch gegenüber den Betroffenen haben,
- auf welche Art und Weise sie die ihnen obliegenden Verpflichtungen erfüllen werden und
- wer im Ernstfall, wie (zu welchen Anteilen) haftet (Näheres hierzu *siehe Kapitel 17.2.4*).

Besonders wichtig bei der Vertragsgestaltung ist, dass die Vereinbarung die tatsächlichen Beziehungen der gemeinsam Verantwortlichen gegenüber betroffenen Personen „gebührend wiederspiegeln" muss.

Aufgrund der vorstehend dargestellten, in einer solchen Vereinbarung zu regelnden Inhalte dürfte ein gut ausgearbeitetes Vertragsverhältnis durchaus auch im Interesse der einzelnen Verantwortlichen liegen. Denn durch klare Regelungen in einer solchen Vereinbarung können möglicherweise hochkomplexe Haftungsfragen (im Innenverhältnis) relativ schnell beantwortet werden.

Gem. Art. 26 muss das „Wesentliche" dieser Vereinbarung aus Transparenzgründen den betroffenen Personen (Patienten) zur Verfügung gestellt werden. Diese Zurverfügungstellungspflicht ergänzt die eigentliche Pflicht zur Erteilung der Information nach Art. 13 und 14. Zu den „wesentlichen Teilen der Vereinbarung", die dem Betroffenen zur Verfügung gestellt werden müssen, dürften mindestens folgende Bestandteile gehören

- eine nachvollziehbare Beschreibung des Zusammenwirkens und der Rollen der Beteiligten,
- ihrer jeweiligen Beziehung zum Betroffenen und
- welcher der gemeinsam Verantwortlichen welche Betroffenenrechte und Informationspflichten erfüllen soll.

Grundsätzlich dürfte es ausreichen, diese wesentlichen Elemente der Vereinbarung etwa auf einer Webseite bereitzustellen (vgl. Erwägungsgrund 58).

> Es kommt für die Feststellung einer gemeinsamen Verantwortlichkeit gem. Art. 26 nicht darauf an, ob die Beteiligten eine Vereinbarung abgeschlossen haben, die den Anforderungen des Art. 26 entspricht. Denn entscheidend für die Feststellung ist alleine das Vorliegen der in den beiden vorherigen Abschnitten beschriebenen Kriterien. Besteht eine gemeinsame Verantwortlichkeit, ohne dass eine Vereinbarung nach Art. 26 getroffen wurde, können hierfür jedoch Geldbußen verhängt werden.

Gerade weil die Vereinbarung keinen eigenständigen Legitimationsgrund darstellt, ist es zwingend erforderlich, dass jede einzelne der gemeinsam durchgeführten Verarbeitungstätigkeiten durch eine entsprechende Rechtsgrundlage gem. Art. 6 Abs. 1 (normale Arten von Daten) oder Art. 9 Abs. 2 (besondere Arten von Daten) legitimiert werden kann. Es sei diesbezüglich auch darauf hingewiesen, dass die Übermittlung personenbezogener Daten unter gemeinsam Verantwortlichen als (weiterer) Verarbeitungsvorgang (Art. 4 Nr. 2) zu qualifizieren ist, der wiederum einer Rechtsgrundlage (Art. 6/Art. 9) bedarf (zu den Legitimationen *siehe Kapitel 8*).

Soll eine Verarbeitung durch mehrere gemeinsam Verantwortliche etwa auf eine Einwilligung gestützt werden (zu den Problematiken einer Einwilligung *siehe Kapitel 8.3*), muss darauf geachtet werden, dass die Einwilligung unmissverständlich die Verarbeitung durch alle gemeinsam Verantwortlichen und mithin auch die entsprechende Weitergabe an den bzw. die anderen gemeinsam Verantwortlichen umfasst. Stellt die Übermittlung an einen anderen gemeinsamen Verantwortlichen eine Zweckänderung dar, muss geprüft werden, ob die Zweckänderung legitimiert sein kann.

17.2.4 Haftung

Eine der Zielsetzungen von Art. 26 ist unter anderem, Haftungsfragen in den Fällen zu regeln, in denen es bei einer gemeinsamen Verarbeitung zu einem wie auch immer gearteten Schaden kommt. Es gilt der Grundsatz: Wenn sich mehrere für eine gemeinsame Verarbeitung entschieden haben, so sollen sie bei einem Schaden gegenüber dem Geschädigten auch gemeinsam haften. Oder ein wenig umgangssprachlicher ausgedrückt: „mitgegangen, mitgefangen, mitgehangen".

Es soll daher insbesondere verhindert werden, dass sich ein einzelner Verantwortlicher gegenüber dem Geschädigten aus seiner Verantwortung (Haftung) entzieht, obwohl er zwar nicht alleine über die Zwecke und Mittel einer Verarbeitung entschieden, jedoch neben anderen Beteiligten einen tatsächlichen Einfluss auf die Datenverarbeitung ausgeübt hat.

Gerade bei der gemeinsamen Verantwortlichkeit gilt es streng nach der Haftung im sog. „Innenverhältnis" (gegenüber den anderen Verantwortlichen) und im „Außenverhältnis" (Haftung gegenüber dem Betroffenen) zu unterscheiden.

Im Außenverhältnis gilt die sog. gesamtschuldnerische Haftung gem. Art. 26 Abs. 3 i. V. m. § 421 BGB. Danach kann der Geschädigte von jedem Verantwortlichen seinen erlittenen Schaden **in voller Höhe** (einmalig) ersetzt verlangen. Solange der Schaden nicht vollständig reguliert ist, kann der Geschädigte auch von den anderen Verantwortlichen Schadensersatz verlangen. Jeder Verantwortliche haftet somit für die Begleichung des gesamten Schadens, außer er kann sein fehlendes Verschulden gem. Art. 82 Abs. 3 nachweisen, was jedoch aufgrund der ihm obliegenden umfassenden Rechenschaftspflicht gem. Art. 5 Abs. 2 (*siehe Kapitel 7.10*) nicht so einfach sein dürfte.

Hat ein Verantwortlicher den Schaden vollständig beglichen, kann er Regress für den bei ihm entstandenen Schaden bei den übrigen Verantwortlichen nehmen (vgl. Art. 82 Abs. 5). Diese haften ihm gegenüber entsprechend ihres Verschuldensanteils.

Der Verschuldensanteil bestimmt sich maßgeblich anhand der Vernachlässigung der vom jeweils Verantwortlichen übernommenen Pflichten, die in der Vereinbarung/im Vertrag zur gemeinsamen Datenverarbeitung umfassend geregelt sein sollten. Nimmt bspw. ein Arzt nur in einem ganz kleinen Umfang an der Datenverarbeitung teil, sollte dieses auch entsprechend im Vertrag, z. B. bei den Pflichten und den Haftungsregelungen, entsprechend berücksichtigt werden. Um in einem gerichtlichen Verfahren Beweis für die Vernachlässigung der Pflichten erbringen zu können, ist es daher immens wichtig, in der Vereinbarung zur gemeinsamen Verantwortlichkeit die jeweiligen, von den einzelnen Verantwortlichen zu übernehmenden Pflichten so klar und eindeutig wie möglich zu definieren.

Es sei ferner darauf hingewiesen, dass bei Vorliegen einer gemeinsamen Verantwortlichkeit die jeweiligen Verantwortlichen auch ohne eine geschlossene Vereinbarung/Vertrag gemeinschaftlich gegenüber dem Geschädigten haften. Eine Vereinbarung hilft jedoch, wie vorstehend beschrieben, beim Haftungsausgleich im Innenverhältnis nach Art. 82 Abs. 5.

17.2.5 Besondere Verpflichtungen gemeinsam Verantwortlicher

Ein jeder Verantwortliche sollte sich bewusst sein, dass bei einer gemeinsamen Verarbeitung, neben seinen grundsätzlichen Pflichten als Verantwortlicher, auch noch zusätzliche Pflichten auf ihn zukommen. Mittels dieser zusätzlichen Pflichten sollen insbesondere die Transparenzschaffung und die Möglichkeiten der Rechtsdurchsetzung für die betroffenen Personen gefördert werden.

Sämtliche gemeinsam Verantwortlichen müssen daher in der vorstehend beschriebenen Vereinbarung in transparenter Form regeln, wer von ihnen welche in der DSGVO geregelten Verpflichtungen erfüllt, wovon insbesondere die Betroffenenrechte und die Informationspflichten nach Art. 13 und 14 erfasst sind. Ungeachtet der in der Vereinbarung getroffenen

Aufgabenteilung können jedoch Betroffene ihre Rechte stets bei und gegenüber jedem der gemeinsam Verantwortlichen ausüben (Art. 26 Abs. 3). Durch die Vereinbarung wird jedoch klar festgeschrieben, wer sich von den Verantwortlichen mit der Erfüllung der Betroffenenrechte primär auseinandersetzen muss, weshalb eine solche Regelung der Klarheit und der Organisation dient.

Da, wie aufgezeigt, eine gemeinsame Verantwortlichkeit nicht selten zu einer Risikoerhöhung für die Rechte und Freiheiten Betroffener führen kann, sollten die Verantwortlichen bedenken, dass dadurch die Pflicht zur Durchführung einer **Datenschutzfolgenabschätzung** gemäß Art. 35 notwendig wird, was jedoch immer genau zu prüfen ist (Näheres zur Datenschutzfolgenabschätzung *siehe Kapitel 14*). Daher empfiehlt es sich auch, (vorsorglich) in der Vereinbarung diesen Aspekt zu berücksichtigen und ggf. sogar schon die diesbezüglichen Pflichten der jeweiligen Verantwortlichen zu regeln.

Wie aufgezeigt, sind die Grenzen von gemeinsamer Verantwortlichkeit zur Auftragsverarbeitung fließend, weshalb es nun gilt, sich mit dem „Dauerbrenner" Auftragsverarbeiter bzw. Auftragsverarbeitung näher auseinanderzusetzen.

17.3 Auftragsverarbeiter/Auftragsverarbeitung

Bei der Einschaltung von externen Dienstleistern lief es traditionell so ab, dass ein Arzt/eine Praxis die jeweilige Dienstleistung bestellte, viele Verträge unterzeichnete und diese ordentlich wegheftete. Im besten Fall musste er sie nicht mehr hervorholen, weil alles reibungslos lief. Unter diesen Verträgen war auch vielfach ein sog. „Auftragsdatenverarbeitungsvertrag". In diesem waren die damaligen datenschutzrechtlichen Aspekte (vgl. § 11 BDSG-alt) mehr oder weniger im Gesetzeswortlaut abgebildet. Was in diesem Vertrag drinnen stand, hat ein Arzt jedoch in den seltensten Fällen gelesen, geschweige denn überprüft.

Wenn dieser Vertrag doch einmal gelesen wurde, war der Leser oftmals erstaunt, was dort alles geregelt wurde. So standen dort Regelungen, wie sich bspw. externe Dienstleister (als sog. Auftragsdatenverarbeiter) bei der Verarbeitung der Daten der sog. verantwortlichen Stelle (dem Arzt/der Praxis) gegenüber zu verhalten haben und was für Pflichten der Arzt/die Praxis hatte, um den Inhalt dieses Vertrags umzusetzen. Beim genauen Lesen eines solchen Vertrags fiel auch schnell auf, dass der Auftragsdatenverarbeiter die Daten eigentlich immer nur nach klaren „Weisungen"/Vorgaben der verantwortlichen Stelle verarbeiten durfte und damit in seinem Handlungsspielraum eigentlich sehr eingeschränkt war.

Weil in der Vergangenheit Verstöße gegen die rechtlichen Vorgaben der Auftragsverarbeitung praktisch jedoch nie sanktioniert wurden, hat man den Verträgen mit dem externen Dienstleister und dem Konstrukt der Auftragsdatenverarbeitung nicht wirklich viel Aufmerksamkeit geschenkt. Diese Praxis sollte man aber aufgrund der Regelungen der DSGVO und der Sanktionen, die drohen können, wenn eine Auftragsverarbeitung nicht vernünftig umgesetzt wird, überdenken. Denn die ersten Bußgelder gegen Gesundheitseinrichtungen wurden von Aufsichtsbehörden in Europa bereits verhängt …

Das Konstrukt der Auftragsdatenverarbeitung wurde als Auftragsverarbeitung im Wesentlichen von der DSGVO übernommen. Zwar haben sich aufgrund der Regelungen der DSGVO einige Pflichten des Verantwortlichen und des Auftragsverarbeiters verändert, doch sind der Kern und die wesentlichen Regelungen, die eine Auftragsverarbeitung charakterisieren, in der DSGVO weiterhin erhalten geblieben. Daher dürfte es nunmehr „höchste Eisenbahn" sein, sich mit den Regelungen von Art. 28 und von Art. 4 Nr. 8 auseinanderzusetzen.

Gem. der Begriffsdefinition von Art. 4 Nr. 8 ist „Auftragsverarbeiter" eine natürliche oder juristische Person, Behörde, Einrichtung oder andere Stelle, die personenbezogene Daten **im Auftrag** des Verantwortlichen verarbeitet.

17.3.1 Typische Merkmale einer Auftragsverarbeitung

Wesentlich für den Auftragsverarbeiter ist somit, dass er im Auftrag und damit nach Weisungen des Verantwortlichen (Arzt/Praxis) die Daten des Verantwortlichen verarbeitet (vgl. Art. 29). Wie bisher ist die Weisungsbefugnis des Verantwortlichen und damit spiegelbildlich die Weisungsgebundenheit des Auftragsverarbeiters das wesentliche Charakteristikum für eine Auftragsverarbeitung. Denn einzig und allein die (strenge) Weisungsgebundenheit des Auftragsverarbeiters lässt die Auftragsverarbeitung erst zu einer „privilegierten" Datenverarbeitung werden. Diese (strenge) Gebundenheit hat nämlich zur Konsequenz, dass der Auftragsverarbeiter im Verhältnis zum Verantwortlichen ähnlich wie ein (externer) Mitarbeiter und somit als „verlängerter Arm" des Verantwortlichen zu qualifizieren ist.

Liegt eine entsprechende Weisungsgebundenheit (tatsächlich und vertraglich) vor, führt dieses dazu, dass die Datenverarbeitung des Auftragsverarbeiters als Datenverarbeitung des Verantwortlichen zu werten ist. Mithin stellt eine Auftragsverarbeitung auch keine eigenverantwortliche Datenverarbeitung des Auftragsverarbeiters dar, sondern eine Verarbeitung des Verantwortlichen, die ihm **VOLL** zugerechnet wird. Darum benötigt diese Verarbeitung auch keine weitere, eigenständige Legitimation. Vielmehr wird sie von dem Legitimationstatbestand der eigentlichen Verarbeitungstätigkeit des Verantwortlichen mit umfasst. Das bedeutet, ein wenig unjuristisch gesprochen, dass bspw. die weisungsgebundene Fernwartung eines Medizinprodukts durch den Medizinproduktehersteller, bei der er Kenntnis von Patientendaten des Arztes/der Praxis erhalten kann, von der Legitimation des Arztes zur Datenverarbeitung der Patientenbehandlung (vgl. Art. 9 Abs. 2 h) mit umfasst bzw. die Fernwartung als (notwendiger) Teil der Patientenbehandlung anzusehen ist. Da sich ein Auftragsverarbeiter daher auch nicht mehr groß um etwaige Legitimationen für die von ihm für den Verantwortlichen durchgeführte Datenverarbeitung kümmern muss, er die Verantwortung voll beim Verantwortlichen belässt, ist die Auftragsverarbeitung seit jeher das Mittel der Wahl, um Verarbeitungstätigkeiten von Herstellern/Dienstleistern wie Fernwartungen (unkompliziert) zu legitimieren.

Doch gerade weil die Auftragsverarbeitung eigentlich eine Weitergabe der Daten an einen externen Dritten darstellt und damit, wie vorstehend dargestellt, automatisch das Risiko für Betroffene erhöht, sind strenge (vertragliche) Regelungen notwendig, um zu erreichen, dass der Auftragsverarbeiter die Daten auch wirklich nur im vereinbarten (vom Verantwortlichen vorgegebenen) Rahmen entsprechend den Weisungen des Verantwortlichen verarbeitet.

Nur wenn vertraglich sichergestellt ist, dass der Auftragsverarbeiter tatsächlich die Daten nur entsprechend den vom Verantwortlichen gesetzten Vorgaben verarbeitet, kann eine wirksame, privilegierte Auftragsverarbeitung vorgenommen werden.

Daraus folgt somit, dass wenn der Vertrag insbesondere:

- nicht die tatsächlichen Verhältnisse des Einzelfalls abbildet oder
- dem Verantwortlichen nicht die volle Weisungsbefugnis eingeräumt wird oder
- der Vertrag Regelungen beinhaltet, die den Verantwortlichen von der Erfüllung seiner ihm gesetzlichen vorgeschriebenen Pflichten abhält oder
- der Auftragsverarbeiter sich im Hauptvertrag, Auftragsverarbeitungsvertrag oder sogar in den Nutzungsbestimmungen eigene Verarbeitungsbefugnisse (zu eigenen Zwecken) vorbehält oder
- in der Praxis nicht mehr sichergestellt ist, dass der Verantwortliche noch die „Herrschaft über die Datenverarbeitung" behält,

man nur schwerlich von einer wirksamen Auftragsverarbeitung ausgehen kann.

Falls keine wirksame Auftragsverarbeitungskonstellation vorliegt, muss man die Datenverarbeitung des „Auftragsverarbeiters" als eine **eigenständige Verarbeitung** ansehen, die wiederum dem Rechtmäßigkeitsgrundsatz folgend, einer entsprechenden Legitimation bedarf (vgl. Art. 28 Abs. 10). In einem solchen Fall stellen die Eröffnung des Zugangs zu den Verantwortlichendaten und der Zugriff auf die Daten durch den „Auftragsverarbeiter" eine Datenweitergabe des Verantwortlichen an den Auftragsverarbeiter dar, die wiederum einer eigenen Legitimation bedarf. Die unzulässige Datenweitergabe und Verarbeitung durch den Auftragsverarbeiter begründen einen Bußgeldtatbestand, weshalb ein Arzt/eine Praxis alleine schon aufgrund von Eigeninteresse das Thema „Auftragsverarbeitung" nicht auf die leichte Schulter nehmen sollte *(siehe Kapitel 19 Sanktionen)*.

Zusammenfassend charakterisieren daher folgende Merkmale eine Auftragsverarbeitung:

- (strenge) Weisungsgebundenheit (tatsächlich und vertraglich) des Auftragsverarbeiters hinsichtlich der von ihm durchzuführenden Datenverarbeitung,
- Fehlen einer Entscheidungsbefugnis des Auftragsverarbeiters hinsichtlich der Mittel und insbesondere der Zwecke der Verarbeitung (hinsichtlich der Mittel sollte man dem Auftragsverarbeiter eine gewisse Entscheidungsfreiheit zugestehen),
- Vertraglicher/technisch/organisatorischer Ausschluss, dass der Auftragsverarbeiter Daten zu eigenen Zwecken verarbeiten darf/kann,
- Anweisungen, dass der Auftragsverarbeiter nur die Daten zweckgebunden verarbeiten darf, die der Verantwortliche ihm zur Verfügung stellt, es sei denn, der Auftragsverarbeiter ist auch mit der Erhebung von personenbezogenen Daten betraut,
- Auftragsverarbeiter tritt (gegenüber den Betroffenen/Patienten) nicht im eigenen, sondern im Namen des Arztes/der Praxis auf.

Daher dürften nachfolgende Beispiele für Tätigkeiten typischerweise die Kriterien einer Auftragsverarbeitung erfüllen:

- Auslagerung von IT-Systemen und/oder Daten in ein externes Rechenzentrum (Outsourcing),
- Papier-/Aktenvernichtung sowie die Vernichtung von Datenträgern,
- Archivierungsdienstleistungen,
- Prüfung oder Wartung automatisierter Verfahren oder Datenverarbeitungsanlagen, wenn dabei ein Zugriff auf personenbezogene oder personenbeziehbare Daten nicht ausgeschlossen werden kann.

Ist Gegenstand des Auftragsverarbeitungsvertrags bspw. die Vor-Ort-Wartung von IT-/Software-Medizinprodukten oder die Fernwartung dieser z. B. zur Durchführung von Fehleranalysen oder Unterstützungsarbeiten in Systemen des Verantwortlichen und besteht in diesem Rahmen für den Auftragsverarbeiter die Notwendigkeit oder Möglichkeit des Zugriffs auf personenbezogene Daten, so dürften auch diese Tätigkeiten eine Auftragsverarbeitung darstellen, soweit er die Daten des Verantwortlichen weisungsgebunden verarbeitet. Eine andere Bewertung dürfte sich jedoch in den Fällen ergeben, in denen es bspw. um eine rein technische Wartung der Infrastruktur der IT durch Dienstleister geht, wie z. B. Arbeiten an der Stromzufuhr, der Kühlung des Serverraums oder der Heizung, bei denen der Dienstleister grundsätzlich keinen Zugriff auf die Daten des Verantwortlichen erhalten soll. Mangels Zugriffsmöglichkeit auf die Daten liegt somit in diesen Fällen keine Auftragsverarbeitungskonstellation vor.

Aus gegebenen Anlass will ich hier auch noch kurz auch auf das Thema „Cloud Computing" als Auftragsverarbeitung eingehen. Heutzutage wird fast einhellig die Meinung vertreten, dass „Cloud Computing" (was auch immer damit gemeint ist) eine Auftragsverarbeitung sein soll. Doch, wie dargestellt, sollte man nicht zu vorschnell dieser Meinung folgen. Denn liest man sich bspw. die Nutzungsbedingungen/AGB oder Verträge einiger großer Cloud-Anbieter wie Amazon, Google und Co. durch, sollten schnell erste Zweifel an einer vermeintlichen Auftragsverarbeitung kommen. Denn in vielen dieser Regelungen behalten sich diese Unternehmen oftmals die Verarbeitung der Daten zu eigenen Zwecken oder ein Zurückbehaltungsrecht etc. vor. Genau solche Klauseln führen aber wie dargestellt dazu, dass gerade **keine** Auftragsverarbeitung angenommen werden kann und man vielmehr die Cloud-Anbieter als eigenständige Verantwortliche ansehen muss. Der Datentransfer in ihre „Clouds" wäre somit eine (nicht privilegierte) Datenübermittlung, die einer eigenständigen Legitimation bedarf. Gerade aufgrund der berufsrechtlichen und datenschutzrechtlichen Probleme, die dadurch entstehen, sollte ein Arzt sich ganz genau überlegen, ob und wenn ja welchen Cloud-Anbieter er wofür einsetzen will.

Wie die vorstehenden Ausführungen deutlich machen sollten, ist es daher essenziell, die jeweiligen rechtlichen Anforderungen auf die jeweiligen Begebenheiten des Arztes/der Praxis zuzuschneiden. Aus diesem Grund sollte man auch mit einer unveränderten Übernahme von bereits vorausgefüllten Verträgen vorsichtig sein.

17.3.2 Problematik der Verwendung von vom Auftragsverarbeiter vorbereiteten Standardverträgen

Grundsätzlich ist es die Pflicht eines Verantwortlichen (Arzt/Praxis), seinem zukünftigen Auftragsverarbeiter einen von ihm ausgearbeiteten Vertrag vorzulegen, den dieser mit den notwendigen Informationen, die dem Arzt nicht bekannt sind, zu ergänzen hat. In der Praxis ist es jedoch vielfach die Regel, dass ein Hersteller/Dienstleister einem Arzt/einer Praxis einen bereits zur Unterschrift fertig vorbereiteten Auftragsverarbeitungsvertrag vorlegt. Dieser Vertrag ist oftmals auch nicht verhandelbar und die Hersteller/Dienstleister verhalten sich diesbezüglich auch wenig kooperativ. Es gilt dort oftmals das Motto „friss oder stirb". Damit geben sie deutlich zu verstehen, dass der Arzt/die Praxis diesen Vertrag unterzeichnen sollte, denn ansonsten kommt gar kein Vertrag zustande. Dieses ist besonders in den Konstellationen zu beobachten, in denen ein Arzt auf die Leistung der entsprechenden Firma mehr oder weniger angewiesen ist.

Wie ich leider in der Praxis häufig feststellen muss, ist das vorstehend beschriebene Verhalten von Herstellern/Dienstleistern keine Ausnahme, sondern eher die Regel, besonders wenn man mit großen Konzernen zu tun hat und von diesen Leistungen beziehen will, die als Auftragsverarbeitung zu qualifizieren sind. Doch man muss auch ehrlicherweise sagen, dass es durchaus verständlich ist, dass Unternehmen einheitliche Vertragsbedingungen für Auftragsverarbeitungs-Konstellationen anstreben. Denn wenn sie von jedem Arzt/jeder Praxis einen eigenen Vertrag erhalten würden, würden sie „ihres Lebens nicht mehr froh" werden. Denn sie müssten dann jeden Vertrag einzeln prüfen, was wiederum einen riesen Aufwand und somit einen nicht unerheblichen Kostenfaktor bedeuten würde. Andererseits gilt es jedoch auch zu beachten, dass gerade eine Auftragsverarbeitung charakterisiert, dass bei ihr der Verantwortliche (Arzt/Praxis) derjenige ist, der hinsichtlich der Datenverarbeitung das Sagen haben muss und damit auch für die vertragliche Umsetzung zuständig ist. Denn er ist, wie der Name schon sagt, „Verantwortlicher" und somit auch letzten Endes derjenige, der primär für Fehler in der Datenverarbeitung geradestehen muss.

Insbesondere wenn in den vorgefertigten Verträgen Klauseln enthalten sind, die vorsichtig ausgedrückt „unüblich" oder sogar „benachteiligend" für den Verantwortlichen sind, gilt es achtsam zu sein. Gibt bspw. ein Hersteller/ein Dienstleister dem Arzt/der Praxis ganz klar seine Abläufe, Prozesse usw. vor und beinhaltet der Vertrag auch noch für den Arzt nachteilige Kostenregelungen (z. B. dass die Kosten einer Überprüfung des Dienstleisters der Arzt tragen soll), muss man sich fragen, ob in diesen Fällen überhaupt eine Auftragsverarbeitungskonstellation vorliegen kann. Denn eine Auftragsverarbeitung charakterisiert ja gerade, dass trotz Einschaltung eines Auftragsverarbeiters der Verantwortliche weiterhin derjenige sein muss, der über Mittel und insbesondere die Zwecke der Datenverarbeitung entscheidet. Wird ihm jedoch alles eindeutig und unverhandelbar vom Auftragsverarbeiter vorgegeben, ist es sehr fraglich, ob man dann noch von einer „Herrschaft über die Datenverarbeitung" des Verantwortlichen reden kann.

Zusammenfassend lässt sich daher besonders bei zur Unterschrift vorbereiteten Auftragsverarbeitungsverträgen, die von einem Dienstleister ohne Verhandlungsspielraum gestellt werden, feststellen, dass diesen immer ein gewisses „Geschmäckle" anhaftet. Ein Auftragsverarbeitungsvertrag, der in Konsequenz zu einer tatsächlichen Machtlosigkeit des Verantwortlichen hinsichtlich der Datenverarbeitung durch den Auftragsverarbeiter führt, dürfte daher in Konsequenz unwirksam sein und damit auch zu einer Unzulässigkeit der Auftragsverarbeitung führen. In Konsequenz würde damit auch die privilegierende Wirkung der Verarbeitung entfallen. Der Transfer von Daten des Arztes/der Praxis an das entsprechende Unternehmen würde dann eine Datenübermittlung an einen weiteren Verantwortlichen darstellen, die wiederum einer eigenen Legitimation bedarf *(vgl. Kapitel 8)*.

Neben einem korrekt ausgestalten Vertrag ist es zwingend notwendig, dass der Verantwortliche den Auftragsverarbeiter besonders sorgfältig auswählt.

17.3.3 Besondere Auswahl des Auftragsverarbeiters

Durch die vorstehenden Ausführungen sollte deutlich geworden sein, dass die Auftragsverarbeitung kein unkompliziertes Unterfangen ist. Da es sich bei dieser faktisch um eine (privilegierte) Datenweitergabe an einen externen Dritten handelt, geht damit automatisch ein hohes Risiko für Betroffene einher, dass seine Daten nicht ordnungsgemäß verarbeitet werden und somit ein wie auch immer gearteter Schaden droht. Ferner hat sich der Patient den Auftragsverarbeiter auch nicht ausgesucht und hat auch keine Möglichkeit, dem Einsatz des Auftragsverarbeiters wirksam zu widersprechen. Bezieht ein Arzt immer mehr externe Dritte auf diese privilegierte Art und Weise in die Patientenbehandlung mit ein, steigert er damit, ob er will oder nicht, die Komplexität sowie die Intransparenz der Datenverarbeitung. Dadurch wird die Datenverarbeitung der Patientenbehandlung für ihn auch immer weniger beherrschbar.

Aufgrund des damit verbundenen Risikos und der fehlenden Möglichkeit des Betroffenen, auf die Auswahl des Auftragsverarbeiters Einfluss zu nehmen, ist es nur konsequent, wenn von Gesetzes wegen bereits hohe Anforderungen an die Auswahl des jeweiligen Auftragsverarbeiters gestellt werden. Gemäß Art. 28 Abs. 1 darf daher ein Verantwortlicher (Arzt/Praxis) nur mit Auftragsverarbeitern zusammenarbeiten, die sichergestellt haben (ausreichende Garantien bieten), dass die diesbezügliche Verarbeitung im Einklang mit den Vorgaben der DSGVO erfolgen kann und die Rechte der Betroffenen ausreichend gewahrt werden. Das bedeutet also in Konsequenz, dass den Arzt/die Praxis bereits bei der Auswahl der richtigen Dienstleister eine entsprechende Sorgfaltspflicht trifft, sich davon zu überzeugen (und zu dokumentieren), dass derjenige, der ausgewählt werden soll, auch wirklich der richtige ist, um diese verantwortungsvolle Datenverarbeitung durchzuführen. Dass ein Hersteller/Dienstleister der „preiswerteste" ist, ist kein ausschlaggebendes Kriterium für die datenschutzrechtliche Zuverlässigkeit bzw. notwendige Garantien.

Vielmehr dürften diesbezüglich Aspekte wie langjährige Erfahrungen/Kompetenzen in den entsprechenden Gebieten, aussagekräftige Referenzen etc. eher darauf hindeuten, dass derjenige ausreichende Garantien dafür liefert, dass die Auftragsverarbeitung ordnungsgemäß ablaufen kann. Gemäß Art. 28 Abs. 5 können genehmigte Verhaltensregeln oder Zertifizierungsverfahren des Auftragsverarbeiters auch einen Teil des Nachweises für ausreichende Garantien darstellen. Da jedoch derzeit noch keine Zertifizierungsverfahren existieren, sind insbesondere „Datenschutzsiegel" mit großer Vorsicht zu genießen.

Weil die Auftragsverarbeitung stets mit dem Hauptvertrag, wie bspw. Kauf und Wartung eines Medizinprodukts, gekoppelt ist, sollte man sich daher bereits vor der Beschaffung eines entsprechenden Produkts anschauen, ob zum einen dieses Produkt (*siehe Kapitel 12.3*), aber zum anderen auch der Hersteller/Dienstleister die datenschutzrechtlichen Anforderungen erfüllt und ausreichende „Garantien" für eine ordnungsgemäße Datenverarbeitung beibringen kann. Die Erfüllung der datenschutzrechtlichen Anforderungen sollte jetzt, aber auch in Zukunft ein gewichtiges Auswahlkriterium darstellen.

17.3.4 Ärztliche Verschwiegenheitspflicht vs. Auftragsverarbeitung

Die Weitergabe von Daten, die dem Patientengeheimnis unterliegen, stellt, wenn sie nicht entsprechend legitimiert werden kann, eine Straftat gem. § 203 StGB dar. Damit wäre auch jede Übermittlung von Daten an einen Auftragsverarbeiter, der nicht in den Geheimnisbereich einbezogen ist, eine Straftat. Früher wie heute ist der Abschluss eines Auftragsverarbeitungsvertrags keine Legitimation i. S. d. § 203 StGB, die zu einer Offenbarung des Geheimnisses berechtigt.

Mit dem „Gesetz zur Neuregelung des Schutzes von Geheimnissen bei der Mitwirkung Dritter an der Berufsausübung schweigepflichtiger Personen" wurden jedoch verschiedene Gesetze zu Berufsgeheimnissen novelliert, u. a. auch der für Ärzte so bedeutsame § 203 StGB. Dadurch ist es nun möglich, dass Ärzte/Praxen, wenn dieses zur Erfüllung ihrer Pflichten erforderlich ist, externe Dienstleister in ihre Tätigkeiten (mittels eines Auftragsverarbeitungsvertrags) einbinden und im erforderlichen Umfange Geheimnisse offenbaren. Insofern ist es zwingend notwendig, den Auftragsverarbeiter inkl. seiner Mitarbeiter, die auf die Daten des Arztes/der Praxis Zugriff nehmen können, auf die Geheimhaltung zu verpflichten. Dabei gilt es, insbesondere darauf hinzuweisen, dass der Auftragsverarbeiter gem. § 203 Abs. 4 StGB nunmehr ebenfalls einer auch strafrechtlich sanktionierten Verschwiegenheitspflicht unterliegt. Durch die Einbindung wird der Dienstleister so behandelt, wie ein berufsmäßig tätiger Gehilfe des Arztes, wie z. B. eine Arzthelferin.

17.3.5 Folgen bei Verstößen

Dass man die Auftragsverarbeitung nicht auf die leichte Schulter nehmen sollte, wird insbesondere dadurch deutlich, dass ein Verstoß gegen die gesetzlichen Regelungen bußgeldbewährt sein kann. Bei Verstößen gegen die Vorgaben des Art. 28 können deshalb Geldbußen von bis zu 10 000 000,- Euro oder bis zu 2 % des gesamten weltweit erzielten Jahresumsatzes des vorangegangenen Geschäftsjahres verhängt werden. Diese bei Verstößen drohenden Sanktionen können nicht nur den Verantwortlichen (Arzt/Praxis) selbst, sondern auch den Auftragsverarbeiter treffen. So ist es durchaus möglich und bereits auch vorgekommen, dass eine Aufsichtsbehörde gegen Auftragsverarbeiter, der gegen seine aus Art. 28 Abs. 2 bis 4 resultierenden Verpflichtungen verstoßen hat, ein hohes Bußgeld verhängt hat. Weil ein wesentlicher Teil der Auftragsverarbeitung ein sog. Auftragsverarbeitungsvertrag ist, sollte man sich intensiv mit diesem speziellen Vertrag beschäftigen.

17.3.6 Vertrag mit dem Auftragsverarbeiter (Inhalt)

Durch die in Art. 28 enthaltenen Regelungen in Verbindung mit Erwägungsgrund 81 ergeben sich die Mindestanforderungen an einen Auftragsverarbeitungsvertrag. Diese generellen Anforderungen müssen jedoch immer anhand des jeweils konkret vorliegenden Einzelfalls entsprechend interpretiert und dargestellt werden. Die Reihenfolge und die Darstellungsweise kann dabei grundsätzlich frei gewählt werden. Es ist daher auch nicht notwendig, genau die in Art. 28 gewählte Reihenfolge der DSGVO einzuhalten. Wichtig ist wie gesagt, dass in einem solchen Vertrag mindestens alle der in Art. 28 aufgeführten Anforderungen konkretisiert werden. Diese sind:

- Gegenstand und Dauer des Auftrags,
- Umfang, Art und Zweck der vorgesehenen Datenverarbeitung,
- die Art der Daten,
- die Kategorien betroffener Personen,
- die Gewährleistung der Betroffenenrechte,
- Rechte und Pflichten des Verantwortlichen,
- der Umfang der Weisungsbefugnisse, die der Verantwortliche gegenüber dem Auftragsverarbeiter hat,
- die Kontrollrechte des Verantwortlichen und die entsprechenden Duldungs- und Mitwirkungspflichten des Auftragsverarbeiters,
- die Pflichten des Auftragsverarbeiters,
- die etwaige Berechtigung zur Begründung von Unterauftragsverhältnissen,
- mitzuteilende Verstöße des Auftragnehmers oder der bei ihm beschäftigten Personen gegen datenschutzrechtliche Vorschriften oder gegen die im Auftrag getroffenen Festlegungen,
- die Rückgabe überlassener Datenträger und die Löschung beim Auftragnehmer gespeicherter Daten nach Beendigung des Auftrags.

Diese und weitere Anforderungen/Empfehlungen werden im Nachfolgenden näher behandelt. Damit soll dem Leser ein Gefühl vermittelt werden, worauf er bei der Prüfung/bei der Erstellung eines solchen Vertrags besonders achten sollte. Es dürfte aufgrund der Menge an Regelungen schnell klar werden, dass ein speziell auf einen Arzt/eine Praxis zugeschnittener Auftragsverarbeitungsvertrag kein einfaches Unterfangen darstellt, wie gemeinhin angenommen.

Einen Mustervertrag speziell für das Gesundheitswesen, der unter meiner Mitarbeit entwickelt wurde, finden Sie unter: http://www.ds-gvo.gesundheitsdatenschutz.org/html/adv-vertrag.php

Präambel

Wie dargestellt, ist eine Auftragsverarbeitung nicht gerade ein unproblematisches Konstrukt. Daraus folgt, dass es durchaus empfehlenswert sein kann, in einem „Vorwort" (Präambel) zunächst darzustellen, wieso man bei der konkreten Datenverarbeitung durch den „Dienstleiter" von einer Auftragsverarbeitung ausgeht, was die grundsätzlichen Aufgaben des Auftragsverarbeiters sind, usw.

Meiner Meinung nach empfiehlt sich in der Präambel immer auch eine kurze Darstellung, wieso bzw. aus welchen Gründen der Verantwortliche (Arzt/Praxis) gerade diesen Auftragsverarbeiter zur Erfüllung der Datenverarbeitungstätigkeiten ausgewählt hat. In der Präambel sollte damit auch klarstellend aufgezeigt werden, warum der Verantwortliche der Ansicht ist, dass der von ihm ausgesuchte Auftragsverarbeiter ein risikoadäquates Schutzniveau für die Verarbeitung „seiner" Daten bietet. Dabei sollte man auch auf Aspekte wie Fachwissen, Zuverlässigkeit und ggf. Ressourcen des Auftragsverarbeiters eingehen. Gerade wenn besondere Kategorien von Daten (z. B. Gesundheitsdaten) vom Auftragsverarbeiter verarbeitet werden sollen, sollte man kurz diesbezüglich ausführen, dass sich der Verantwortliche der besonderen Sensibilität der Daten durchaus bewusst ist und die notwendige Schutzwürdigkeit der Daten auch in die Auswahl des Auftragsverarbeiters hat einfließen lassen.

Auftragsgegenstand

Ein weiterer, essenzieller Bestandteil eines Auftragsverarbeitungsvertrags ist die klare und eindeutige Darstellung des Gegenstands der Auftragsverarbeitung. Die Art und Weise der Darstellung bleibt einem weitestgehend selber überlassen. Wichtig dabei ist jedoch, dass der gesamte Auftragsgegenstand so übersichtlich wie möglich dargestellt wird. Denn gerade dieser Teil des Vertrags ist ein ganz wesentlicher Vertragsbestandteil und kann z. B. vor Gericht „kriegsentscheidend" sein.

Auf eine möglichst übersichtliche und vollständige Art und Weise sollten deshalb zunächst die Tätigkeiten des Auftragsverarbeiters beschrieben werden, die er im Rahmen der Auftragsverarbeitung konkret übernehmen soll. Durch diese Beschreibung sollte direkt deutlich werden, dass es sich bei diesen um Tätigkeiten handelt, die typischerweise eine Auftragsverarbeitung darstellen. Es sollte dabei auch beschrieben werden, wodurch bzw. durch welche Tätigkeiten der Auftragsverarbeiter Zugriff auf die Daten erhalten kann. Ein Verweis auf den Hauptvertrag oder einen entsprechenden Annex zum Hauptvertrag ist sinnvoll, wenn in diesem die Tätigkeiten umfassend dargestellt werden.

Nach meiner Erfahrung bietet es sich auch an, zum einen die Zwecke darzustellen, zu denen der Auftragsverarbeiter im Rahmen seines Auftrags die Zugriffsmöglichkeit auf die Daten erhält. Dadurch zeigt man nochmals ganz klar den Rahmen auf, in dem sich der Auftragsverarbeiter bei seiner Verarbeitung für den Arzt/die Praxis bewegen darf. Zum anderen sollte man aber auch, was (leider) unüblich ist, kurz die Zwecke aufführen, die den Verantwortlichen ermächtigen, die Daten des Betroffenen zu verarbeiten. Diese unübliche Darstellung ist der Tatsache geschuldet, dass die Auftragsverarbeitung wie beschrieben eine privilegierte Form der Datenverarbeitung ist. Die Auftragsverarbeitung kann somit immer nur solange eine Auftragsverarbeitung sein, wie sie der Erfüllung der Zwecke dient, zu denen der Verantwortliche (Arzt/Praxis) die Daten verarbeiten darf. In Konsequenz bedeutet dieses wiederum, dass, wenn der Auftragsverarbeiter von diesen Zwecken abweicht und die Daten zu eigenen Zwecken verarbeitet, er qua Gesetzes automatisch für diese Verarbeitung als Verantwortlicher angesehen wird (vgl. Art. 28 Abs. 10).

Neben den Verarbeitungszwecken ist es notwendig, die Betroffenen bzw. Betroffenenkategorien/-kreise inkl. ihrer diesbezüglichen Daten darzustellen, auf die der Auftragsverarbeiter Zugriff erhält bzw. erhalten kann. Auch hier gilt, dass es keine

Vorgaben gibt, wie die Darstellung erfolgen soll. Möglich sind daher bspw. tabellarische Darstellungen, Darstellung in einzelnen Gliederungspunkten, als durchgängiger Fließtext, Ankreuzfelder, etc. Bei Ankreuzfeldern sollte man jedoch meiner Erfahrung nach generell vorsichtig sein. Denn Ankreuzfelder lassen schnell den Eindruck entstehen, dass der Auftragsverarbeitungsvertrag ein „Standardvertrag" ist und individuelle Aspekte oftmals schnell wegfallen. So fragt man sich als Prüfer/ Leser eines Vertrags, bei dem diese Ankreuzfelder verwendet wurden, oftmals, wieso gewisse Felder zwar genannt aber nicht angekreuzt sind. Ferner fragt man sich bei Verträgen, bei denen alle Felder angekreuzt sind, wieso man überhaupt Ankreuzfelder verwenden muss.

Verantwortlichkeit

Wie dargestellt, zeichnet eine Auftragsverarbeitung aus, dass der Verantwortliche (Arzt/Praxis) trotz Einschaltung eines Externen in die Datenverarbeitung weiterhin für die vom Externen durchgeführte Datenverarbeitung verantwortlich ist. Daher empfiehlt es sich, in einem eigenen Passus klarzustellen, dass der Verantwortliche (Arzt/Praxis) im Rahmen der vom Vertrag erfassten Tätigkeiten des Auftragsverarbeiters für die Einhaltung der gesetzlichen Bestimmungen, insbesondere für die Rechtmäßigkeit der Datenverarbeitung (primär) verantwortlich ist („Verantwortlicher" im Sinne des Art. 4 Nr. 7).

Im Rahmen einer Auftragsverarbeitung ist es gem. Art. 28 Abs. 3 b) zwingend erforderlich, im Vertrag Regelungen zur Verschwiegenheit zu treffen. Dies gilt sowohl für die beim Verantwortlichen als auch die beim Auftragsverarbeiter eingesetzten Personen. Insbesondere bei Ärzten sollten diesbezüglich erweiterte Regelungen getroffen werden. Daher empfiehlt sich immer auch ein Passus, dass sich die zur Verarbeitung der personenbezogenen Daten befugten Personen zur Vertraulichkeit verpflichtet haben oder einer angemessenen gesetzlichen Verschwiegenheitspflicht unterliegen. Es sollte diesbezüglich auch festgehalten werden, dass jede Partei für die diesbezügliche Verpflichtung des eigenen Personals zuständig ist. Ferner gilt es klarzustellen, dass die eingesetzten Personen darauf hingewiesen werden müssen, dass das (Daten-) Geheimnis auch nach Beendigung der Tätigkeit fortbesteht. In der Praxis kann es sich durchaus anbieten, dass sich die Vertragspartner auf die einzelnen (notwendigen) Inhalte der konkreten Verpflichtungserklärung einigen bzw. sich diesbezüglich abstimmen.

Dauer des Auftrags

Wie aufgezeigt, ist der Auftragsverarbeitungsvertrag ein Zusatz zum Hauptvertrag. Aufgrund dieses Abhängigkeitsverhältnisses ist zumeist auch die Laufzeit des Auftragsverarbeitungsvertrags bestimmt. Denn es gilt grundsätzlich, dass wenn der Hauptvertrag endet, regelmäßig auch der Auftragsverarbeitungsvertrag endet. Daher empfiehlt sich im Auftragsverarbeitungsvertrag eine klarstellende Regelung, nach der sich die Laufzeit des Auftragsverarbeitungsvertrags nach der Laufzeit des Hauptvertrags bestimmt. Ggf. kann es aber auch hier sinnvoll sein, den Parteien eigene datenschutzspezifische Kündigungsrechte einzuräumen, z. B. in Fällen von massiven Datenschutzverstößen. Dann gilt es jedoch auch immer, entsprechende Abwicklungsregelungen mit aufzunehmen.

Weisungsbefugnis des Verantwortlichen

Wie vorstehend dargestellt, ist die Weisungsgebundenheit des Auftragsverarbeiters und damit spiegelbildlich die Weisungsbefugnis des Verantwortlichen (Arzt/Praxis) ein wesentliches Charakteristikum eines Auftragsverarbeitungsvertrags. Ohne eine entsprechend vertraglich festgelegte Weisungsbefugnis (die in der Praxis auch tatsächlich gegeben sein muss) würde die Weisungsgebundenheit des Auftragsverarbeiters wegfallen und damit auch die Grundlage einer Auftragsverarbeitung. Aus diesem Grund ist es essenziell, im Vertrag Regelungen festzulegen, nach denen die Verarbeitung der Daten durch den Auftragsverarbeiter ausschließlich im Rahmen der getroffenen Vereinbarungen und nach dokumentierter Weisung des Verantwortlichen erfolgen muss. In diesem Zusammenhang sollte ferner eine Klarstellung erfolgen, dass sich der Verantwortliche (Arzt/Praxis) im Rahmen der in dieser Vereinbarung getroffenen Auftragsbeschreibung ein umfassendes Weisungsrecht über Art, Umfang und Verfahren der Datenverarbeitung vorbehält, das er durch Einzelweisungen konkretisieren kann.

Es sollte ferner festgelegt werden, dass aus Dokumentationszwecken, u. a. um der Rechenschaftspflicht zu genügen, mündliche Weisungen nachträglich schriftlich oder in Textform (per E-Mail) zu bestätigen sind.

Darüber hinaus sollte man auch an gewisse (sogar gesetzlich vorgesehene) Ausnahmen denken, in denen dem Auftragsverarbeiter eine Verarbeitung (wie z. B. eine Datenübermittlung an Behörden etc.) aus zwingenden rechtlichen Gründen auferlegt wird. In solchen Fällen ist es zwingend erforderlich, dass der Auftragsverarbeiter den Verantwortlichen hierüber (im Vorfeld der Datenverarbeitung) informieren muss, damit dem Verantwortlichen die Möglichkeit gegeben wird, von der Einschaltung dieses Auftragsverarbeiters Abstand zu nehmen.

Um der Rechenschaftspflicht genügen zu können, kann es durchaus sinnvoll sein, einen Passus im Vertrag vorzusehen, nach dem der Auftragsverarbeiter verpflichtet wird, etwaige Weisungen des Verantwortlichen zu dokumentieren und dem Verantwortlichen als Kopie zur Verfügung zu stellen.

Daneben ist es sinnvoll, Regelungen zu entwickeln, wie bei Änderungen des Vertragsgegenstandes zu verfahren ist. Falls Änderungen des Vertragsgegenstands weitreichende Konsequenzen für den Auftragsverarbeiter haben sollten, sollte ihm vertraglich ein Widerspruchsrecht inkl. eines Kündigungsrechts hinsichtlich der einzelnen, von der Weisung betroffenen Bestandteile eingeräumt werden.

Hinsichtlich der Weisungsbefugnis empfiehlt es sich, jedenfalls bei größeren Praxen – MVZ usw. zumindest in einer Anlage zum Auftragsverarbeitungsvertrag die Ansprechpartner/weisungsberechtigten Personen bzw. weisungsberechtigten Organisationsteile des Verantwortlichen aufzuführen. Das ist insbesondere deshalb sinnvoll, damit der Auftragsverarbeiter bzw. seine Mitarbeiter wissen/nachvollziehen können, ob derjenige, der ihnen Weisungen erteilen will, auch wirklich dazu berechtigt ist.

Leistungsort

Da eine Auftragsverarbeitung von Patientendaten eine sehr sensible Datenverarbeitung ist, sollte man sich als Arzt/Praxis darüber im Klaren sein und genaue Vorstellungen haben, wo die Datenverarbeitung des Auftragsverarbeiters stattfinden soll. Die Entscheidung des Ortes der Auftragsverarbeitung sollte sich erfahrungsgemäß insbesondere an der zu verarbeitenden Datenmenge, der Sensibilität der Daten und damit natürlich auch an den drohenden Konsequenzen, die bei einer nicht ordnungsgemäßen Datenverarbeitung drohen, orientieren.

In den Zeiten von Cloud und Co. und dem „follow the sun"-Prinzip (also dass die Leistungen weltweit, je nach freien Kapazitäten erbracht werden), ist die Bestimmung des konkreten Verarbeitungsstandorts kein einfaches Unterfangen. Umso wichtiger ist es deshalb, entsprechende Regelungen hinsichtlich des Leistungsortes im Vertrag vorzusehen, an die sich der Auftragsverarbeiter halten muss. Vor allem, wenn die Daten des Arztes/der Praxis von Orten außerhalb der EU/EWR verarbeitet werden sollen, sollte Vorsicht gewahrt werden. Gerade bei Gesundheitsdaten empfiehlt es sich daher meiner Ansicht nach, darauf zu achten, dass die Datenverarbeitung ausschließlich in Staaten der EU/des EWR stattfinden darf, optimalerweise nur in Deutschland. Wesentlich für die Entscheidung des Leistungsorts für die Durchführung der Auftragsverarbeitung muss stets die Gewährleistung eines ausreichenden Schutzniveaus für die zu verarbeitenden Daten sein.

Pflichten des Auftragsverarbeiters

Einen weiteren wesentlichen Teil eines Auftragsverarbeitungsvertrags bildet die Darstellung/Konkretisierung der Pflichten des Auftragsverarbeiters. Gerade hier ist es zwingend erforderlich, dass in den diesbezüglichen Regelungen die Weisungsgebundenheit des Auftragsverarbeiters gegenüber dem Verantwortlichen klar und deutlich herausgestellt wird.

Daher empfiehlt es sich immer, eine Klausel aufzunehmen, in der festgestellt wird, dass der Auftragsverarbeiter die Daten des Verantwortlichen nur im Rahmen des Auftrags und der Weisungen des Verantwortlichen verarbeiten darf. Damit korrespondierend empfiehlt sich ferner eine Regelung, dass der Auftragsverarbeiter die ihm überlassenen Daten für keine anderen Zwecke als die der Vertragserfüllung verwenden darf!

Ferner muss klargestellt werden, dass er auch keine Mittel zur Verarbeitung einsetzen darf, die nicht vom Auftraggeber genehmigt wurden.

Verarbeitet ein Auftragsverarbeiter die Daten des Verantwortlichen zu eigenen Zwecken oder bestimmt er eigenständig und unabhängig vom Verantwortlichen die Mittel der Verarbeitung, wird er in Bezug auf diese Verarbeitung dadurch entsprechend Art. 28 Abs. 10 selbst Verantwortlicher!!!, worauf auch in einem solchen Vertrag hingewiesen werden sollte.

Da die Auftragsverarbeitung zumeist außerhalb des tatsächlichen Einflussbereichs des Verantwortlichen stattfindet, ist es zwingend notwendig, den Auftragsverarbeiter zu verpflichten, dass er seine eigene Organisation so zu gestalten hat, dass sie den besonderen Anforderungen der DSGVO, weiterer einschlägigen Regelungen zum Datenschutz/des Schutzes von Daten sowie der des Vertrags gerecht wird. Dieses muss er insbesondere durch risikoadäquate technische und organisatorische Schutzmaßnahmen (vgl. Art. 32) gewährleisten. Der Auftragsverarbeiter muss verpflichtet werden, diese Maßnahmen auf Anforderung des Verantwortlichen/der Aufsichtsbehörde entsprechend nachzuweisen. Es sollte immer auch eine entsprechende Anlage dem Vertrag beigefügt werden, in der die maßgeblichen technischen und organisatorischen Schutzmaßnahmen des Auftragsverarbeiters dargestellt werden (*siehe hierzu auch Kapitel 12.2*). Da die getroffenen Schutzmaßnahmen immer dem technischen Fortschritt unterliegen, ist es zwingend erforderlich, den Auftragsverarbeiter im Vertrag zu verpflichten bzw. es ihm zu gestatten, bisher getroffene Schutzmaßnahmen durch alternative Maßnahmen zu ersetzen, um diesem Fortschritt gerecht zu werden, sowie auf dem Stand der Technik zu bleiben. Es muss bei neuen Maßnahmen jedoch immer sichergestellt sein, dass das vertraglich festgelegte Schutzniveau niemals unterschritten werden darf. Nur so ist auch sichergestellt, dass die Datenverarbeitung auch zukünftig sicher erfolgen kann.

Ferner sollte der Auftragsverarbeiter verpflichtet werden, wesentliche Änderungen der Maßnahmen zu dokumentieren und diese Dokumentation bzw. eine Kopie dem Verantwortlichen auf Anfrage auszuhändigen. Nur so kann der Verantwortliche seiner Rechenschaftspflicht trotz Einschaltung eines Externen nachkommen.

Da Datenschutz bzw. der Schutz von Daten immer ein entsprechendes Konzept verlangt, anhand dessen sich nachprüfen lässt, ob in einer Organisation alle datenschutzrelevanten Aspekte (prinzipiell) berücksichtigt werden, kann es gerade bei der Verarbeitung von sensiblen Daten durch den Auftragsverarbeiter sinnvoll sein, dass der Auftragsverarbeiter verpflichtet wird, ein aussagekräftiges und aktuelles Datenschutz- und Sicherheitskonzept zu erstellen und dem Verantwortlichen (Arzt/Praxis) auf Anfrage hin zur Verfügung zu stellen.

Wie im *Kapitel 11* erwähnt, ist es gem. Art. 30 Abs. 2 die Pflicht eines Auftragsverarbeiters, speziell für die Auftragsverarbeitung ein entsprechendes Verarbeitungsverzeichnis zu führen. Der Auftragsverarbeiter muss dieses dem Verantwortlichen/der Aufsichtsbehörde auf Anfrage zur Verfügung stellen können, weshalb diese Pflicht auch in einem Auftragsverarbeitungsvertrag aufgenommen werden sollte.

Für risikobehaftete Datenverarbeitungen gilt es, wie in *Kapitel 14* dargestellt, für den Verantwortlichen eine Datenschutzfolgenabschätzung (vgl. Art. 35, 36) durchzuführen. Weil die vom Auftragsverarbeiter übernommenen Datenverarbeitungstätigkeiten, wie vorstehend dargestellt, Bestandteil einer Datenverarbeitung des Verantwortlichen sind, die eine solche Datenschutzfolgenabschätzung notwendig werden lassen, muss er in diese auch vertraglich mit eingebunden werden. Daher gilt es, im Vertrag den Auftragsverarbeiter zu verpflichten, dass dieser im gebotenen Umfang (kostenlos) den Verantwortlichen mit den entsprechend vom Verantwortlichen benötigten Informationen unterstützt bzw. an der Datenschutzfolgenabschätzung mitwirkt.

Sollten die gesetzlichen Anforderungen vorliegen, gilt es, den Auftragsverarbeiter im Vertrag zu verpflichten, einen Datenschutzbeauftragten, der die ihm von Gesetzes wegen zugewiesenen Aufgaben und Anforderungen erfüllt, zu bestellen. In einer Anlage sollte man diesen, inkl. seiner Kontaktdaten sowie einen ggf. bestellten Vertreter aufführen. Der Auftragsverarbeiter muss im Vertrag verpflichtet werden, einen Wechsel des Datenschutzbeauftragten dem Arzt/der Praxis anzuzeigen. Falls kein Datenschutzbeauftragter bestellt wurde, gilt es im Vertrag sicherzustellen, dass der Auftragsverarbeiter dem Verantwortlichen eine „Datenschutz-Kontaktperson"/Ansprechpartner benennt, an die sich der Verantwortliche wenden kann. Auch hier empfiehlt sich, eine entsprechende Anlage zum Vertrag zu erstellen, in der diese Kontaktperson inkl. Kontaktdaten aufgeführt wird.

Je größer der Umfang der durch den Auftragsverarbeiter durchzuführenden Datenverarbeitung ist, umso größer ist das Risiko, dass es zu einer Verletzung des Schutzes von Daten/einer Datenpanne bzw. einem Verstoß gegen die Regelungen des Auftragsverarbeitungsvertrags kommt (*Näheres siehe Kapitel 13*). Daher gilt es, im AV-Vertrag den Auftragsverarbeiter zu verpflichten, dass dieser den Verantwortlichen in solchen Fällen **unverzüglich** und **vollumfänglich** über einen solchen

Vorfall informiert. Nur wenn der Verantwortliche unverzüglich die notwendigen Informationen erhält, kann er über das weitere Vorgehen entscheiden. Ferner muss der Auftragsverarbeiter im Falle einer Datenpanne verpflichtet werden, alle erforderlichen Maßnahmen zur Sicherung der Daten und zur Minderung möglicher nachteiliger Folgen für die Betroffenen zu ergreifen. Auch diesbezüglich sollte/muss er sich unverzüglich mit dem Verantwortlichen abstimmen. Darüber hinaus ist es notwendig, dass vertraglich festgelegt wird, dass der Auftragsverarbeiter im Falle einer Datenpanne verpflichtet ist, den Verantwortlichen bei seinen Meldepflichten mittels entsprechender Informationen usw. im angemessenen Rahmen kostenlos zu unterstützen.

Da eine wesentliche Zielsetzung der DSGVO die Stärkung der Betroffenenrechte und damit einhergehend die Erweiterung der Verantwortlichenpflichten war, gilt es dieser Tatsache auch in einem Auftragsverarbeitungsvertrag angemessen Rechnung zu tragen. Somit gilt es, in diesem Vertrag den Auftragsverarbeiter zu verpflichten, dass er den Betroffenen bei der Erfüllung der Betroffenenrechte (vgl. Art. 12–23) in angemessenem Umfang kostenlos unterstützt (*siehe Kapitel 9*). Für den Fall, dass sich ein Betroffener direkt an den Auftragsverarbeiter wendet und seine Rechte ausübt, muss der Auftragsverarbeiter verpflichtet werden, dieses Ansinnen des Betroffenen direkt an den Verantwortlichen weiterzuleiten.

Da eine Auftragsverarbeitung oftmals auch bedingt, dass dem Auftragsverarbeiter Datenträger (auch moderne Drucker, Medizinprodukte usw. verwenden eingebaute Festplatten), Kopien etc. überlassen werden, empfehlen sich auch diesbezüglich entsprechende Regelungen. So gilt es klarzustellen, dass diese Datenträger etc., trotz Übergabe an den Auftragsverarbeiter, weiterhin im Eigentum des Verantwortlichen bleiben und der Auftragsverarbeiter verpflichtet ist, sorgsam mit ihnen umzugehen sowie vor dem Zugriff unbefugter Dritter zu schützen. Der Auftragsverarbeiter sollte jederzeit in der Lage sein, dem

Verantwortlichen entsprechende Auskünfte über den Verbleib der Datenträger etc. zu geben.

Es ist durchaus möglich, dass eine Datenschutz- oder andere Aufsichtsbehörde auch bei einem Auftragsverarbeiter Kontrollen durchführt bzw. ermittelt. Von diesen Ermittlungen können dann auch die Daten des Arztes/der Praxis betroffen sein, weshalb es zwingend notwendig ist, den Auftragsverarbeiter in solchen Fällen zu verpflichten, den Verantwortlichen über derartige Vorgänge zu unterrichten.

Zwar ist ein Auftragsverarbeiter verpflichtet, den Weisungen des Verantwortlichen (Arzt/Praxis) Folge zu leisten. Doch ist es immer auch möglich, dass gewisse Weisungen des Verantwortlichen gegen geltendes Recht verstoßen. Daher sollte der Auftragsverarbeiter (auch als Absicherung für den Arzt) verpflichtet werden, den Verantwortlichen (Arzt/Praxis) über die Rechtswidrigkeit der Weisung in Kenntnis zu setzen. Ist der Auftragsverarbeiter der Meinung, dass eine Weisung des Verantwortlichen rechtswidrig ist, muss er vertraglich berechtigt sein, die Durchführung der Weisung zu unterlassen, solange sie nicht vom Verantwortlichen bestätigt oder geändert wird.

Es soll schon vorgekommen sein, dass Auftragsverarbeiter insolvent wurden oder Ermittlungsbeamte Beschlagnahmen bei ihnen durchgeführt haben. Von diesen Maßnahmen können durchaus auch die Patientendaten des Arztes/der Praxis betroffen sein. Insofern sollte man einen Passus im Vertrag vorsehen, nach dem der Auftragsverarbeiter bei Maßnahmen wie Pfändung, Beschlagnahme, Insolvenzverfahren usw., bei denen Daten des Verantwortlichen (Arzt/Praxis) betroffen sind, verpflichtet ist, den Verantwortlichen unverzüglich über diese Maßnahmen zu informieren. Ferner muss dem Auftragsverarbeiter die Pflicht auferlegt werden, die die Zwangsvollstreckung durchführenden Personen darüber zu informieren, dass die Hoheit und das Eigentum an den Daten ausschließlich beim Arzt/der Praxis liegen und ein Beschlagnahmeverbot besteht.

In gewissen Fällen kann es vorkommen, dass ein Auftragsverarbeiter durch entsprechend nationales (z. B. amerikanisches) Recht verpflichtet ist, die Daten des Verantwortlichen auch auf andere Weise zu verarbeiten. Die Kenntnis des Verantwortlichen von einer solchen Pflicht kann ihn durchaus zu einer Kündigung des Vertrags berechtigen. Damit der Arzt/ die Praxis jedoch über derartige Pflichten Kenntnis hat/informiert ist, muss der Auftragsverarbeiter vertraglich verpflichtet werden, über eine solche Pflicht zu informieren. Es sei darauf hingewiesen, dass die Mitteilung über eine solche Verpflichtung wiederum durch nationale Regelungen verboten sein kann, weshalb man auch diese Ausnahme entsprechend berücksichtigen sollte. Insofern sollte man aber in jedem Fall eine Regelung aufnehmen, nach der dem Auftragsverarbeiter eine „abstrakte Aufklärungspflicht" obliegt.

Um der Rechenschaftspflicht gem. Art. 5 Abs. 2 Genüge zu tun, gilt es, in einem Auftragsvereinbarungsvertrag immer die Pflicht des Auftragsverarbeiters vorzusehen, die Erfüllung der vorstehenden Pflichten zu kontrollieren, zu dokumentieren und in geeigneter Weise gegenüber dem Verantwortlichen auf Anforderung nachzuweisen.

Pflichten des Verantwortlichen (Arzt/Praxis)

Spiegelbildlich zu den vorstehend genannten Pflichten des Auftragsverarbeiters gilt es, in einem Auftragsverarbeitungsvertrag immer auch die Pflichten des Verantwortlichen festzuhalten.

So muss klargestellt werden, dass für die Beurteilung der Zulässigkeit der Datenverarbeitung durch den Auftragsverarbeiter sowie für die Wahrung der Rechte der Betroffenen allein der Verantwortliche (Arzt/Praxis) verantwortlich ist. Er muss daher dafür Sorge tragen, dass die von ihm durchgeführte Datenverarbeitung, zu deren Erfüllung er den Auftragsverarbeiter einsetzt, rechtmäßig ist (vgl. Art. 6, 9) (*vgl. hierzu Kapitel 8*). Denn nur, wenn die Datenverarbeitung des Verantwortlichen legitim ist, ist es auch möglich, dass der Auftragsverarbeiter wirksam in diese eingebunden wird und die vereinbarten Leistungen rechtsverletzungsfrei erbringen kann.

Ferner sollte auch im Vertrag die Klarstellung enthalten sein, dass der Verantwortliche die Pflicht hat, die (Auftrags-)Verarbeitungstätigkeiten entsprechend in seinem Verarbeitungsverzeichnis zu berücksichtigen (*Näheres im Kapitel 11*).

Aufgrund der datenschutzrechtlichen Verantwortung des Verantwortlichen (Arzt/Praxis) muss er auch verpflichtet sein, den Auftragsverarbeiter unverzüglich und vollständig zu informieren, wenn er bei der Überprüfung des Auftragsverarbeiters und der Auftragsergebnisse Fehler oder Unregelmäßigkeiten bzgl. datenschutzrechtlicher Bestimmungen feststellt. Nur so ist es dem Auftragsverarbeiter möglich, etwaige Mängel abzustellen, um sich weiterhin vertragskonform zu verhalten.

Darüber hinaus muss im Vertrag festgelegt werden, dass im Falle einer Datenpanne dem Verantwortlichen die aus Art. 33, 34 resultierenden Informationspflichten gegenüber der Aufsichtsbehörde obliegen (*vgl. Kapitel 13*). Er ist daher der derjenige, der die Kommunikation mit der Behörde übernimmt. Wie bei den diesbezüglichen Pflichten des Auftragsverarbeiters angesprochen, muss der Auftragsverarbeiter den Verantwortlichen jedoch dabei unterstützen.

Aus Klarstellungsgründen empfiehlt es sich ferner, eine Regelung in den Vertrag mit aufzunehmen, nach der der Verantwortliche (Arzt/Praxis) verpflichtet ist, die aus Art. 32 resultierenden Anforderungen hinsichtlich der Sicherheit der Datenverarbeitung einzuhalten (*siehe hierzu Kapitel 13*). Denn die Einhaltung von Sicherheit ist immer auch eine gegenseitige Pflicht, deren Verletzung durchaus auch gegenseitige Haftungsansprüche auslösen kann. So muss der Arzt/die Praxis bspw. sicherstellen, dass er die entsprechenden Zugangsinformationen geheim hält, wenn er Zugang zu einem Portal des Auftragsverarbeiters erhält. Daher gilt, dass nur, wenn beide Parteien einen angemessenen Sicherheitsstandard einhalten, eine „sichere Datenverarbeitung“ denkbar ist.

Weil oftmals bei Abschluss des Vertrags nicht klar ist, wie sich die Auftragsverarbeitung entwickeln wird und welche Weisungen des Verantwortlichen im Laufe der Verarbeitung erteilt werden, ist es durchaus empfehlenswert, eine Regelung in den Vertrag mit aufzunehmen, die sich mit der Kostentragung von Einzelweisungen, die über den vertraglich vereinbarten Umfang hinausgehen, beschäftigt.

Wie bereits bei den Pflichten des Auftragsverarbeiters dargestellt, bleibt der Verantwortliche grundsätzlich weiterhin Eigentümer über etwaige an den Auftragsverarbeiter übergebene Datenträger, Kopien usw. Daher gilt es, vertraglich festzulegen, dass der Verantwortliche die Maßnahmen zur Rückgabe dieser Datenträger/Kopien usw. festlegt.

Kontrollrechte des Auftraggebers

Trotz der (teilweisen) Abgabe von Datenverarbeitungsaufgaben an einen Auftragsverarbeiter muss der Verantwortliche (Arzt/Praxis) immer sicherstellen, dass er sich von der Ordnungsgemäßheit der Datenverarbeitung durch den Auftragsverarbeiter im Rahmen der früher so genannten „Auftragskontrolle“, praktisch jederzeit überzeugen kann. Nur wenn dieses in einem ausreichenden Maß gewährleistet ist, kann man den Verantwortlichen weiterhin als „Herr über die Daten“ bzw. „Herr über die Datenverarbeitung“ ansehen. Daraus folgt in Konsequenz, dass etwaige Klauseln in Verträgen, nach denen ein Verantwortlicher sich nicht jederzeit von der Ordnungsgemäßheit der Datenverarbeitung überzeugen kann bzw. aufgrund gewisser Hindernisse wie Kostenübernahme von der Kontrolle abgehalten wird, der Wirksamkeit einer Auftragsverarbeitung nicht gerade zuträglich sind. Aus diesem Grund sollte man hinsichtlich der Kontrollbefugnisse eine für beide Seiten faire Regelung finden. Mit dieser muss sichergestellt werden, dass auf der einen Seite eine unzumutbare Störung des Auftragsverarbeiters in seinem Betriebsablauf vermieden wird. Auf der anderen Seite muss aber auch stets sichergestellt sein, dass der Verantwortliche (Arzt/Praxis) sich von der Ordnungsgemäßheit der Datenverarbeitung jederzeit überzeugen kann und nicht etwa durch abschreckende Regelungen davon abgehalten wird.

Wie in den Ausführungen zur Präambel dargestellt, muss der Auftragsverarbeiter das Vertrauen, das der Verantwortliche in ihn setzt, erfüllen bzw. nachweisen können, dass er hinreichende Garantien für die Ordnungsgemäßheit der Datenverarbeitung bietet. Diese Garantien können in unterschiedlichster Art und Weise nachgewiesen werden. So kann dieses bspw. durch datenschutzspezifische Zertifizierungen oder Datenschutzsiegel und -prüfzeichen erfolgen, die jedoch eine entsprechende Aussagekraft für die konkrete Datenverarbeitungstätigkeit des Auftragsverarbeiters haben sollten. Es ist ferner darauf zu achten, dass diese Siegel allgemein anerkannten Standards entsprechen. Da jedoch derzeit noch keine einheitlichen Standards spezifisch für den Datenschutz existieren, wie bspw. die ISO 27001-Zertifizierung im Bereich der Informationssicherheit, sollte man als Verantwortlicher mit „Datenschutzsiegeln" etc. vorsichtig sein. Ferner ist es auch möglich, schriftliche Selbstauskünfte des Auftragsverarbeiters einzuholen oder sich von ihm ein Testat eines Sachverständigen vorlegen lassen. Ein Verantwortlicher sollte immer dokumentieren, dass er sich vor Beginn der Auftragsverarbeitung entsprechende Garantien hat vorlegen lassen und diese überprüft hat. Dieses insbesondere deshalb, weil das Versäumnis der erstmaligen Kontrolle bereits einen bußgeldbewährten Tatbestand erfüllt (vgl. Art. 83 Abs. 4 a).

Vor und nach Vertragserteilung muss es für den Verantwortlichen (Arzt/Praxis) theoretisch jederzeit möglich sein, sich beim Auftragsverarbeiter nach rechtzeitiger Anmeldung zu den üblichen Geschäftszeiten ohne Störung des Betriebsablaufs persönlich oder durch einen sachkundigen Dritten, der nicht in einem Wettbewerbsverhältnis zum Auftragsverarbeiter stehen darf, von der Einhaltung der vertraglich vereinbarten

Regelungen überzeugen zu können. Diese Möglichkeit muss sich ein Verantwortlicher vertraglich einräumen lassen, denn ansonsten wäre ihm eine Vor-Ort-Besichtigung nicht möglich und er würde bei Durchführung u. U. sogar eine Straftat begehen (Hausfriedensbruch usw.). Im Falle einer „Datenpanne" bzw. Verstoßes gegen Regelungen des Vertrags oder des Datenschutzes sollte eine Vor-Ort-Überprüfung des Auftragsverarbeiters durch den Verantwortlichen auch ohne rechtzeitige Anmeldung vorgenommen werden können. Nur so ist es möglich, dass der Verantwortliche seine ihm obliegenden Pflichten zeitnah erfüllen kann. Eine Störung des Betriebsablaufs des Auftragsverarbeiters sollte aber auch hier soweit es geht vermieden werden.

Der Auftragsverarbeiter sollte im Rahmen der Auftragskontrolle auch zur Mitarbeit bzw. zur Unterstützung, wie z. B. der rechtzeitigen Zurverfügungstellung entsprechender Unterlagen und zum Erteilen von Auskünften, vertraglich verpflichtet werden.

Wie schon bei den Pflichten des Verantwortlichen dargestellt, sollte der Verantwortliche (Arzt/Praxis) den Auftragsverarbeiter unverzüglich und vollständig über Unregelmäßigkeiten der Verarbeitung, die er bei seiner Kontrolle festgestellt hat, informieren. Nur so ist sichergestellt, dass der Auftragsverarbeiter diese schnell behebt und die Daten ordnungsgemäß verarbeitet werden können. Diese Verpflichtung liegt damit auch im beiderseitigen Interesse.

Berichtigung, Beschränkung von Verarbeitung, Löschung und Rückgabe von Datenträgern

Im Auftragsverarbeitungsvertrag sollten immer auch Regelungen vorgesehen werden, wie der Auftragsverarbeiter mit der Berichtigung, Löschung, Sperrung etc. von Daten, als Ausprägung der Betroffenenrechte innerhalb der Vertragslaufzeit umzugehen hat. So sollte im Vertrag eine Regelung enthalten sein, nach der der Auftragsverarbeiter während der Laufzeit des

Vertrags die Daten niemals selbständig, sondern immer nur auf Weisung des Verantwortlichen (Arzt/Praxis) löschen, sperren oder berichtigen darf. Falls eine Vernichtung der Daten durch den Auftragsverarbeiter vorgenommen werden soll, gilt es eine Regelung zu treffen, nach der der Auftragsverarbeiter nur aufgrund entsprechend dokumentierter Einzelbeauftragung diese vornehmen darf. Darüber hinaus ist vorzusehen, dass der Auftragsverarbeiter bei entsprechenden Gesuchen von Betroffenen diese unverzüglich an den Verantwortlichen weiterleitet, der dann über das weitere Prozedere entscheidet.

Ferner sollte man eine entsprechende Regelung vorsehen, nach der der Verantwortliche jederzeit (also während und nach Beendigung der Auftragsverarbeitung) die Berichtigung, Löschung, Verarbeitungseinschränkung (Sperrung) und Herausgabe von Daten durch den Auftragnehmer verlangen kann. Denn nur so ist sichergestellt, dass der Verantwortliche auch wirklich „Herr der Daten" ist und bleibt.

Wenn die Auftragsverarbeitung aus welchen Gründen (z. B. Kündigung) und von welcher Partei auch immer beendet wird, muss in gewisser Weise eine Rückabwicklung vorgenommen werden. Da durch den Wegfall des Vertrags regelmäßig auch der Rechtsgrund für die Speicherung der Daten bzw. das Behalten der Datenträger/Unterlagen etc. seitens des Auftragsverarbeiters wegfällt, gilt es, für diesen Fall im Vertrag entsprechende Regelungen vorzusehen, wie eine solche Rückabwicklung aussehen soll. So stellt sich nach Beendigung der Auftragsverarbeitung bspw. regelmäßig die Frage, ob der Auftragsverarbeiter zwingend alle Daten löschen muss, ob er sie weiterhin aufbewahren darf, etc. Es empfiehlt sich daher bspw. eine Regelung, gemäß der der Auftragsverarbeiter nach Beendigung der Auftragsverarbeitung die Daten des Verantwortlichen grundsätzlich zu löschen hat. Kann bzw. darf er sie nicht löschen, etwa weil er von Gesetzes wegen zur Aufbewahrung verpflichtet ist, sollte er zur Sperrung der Daten und nach Ablauf der Aufbewahrungsfrist zur Löschung verpflichtet werden. Unabhängig davon, wann er die Löschung vornimmt, sollte der Auftragsverarbeiter aus Gründen der Rechenschaftspflicht ein Protokoll/eine Bestätigung der Löschung auf Anforderung vorlegen.

Nach meinen Erfahrungen tritt im Rahmen der Löschung nach Beendigung der Auftragsverarbeitung regelmäßig die Frage auf, wer die Kosten der oftmals umfangreichen Datenvernichtung tragen soll. Um etwaigen Streitigkeiten direkt aus dem Weg zu gehen, gilt es daher, im Vertrag entsprechende Regelungen zu treffen. So ist es durchaus möglich, dem Verantwortlichen als für die Datenverarbeitung des Auftragsverarbeiters Verantwortlichen, die Kosten der Vernichtung aufzubürden. Genauso gut ist es auch denkbar, dass der Auftragsverarbeiter, als derjenige, der die Datenverarbeitung tatsächlich durchführt, die Kosten der Vernichtung selber trägt. Oftmals empfiehlt es sich, eine gesonderte schriftliche Vereinbarung über die Kostentragung und die genauen Umstände der Löschung zu treffen. Im Auftragsverarbeitungsvertrag kann man dann auf diese verweisen.

Da vielfach der Auftragsverarbeiter nicht selber die Vernichtung der Daten vornimmt, sondern eine auf die Datenvernichtung spezialisierte Firma einbezieht, sollte im Vertrag eine Regelung enthalten sein, nach der der Auftragsverarbeiter angemessene Schutzmaßnahmen (für den Transport und die datenschutzkonforme Entsorgung) trifft. Ggf. muss er auch mit dieser Firma einen entsprechenden Auftragsverarbeitungsvertrag abschließen.

Da nicht nur die Daten des Verantwortlichen (Arzt/Praxis) von Relevanz sind, sondern auch etwaige Dokumentationen, die dem Nachweis der auftrags- und ordnungsgemäßen Datenverarbeitung dienen, gilt es, Regelungen zu treffen, wie lange diese vom Auftragsverarbeiter aufzubewahren sind. Oftmals empfiehlt es sich, im Vertrag auf die jeweils geltenden (gesetzlichen) Aufbewahrungsfristen zu verweisen. Da der Auftragsverarbeiter nach Beendigung der Auftragsverarbeitung oftmals aber schnell „reinen Tisch" machen will, wäre es auch denkbar, eine Klausel in den Vertrag mit aufzunehmen, nach der der Auftragsverarbeiter statt der Aufbewahrung der Daten diese auch nach Vertragsende dem Verantwortlichen übergeben darf. Damit würde die Gefahr vor Verlust oder Veränderung dieser Dokumente auf den Verantwortlichen übergehen. Sollte es dem Verantwortlichen aus welchen Gründen auch immer nicht möglich sein, die Daten zurückzunehmen, sollte dem Auftragsverarbeiter das Recht vertraglich eingeräumt werden, die Daten im Auftrag des Verantwortlichen zu löschen/zu vernichten, was natürlich entsprechend dokumentiert werden sollte.

Unterauftragnehmer

Oftmals kann und will ein Auftragsverarbeiter die von ihm angebotenen Leistungen nicht allesamt übernehmen bzw. erfüllen. Vielmehr bedient er sich wiederum weiterer Dienstleister/Anbieter im Rahmen einer Auftragsverarbeitung. So ist es gerade bei Clouds, Apps usw. keine Seltenheit, dass bspw. ein Unternehmen ein (Cloud-) Medizinprodukt anbietet, das jedoch wiederum von Google, Amazon oder Microsoft in ihrer Cloud betrieben wird. In einem solchen Fall wären Google, Amazon und Co. im Verhältnis zum Verantwortlichen (Arzt/Praxis) möglicherweise Unterauftragnehmer (wenn man überhaupt eine wirksame Auftragsverarbeitung annehmen kann). Da wie dargestellt mit jeder Einbindung weiterer Beteiligter in ein Auftragsverhältnis die Risiken für den Betroffenen und damit letzten Endes auch aufgrund der Haftungsrelevanz für den Verantwortlichen weiter ansteigen, gilt es im Auftragsverarbeitungsvertrag umfassend zu regeln, wie mit solchen Unterauftragsverhältnissen generell umgegangen werden soll.

Am einfachsten wäre es natürlich, dem Auftragsverarbeiter in Bezug auf die den Verantwortlichen betreffende Datenverarbeitung die Begründung von Unterauftragsverhältnissen vertraglich komplett zu untersagen. Doch auch wenn dieses auf den ersten Blick eine durchaus praktikable Lösung sein dürfte, ist sie in der heutigen Datenverarbeitungspraxis schier nicht umsetzbar. Denn heutzutage ist es praktisch gang und gäbe, dass ein Auftragsverarbeiter wiederum selber Auftragsverarbeiter (Unterauftragnehmer) zur Aufgabenerfüllung einsetzt.

Eine weniger strenge Alternative als ein komplettes Verbot wäre daher, die Einschaltung von (neuen) Unterauftragnehmern an die Genehmigung des Verantwortlichen zu koppeln. Gleiches würde natürlich auch für etwaige Unter-Unterauftragsverhältnisse (Auftragsverarbeitungen des Unterauftragnehmers) gelten. Hinsichtlich der bestehenden Unterauftragsverhältnisse sollte sich der Verantwortliche, wenn er auch wirklich damit einverstanden ist, einverstanden erklären. Wenn er nicht mit gewissen Unterauftragnehmern einverstanden ist, sollte er sich, da der Auftragsverarbeiter wegen eines „Neukunden" oftmals nicht seine Dienstleister wechseln wird, nach einer Alternative zur Leistung des Auftragsverarbeiters umschauen. Weil mit einem Anbieterwechsel in den meisten Fällen ein gewisser „Ärger" verbunden ist, sollte sich ein Verantwortlicher **vor Beauftragung** immer über etwaige vom Auftragsverarbeiter eingesetzte Unterauftragnehmer informieren. In jedem Fall sollte aber jeder Auftragsverarbeitungsvertrag eine Auflistung der bestehenden Unterauftragsverhältnisse bzw. Unterauftragnehmer inkl. deren Verarbeitungstätigkeiten für den Auftragsverarbeiter als Anlage enthalten.

Alternativ könnte man statt der Genehmigung dem Verantwortlichen (Arzt/Praxis) auch ein zeitlich befristetes Einspruchsrecht zuweisen. Für den Fall des Widerspruchs sollte man ein beidseitiges Kündigungsrecht vorsehen.

Da es auch bei einer Unterbeauftragung zu keiner Verschlechterung des Datenschutzniveaus in der Leistungskette kommen darf, muss im Auftragsverarbeitungsvertrag die Pflicht des Auftragsverarbeiters vorgesehen werden, dass er nur Unterauftragnehmer beauftragen darf, die allesamt die gesetzlichen sowie die Anforderungen des mit dem Verantwortlichen geschlossenen Auftragsverarbeitungsvertrags vollumfänglich erfüllen. Zusätzlich gilt es im Vertrag zu regeln, dass der Auftragsverarbeiter verpflichtet ist, seinen Unterauftragnehmern dieselben

Pflichten aufzuerlegen, die im Auftragsverarbeitungsvertrag zwischen Verantwortlichen und Auftragsverarbeiter vereinbart wurden (vgl. Art. 28 Abs. d). Dieses umfasst insbesondere auch das Recht des Verantwortlichen, bei Bedarf beim Unterauftragnehmer entsprechende Kontrollen durchzuführen. Damit der Verantwortliche überprüfen kann, ob sich der Auftragsverarbeiter hinsichtlich dieser Regelungen auch wirklich an diese hält, muss ihm vertraglich das Recht eingeräumt werden, dass er vom Auftragsverarbeiter Auskunft über die Erfüllung der datenschutzrechtlichen Verpflichtung des Unterauftragnehmers einfordern kann. Alternativ kann man ihm auch das Recht verschaffen, auf Anforderung Einsicht in die relevanten Vertragsunterlagen zwischen Auftragsverarbeiter und Unterauftragnehmer zu erhalten.

Da die Einschaltung von Unterauftragnehmern wie dargestellt das (Haftungs-) Risiko für den Verantwortlichen erhöht, ist es oftmals auch angezeigt, in den Auftragsverarbeitungsvertrag eine klarstellende Regelung aufzunehmen, nach der der Auftragsverarbeiter dem Verantwortlichen für die Einhaltung der Pflichten des Unterauftragnehmers haftet.

Weil Unterauftragsverarbeiter oft aus anderen Staaten als der Auftragsverarbeiter kommen bzw. in anderen Staaten die Datenverarbeitung vornehmen (wie z. B. den USA), gilt es analog zu den Regelungen im Auftragsverarbeitungsvertrag zwischen Verantwortlichem und Auftragsverarbeiter auch im Vertrag zwischen Auftragsverarbeiter und Unterauftragnehmer gleichlautende Regelungen hinsichtlich des Leistungsorts zu treffen (siehe oben Abschnitt Leistungsort).

Zurückbehaltungsrecht

In der Praxis kommt es vor und nach Beendigung einer Auftragsverarbeitung oftmals zu Streitigkeiten zwischen Verantwortlichen (Arzt/Praxis) und Auftragsverarbeiter. Besteht bspw. ein Streit über eine etwaige noch offene Vergütung oder Ähnliches, versucht der Auftragsverarbeiter oftmals ein Zurückbehaltungsrecht an den Daten geltend zu machen. So weigert er sich so lange, die Daten zurückzugeben, bis der Verantwortliche alle offenen Forderungen gezahlt hat. Auch wenn die Geltendmachung des Zurückbehaltungsrechts seitens des Auftragsverarbeiters durchaus nachvollziehbar ist, ist sie jedoch gesetzeswidrig. Denn durch das Zurückbehaltungsrecht schließt er den Verantwortlichen von der Herrschaft über seine Daten aus und geriert sich damit selber zu einem (unberechtigten) Verantwortlichen. Um genau dieser Problematik zuvorzukommen, gilt es daher, bereits im Auftragsverarbeitungsvertrag die Einrede eines Zurückbehaltungsrechts an den Daten/den Datenträgern, etc. des Verantwortlichen auszuschließen.

Haftung

Bei einer Auftragsverarbeitung werden Datenverarbeitungstätigkeiten vom Verantwortlichen an einen (externen) Auftragsverarbeiter abgegeben. Dieser soll, weil er ja über die entsprechende Expertise und Garantien für eine „sichere"/datenschutzkonforme Datenverarbeitung verfügt, die Daten des Verantwortlichen weisungsgebunden verarbeiten. Doch selbst wenn ein Auftragsverarbeiter noch so viel Expertise in der sicheren Datenverarbeitung hat und Garantien vorweisen kann, kommt es dennoch in der Praxis immer wieder zu Fehlern bzw. Verletzungen des Schutzes von Daten. Denn beim Auftragsverarbeiter arbeiten auch nur Menschen, die halt Fehler machen.

Wenn ein Mitarbeiter des Auftragsverarbeiters einen Fehler macht bzw. es zu einer (meldepflichtigen) Verletzung des Schutzes von Daten gekommen ist, die wiederum einen Schaden von Betroffenen zur Folge hat, gilt es, sich mit der Frage auseinanderzusetzen, wer für diesen Schaden aufkommt. Konsequenterweise sollte man diese Frage bereits vertraglich soweit wie möglich beantworten. Dieses kann grundsätzlich im Hauptvertrag geschehen. Da jedoch im Hauptvertrag oftmals wenig bis keine Regelungen zum Datenschutz enthalten sind, empfiehlt es sich, etwaige datenschutzspezifische Haftungsregelungen im Auftragsverarbeitungsvertrag mit aufzunehmen.

Die haftungsrechtlichen Regelungen des Auftragsverarbeitungsvertrags müssen sich an denen von Art. 82 orientieren, der die spezielle Haftungsnorm in der DSGVO ist. Der Auftragnehmer muss danach (auch selbständig) für alle wichtigen Pflichtverletzungen und Leistungsstörungen aufkommen und kann die Haftung nicht ausschließen (*vgl. Kapitel 19 Sanktionen*).

Es sollte daher in den haftungsrechtlichen Regelungen zunächst klargestellt werden, dass Verantwortlicher und Auftragsverarbeiter für den Schaden, der durch eine nicht rechtskonforme Datenverarbeitung des Auftragsverarbeiters verursacht wird, im Außenverhältnis (gegenüber dem Geschädigten) gemeinsam als Gesamtschuldner (vgl. § 421 BGB) haften. Der Auftragsverarbeiter haftet jedoch nur für Schäden, die auf einer von ihm durchgeführten Verarbeitung beruhen,

- bei der er den Pflichten aus Art. 28 und den ggf. speziellen des Auftragsverarbeitungsvertrags nicht nachgekommen ist,
- er die rechtmäßigen Weisungen des Verantwortlichen nicht beachtet hat und/oder
- er sogar gegen die Anweisungen des Verantwortlichen gehandelt hat.

Daneben empfiehlt sich immer auch eine Regelung, nach der dem Verantwortlichen (Arzt/Praxis) die Rückgriffsmöglichkeit gegenüber dem Auftragsverarbeiter (im Innenverhältnis) zusteht, wenn er den Schaden gegenüber den Geschädigten beglichen hat. Auch empfiehlt sich eine entsprechende Regelung, nach der der Auftragsverarbeiter im Innenverhältnis gegenüber dem Verantwortlichen in den vorstehenden Fällen haftet.

Zu guter Letzt empfiehlt sich immer auch ein Hinweis im Vertrag, dass weitergehende Haftungsansprüche nach den allgemeinen Gesetzen unberührt bleiben.

Schriftformklausel

Um in gerichtlichen Verfahren seiner Rechenschaftspflicht entsprechend genügen zu können und den Dokumenten einen hohen Beweiswert zu geben, empfiehlt sich auch für einen Auftragsverarbeitungsvertrag eine sog. Schriftformklausel. In dieser sollte geregelt werden, dass Änderungen und Ergänzungen des Vertrags und aller Bestandteile – einschließlich etwaiger Zusicherungen des Auftragnehmers – stets der Schriftform (handschriftliche Unterschrift) inkl. eines ausdrücklichen Hinweises auf die Änderung/Ergänzung bedürfen. Das Schriftformerfordernis sollte auch für die Dokumentation des Verzichts auf dieses Formerfordernis gelten.

Salvatorische Klausel

Auch wenn die Reichweite und Wirksamkeit von sog. salvatorischen Klauseln noch immer umstritten ist, empfiehlt es sich jedoch auch für einen Auftragsverarbeitungsvertrag, solche Klauseln mit aufzunehmen. Mithin gilt es zu regeln, dass, wenn sich einzelne Bestimmungen des Vertrags ganz oder teilweise als unwirksam oder undurchführbar erweisen oder infolge Änderungen der Gesetzgebung nach Vertragsabschluss unwirksam oder undurchführbar werden, die übrigen Vertragsbestimmungen und die Wirksamkeit des Vertrages im Ganzen hiervon nicht berührt werden.

Um die Sache „rund" zu machen, sollte sich dann noch eine Regelung anschließen, nach der an die Stelle der unwirksamen oder undurchführbaren Bestimmung die wirksame und durchführbare Bestimmung treten soll, die dem Sinn und Zweck der nichtigen Bestimmung am nächsten kommt. Da damit jedoch nur die Fälle erfasst sind, in denen die vertragliche Regelung unwirksam oder undurchführbar wird, sollte man auch noch den Fall erfassen, in dem gewisse datenschutzrechtliche Aspekte im Auftragsverarbeitungsvertrag nicht bzw. nur lückenhaft geregelt wurden. Insofern gilt es, eine Regelung einzufügen, mit der festgehalten wird, dass, wenn sich der Vertrag als lückenhaft erweist, diejenigen Bestimmungen als vereinbart gelten, die dem Sinn und Zweck des Vertrages entsprechen und im Falle des Bedachtwerdens vereinbart worden wären. Existieren mehrere wirksame und durchführbare Bestimmungen, sollte diejenige gewählt werden, die den Schutz der Daten des Verantwortlichen am besten gewährleistet.

Rechtswahl, Gerichtsstand

Da ein Auftragsverarbeitungsvertrag vielfach ein Vertrag zwischen zwei Kaufleuten bzw. juristischen Personen ist, ist es durchaus möglich, in diesem Vertrag auch eine Rechtswahl vorzunehmen. Somit ist es denkbar, in einem Vertrag zu regeln, dass deutsches Recht gilt. Diese Rechtswahlmöglichkeit gilt jedoch nur insoweit, als dass nicht hinsichtlich des räumlichen Anwendungsbereichs mittels einer entsprechenden nationalen Öffnungsklausel (vgl. Art. 3 und § 1 Abs. 4 BDSG) die zwingende Anwendung eines speziellen nationalen Rechts vorgeschrieben ist. Um diesbezüglich in keine Probleme hineinzugeraten, empfiehlt es sich, in einem Auftragsverarbeitungsvertrag immer das Recht des Staates zu wählen, in der der Verantwortliche seinen Sitz hat.

Gleiches gilt auch für den Gerichtsstand. Auch hier sollte sich der Gerichtsstand nach dem Sitz des Verantwortlichen bemessen.

Kurz & knapp

Wie aufgezeigt, ist bei einer Auftragsverarbeitung weitaus mehr zu beachten, als man sich das so vorstellt. Das A und O bei allem ist, dass man als Arzt/Praxis in der Eigenschaft als Verantwortlicher sowohl vertraglich, aber zusätzlich immer auch durch entsprechende technische und organisatorische Maßnahmen sicherstellt, dass man im konkreten Fall „Herr der Datenverarbeitung" bleibt. Nur dann lässt sich eine wirksame Auftragsverarbeitung annehmen, die wiederum als privilegierte Verarbeitung anzusehen ist. Daraus folgt jedoch gleichzeitig auch, dass es nur schwer möglich ist, die Verarbeitung als Auftragsverarbeitung zu qualifizieren, wenn man immer mehr Services externer Dienstleister einsetzt, auf die man als Arzt/Praxis praktisch keinen Einfluss nehmen kann und bei denen nichts anderes hilft als „Hoffen und Beten", dass schon alles gutgehen wird.

Daher kann ich nur empfehlen, dass man sich vor Beschaffung einer Software/einer Dienstleistung etc. genau informiert, wie die Datenverarbeitung stattfinden soll, wer alles daran beteiligt ist usw. Es darf in keinem Fall sein, dass durch den Einsatz von Externen eine Verschlechterung des Datenschutzniveaus eintritt.

Die Gewährleistung eines hohen Schutzniveaus von Patientendaten ist insbesondere auch aufgrund der Vorgaben der ärztlichen Verschwiegenheitspflicht zu gewährleisten. Wie dargestellt, stellt nach wie vor der Abschluss eines Auftragsverarbeitungsvertrags keine Legitimation zur Offenbarung des Geheimnisses dar. Aufgrund der gesetzlichen Änderungen in § 203 StGB gilt es daher, zusätzlich zum Abschluss eines auf den Einzelfall angepassten Vertrags, durch entsprechende Verpflichtungen des Auftragsverarbeiters, ihn in den Kreis der Geheimnisträger zu ziehen. Nur so ist sichergestellt, dass eine Auftragsverarbeitung berufsrechtlich und datenschutzrechtlich konform ablaufen kann.

Liegt im jeweiligen Einzelfall keine Auftragsverarbeitungskonstellation vor, bspw. weil der Empfänger der Daten diese eigenverantwortlich verarbeitet, muss man sich mit der Frage auseinanderzusetzen, wie diese Konstellation mit Geltung der DSGVO datenschutzrechtlich zu bewerten ist.

17.4 Übermittlung an einen weiteren Verantwortlichen

Liegt aufgrund der Umstände des Einzelsachverhalts weder eine „Auftragsverarbeitung" noch eine „gemeinsame Datenverarbeitung" vor, z. B. weil der Externe in eigener Verantwortlichkeit Daten des Verantwortlichen (Arzt/Praxis) zu mehr oder weniger eigenen Zwecken verarbeitet, stellt sich die Frage, wie dieser in der DSGVO nicht vorgesehene Fall rechtlich zu bewerten ist.

Fälle in der Praxis, in denen eine solche Konstellation auftritt, sind bspw. die Datenübermittlungen eines Arztes an einen Rechtsanwalt oder Steuerberater. Auch bei der Übermittlung eines Arztes an ein Labor könnte eine ähnliche Konstellation gegeben sein. Denn in all diesen Fällen nimmt der Arzt diese Externen aufgrund ihrer speziellen Expertise in Anspruch, damit sie ihn im Rahmen seiner Tätigkeit, mit ihren Fähigkeiten selbständig und eigenverantwortlich unterstützen. Ein Arzt kann diesbezüglich zwar sagen, welche Dienstleistung er gerne von ihnen hätte bzw. wozu sie die von ihm übermittelten Daten nutzen sollen. Er kann und will ihnen jedoch nicht vorschreiben, wie sie „seine" Daten genau verarbeiten, um zu dem für ihn besten Ergebnis zu kommen. Insofern muss er sich ganz und gar auf die Externen und ihre Expertise verlassen sowie darauf vertrauen, dass sie seine Daten ordnungsgemäß verarbeiten. Gerade weil die Externen daher weder (streng) weisungsgebunden ggü. dem Arzt sind, noch mit dem Arzt gemeinsame Verarbeitungsinteressen verfolgen, müssen diese Externen als eigenständige Verantwortliche charakterisiert werden.

In Konsequenz stellt daher die Übermittlung des Arztes an den weiteren Verantwortlichen eine eigenständige Verarbeitung dar, die eines entsprechenden Legitimationsgrunds bedarf. Hinsichtlich der Legitimation zur Übermittlung muss sich der Arzt auf eine der in *Kapitel 8* dargestellten berufen können.

Die nach der Übermittlung stattfindende Verarbeitung durch den weiteren Verantwortlichen ist eine weitere Datenverarbeitung, für die wiederum ein entsprechender Rechtfertigungsgrund notwendig ist. Die Legitimation der anschließenden Datenverarbeitung durch den weiteren Verantwortlichen dürfte, soweit sie sich im Rahmen des vertraglich Vereinbarten bewegt, zumindest als Erfüllung von vertraglichen Pflichten angesehen werden.

Als zunächst Einzelverantwortlicher gehört es zu den datenschutzrechtlichen Pflichten des Arztes, sich davon zu überzeugen, dass er zum einen die Daten des Betroffenen (z. B. Patient) an den weiteren Verantwortlichen übermitteln darf. Zusätzlich gehört zu seinen Pflichten sicherzustellen, dass der weitere Verantwortliche „seine" Daten nur im vereinbarten Rahmen verarbeitet. Auch wenn es nicht gesetzlich vorgeschrieben ist, empfehle ich daher Ärzten und Praxen, ähnlich wie bei der „gemeinsamen Verantwortlichkeit" oder der „Auftragsverarbeitung", eine Vereinbarung oder einen Vertrag abzuschließen, um eine entsprechende Rechtssicherheit im Innenverhältnis zum anderen Verantwortlichen zu schaffen. In diesem Vertrag sollten insbesondere die gegenseitigen Pflichten der Parteien detailliert dargestellt und geregelt werden. Der Abschluss eines solchen Vertrags dient insbesondere Klarstellungszwecken und damit auch der Erfüllung der Rechenschaftspflicht. Durch einen solchen Vertrag beugt man automatisch auch Ärger in etwaigen gerichtlichen Haftungsstreitigkeiten vor, bei denen es u. a. darum geht festzustellen, wer welche Pflichten zu erfüllen hatte.

17.5 Abgrenzungsfragen

Wie durch die vorherigen Ausführungen deutlich werden sollte, ist eine Abgrenzung der Rechtsfiguren „Auftragsverarbeitung", „gemeinsame Verarbeitung" und „eigenverantwortliche Datenverarbeitung eines Dritten" oftmals ziemlich kompliziert. Um dieses komplexe und komplizierte Thema halbwegs handhabbar zu machen, werden im Nachfolgenden Abgrenzungskriterien bzw. ein Vorgehen für eine Abgrenzung der Rechtsfiguren dargestellt.

Sucht man in der DSGVO nach Abgrenzungskriterien für die Unterscheidung dieser drei Rechtsfiguren, dürfte schnell auffallen, dass es wenig brauchbare Kriterien gibt, mittels derer diese Verarbeitungen trennscharf voneinander abgegrenzt werden können.

Brauchbarstes Abgrenzungskriterium zwischen Auftragsverarbeitung und einer mehr oder weniger stark ausgeprägten Eigenverantwortlichkeit des Verantwortlichen ist die **Weisungsgebundenheit** des Externen. Die Entscheidung einer Weisungsgebundenheit des Externen kann jedoch, wie dargestellt, immer nur nach Analyse des jeweiligen Einzelsachverhalts erfolgen.

Stellt man im Ergebnis fest, dass die vom Externen durchzuführende Tätigkeit davon geprägt ist, dass er eigentlich kein Interesse an den Daten hat und die Kenntnisnahme der Daten nur zufällig erfolgt bzw. (leidiges) Beiwerk der Verarbeitungstätigkeit ist, dürfte man eine Auftragsverarbeitung guten Gewissens annehmen können. In einem solchen Fall dürfte es auch für den Externen kein Problem darstellen, sich hinsichtlich der Datenverarbeitung weisungsgebunden ggü. dem Arzt/der Praxis zu verhalten.

Hat der Externe jedoch, aus welchen Gründen auch immer, ein mehr oder weniger stark ausgeprägtes Interesse an den Daten des Verantwortlichen und behält er sich möglicherweise auch vor, die Daten des Verantwortlichen zu eigenen Zwecken zu verarbeiten, dürfte man nur schwerlich von einer Auftragsverarbeitung ausgehen können. Denn in einem solchen Fall lässt sich nur schwer argumentieren, dass der Externe alle Weisungen des Arztes/der Praxis vollumfänglich umsetzen wird. Gerade wenn ein Arzt aufgrund des „Designs" der Dienstleistungen des Externen (z. B. bei vielen „Cloud-Anwendungen") keinen

Einfluss auf die Datenverarbeitung nehmen kann, wird eine „Herrschaft über die Datenverarbeitung" immer schwerer zu begründen sein.

Hat man bei der Analyse festgestellt, dass der Arzt/die Praxis hinsichtlich der Datenverarbeitung nicht mehr Herr der Datenverarbeitung ist und daher auch keine umfassenden Weisungen erteilen kann, dürfte der Externe als Verantwortlicher einzustufen sein. Dann gilt es, sich mit der Frage auseinanderzusetzen, ob der Arzt/die Praxis gemeinsam mit ihm die Mittel und Zwecke festgelegen soll bzw. die Parteien ein gemeinsames Interesse verfolgen (gemeinsame Verantwortlichkeit), oder ob der Externe eigenverantwortlich, zu rein eigenen Zwecken, die Daten verarbeitet (Eigenverantwortlichkeit).

Gerade die Frage, ob von den Parteien ein gemeinsamer Zweck mit der Verarbeitung verfolgt wird, dürfte hier ausschlaggebendes Kriterium für die Abgrenzung zwischen „gemeinsamer" und eigener Verantwortlichkeit sein. Wenn die Parteien wirklich einen gemeinsamen Zweck mit der Datenverarbeitung verfolgen, ist es, wie im *Kapitel 17.2.5 „Gemeinsame Verantwortlichkeit"* dargestellt, auch nicht schädlich, wenn sie nicht den gleichen Anteil an der Verarbeitung und an der Entscheidung über Mittel und Zwecke haben. Liegt jedoch kein gemeinsamer Zweck vor und verfolgen die Parteien mit der Datenverarbeitung rein ihre eigenen (wirtschaftlichen) Interessen, dürfte eine Eigenverantwortlichkeit vorliegen.

Um Ihnen, lieber Leser, Anhaltspunkte für die in der Praxis komplizierte Abgrenzung zu geben, werden im Nachfolgenden für die Praxis eines Arztes mögliche Verarbeitungskonstellationen den jeweiligen Rechtsfiguren zugeordnet.

Typische Verarbeitungskonstellationen einer Auftragsverarbeitung (hierbei aber immer auch die Anforderungen des Patientengeheimnisses beachten!):

- die Auslagerung der E-Mail-Verwaltung oder von sonstigen Datendiensten zu Webseiten (z. B. Betreuung von Kontakt-

formularen oder Nutzeranfragen) an einen Dienstleister, der kein Interesse an den Daten hat
- die Auslagerung der Backup-Sicherheitsspeicherung und anderer Archivierungen an einen Externen
- die Datenträgerentsorgung durch Dienstleister
- die Prüfung oder Wartung (z. B. Fernwartung, externer Support) von IT-/Software-Medizinprodukten durch Hersteller der Produkte, wenn bei diesen Tätigkeiten ein Zugriff auf personenbezogene Daten nicht ausgeschlossen werden kann
- die Übernahme von (reinen) Lohn- und Gehaltsabrechnungstätigkeiten oder die Finanzbuchhaltung durch Dienstleister ohne die Anwendung steuerrechtlicher Fachkenntnisse
- die Verarbeitung von Kundendaten durch ein Callcenter ohne wesentliche eigene Entscheidungsspielräume hinsichtlich der Datenverarbeitung
- die Datenerfassung, Datenkonvertierung oder das Einscannen von Dokumenten

Typische Verarbeitungskonstellationen für gemeinsame Verantwortlichkeit:

- Durchführung klinischer (wissenschaftlicher) Arzneimittelstudien, bei denen mehrere Mitwirkende (z. B. Sponsor, Studienzentren/Ärzte) jeweils in Teilbereichen Entscheidungen über die Verarbeitung treffen
- gemeinsame Verwaltung bestimmter Datenkategorien (z. B. „Stammdaten“) für bestimmte gleichlaufende Geschäftszwecke bspw. in Praxisverbünden, MVZ, Praxisgemeinschaften etc.
- Betreiben eines gemeinsamen Web-Portals für (gemeinsame) Patienten mit mehr oder weniger ausgeprägter Zugriffsmöglichkeit auf die Daten durch mehrere Ärzte/ Praxen,
- ...

Typische Verarbeitungskonstellationen für eigene Verantwortlichkeit des Externen:

- die Übermittlung von Daten an Rechtsanwälte zur Vertretung/Beratung in rechtlichen Angelegenheiten
- die Übermittlung an Steuerberater zur Erstellung von Jahresabschlüssen usw.
- die Einbeziehung externer Labore zur Auswertung von Gewebeproben, Blutproben etc.
- die Übermittlung von Daten an Register wie Krebsregister
- die Übermittlung von Daten an Krankenkassen
- die Übermittlung von Daten an Inkassobüros mit Forderungsübertragung
- die Übermittlung von Daten an Bankinstitute zum Zwecke des Geldtransfers
- die Übermittlung von Daten an Behörden oder staatliche Ämter wie Finanzamt
- ...

18 Aufsichtsbehörden bei Berufsgeheimnisträgern und ihre Befugnisse

Aufgrund der Tatsache, dass wie u. a. in *Kapitel 1* ausgeführt, Daten Träger mannigfaltiger Informationen sind, betrifft der Bereich des Schutzes von Daten in der Arztpraxis mannigfaltige Aspekte und unterschiedlichste rechtliche Bereiche (*siehe hierzu auch Kapitel 2 „Der Gesetzesdschungel"*). Für die Überwachung der Einhaltung der entsprechenden Schutzzwecke dieser Bereiche sind wiederum unterschiedliche Aufsichtsbehörden zuständig. Daraus folgt, dass auch für die Überwachung der ordnungsgemäßen „Datenverarbeitung" teils mannigfaltige Aufsichtsbehörden zuständig sein können. So wäre es theoretisch durchaus denkbar, dass bspw. bei einer „falschen" Datenverarbeitung eines Medizinprodukts durch einen Arzt, bei der zum einen die „Sicherheit des Medizinprodukts" in Frage steht, aber auch Patientendaten an unbefugte Dritte gegangen sind, unterschiedliche Aufsichtsbehörden zuständig sein könnten. So wäre, wenn es um die Sicherheit des Medizinprodukts geht, das Bundesinstitut für Arzneimittel und Medizinprodukte (BfArM) zuständig, wenn es um die falsche Anwendung/Betreiben des Produkts geht, die zuständige Bezirksregierung. Weil personenbezogene Daten, die dem Datenschutz unterliegen, abhandengekommen sind (meldepflichtiger Verstoß gem. Art. 33, 34), ist natürlich auch die zuständige Datenschutzaufsichtsbehörde zu beteiligen. Weil die Daten auch der ärztlichen Verschwiegenheitspflicht unterliegen, müsste eigentlich auch die zuständige Ärztekammer beteiligt werden. Wer in einem solchen Fall letzten Endes wirklich die Aufsicht übernehmen wird, lässt sich schwer sagen. In schlimmsten Fall schiebt jede Behörde ihre Verantwortlichkeit von sich und nachher ist plötzlich keiner mehr verantwortlich …

Daher lässt sich festhalten, dass es in der Praxis häufig schwer ist zu bestimmen, welche Aufsichtsbehörde für welchen Datenverarbeitungssachverhalt eigentlich zuständig ist. Oftmals dürfen auch bestimmte Aufsichtsbehörden keinen Einblick in alle zu verarbeitenden Daten erhalten. So ist etwa eine (unbefugte) Offenbarung von Daten, die dem Patientengeheimnis unterliegen, an manche Aufsichtsbehörden, weil es dafür keine entsprechende Legitimation gibt, unzulässig. Näheres zu den (eingeschränkten) Befugnissen der Aufsichtsbehörden enthält der nachfolgende Abschnitt.

Damit dürften theoretisch – auch wenn dieses in der Praxis gerne anders praktiziert wird – Datenschutzaufsichtsbehörden auch keinen Einblick in Patientendaten erhalten. Dieses dürfte nur die für den Arzt/das Krankenhaus zuständige Ärztekammer. Bei der Datenverarbeitung durch Software-Medizinprodukte ist dieses oftmals auch noch komplizierter, weil in diesen Fällen oftmals die unterschiedlichsten Aufsichtsbehörden beteiligt sein können.

Zusammenfassend sieht man schon, wie kompliziert alleine schon die korrekte Bestimmung der Aufsichtsbehörde im Bereich „Schutz von Daten" sein kann.

Mit Geltung der DSGVO haben sich korrespondierend zu den höheren Bußgeldern auch die Befugnisse/Aufgaben der Datenschutzaufsichtsbehörden verändert. Ob und in wie weit dieses auch Auswirkungen für den Ärztebereich hat, soll im Nachfolgenden dargestellt werden.

Zunächst ist es für die Beantwortung dieser Frage jedoch notwendig, sich zunächst die grundsätzlichen Befugnisse der Aufsichtsbehörde, die ihr durch die DSGVO zugewiesen wurden, vor Augen zu führen.

18.1 Befugnisse der Aufsichtsbehörde

Damit die Aufsichtsbehörde die in Art. 57 aufgeführten Aufgaben ordnungsgemäß erfüllen kann, stattet die DSGVO die Aufsichtsbehörde in Art. 58 mit den dazu nötigen Befugnissen aus. Im Nachfolgenden werden die relevanten Passagen aus Art. 58 zitiert, um dann die bei Ärzten geltenden Besonderheiten besser herausstellen zu können. Art. 58 lautet (auszugsweise):

*„Jede Aufsichtsbehörde verfügt über sämtliche folgenden **Untersuchungsbefugnisse**, die es ihr gestatten,*

a) den Verantwortlichen, den Auftragsverarbeiter und gegebenenfalls den Vertreter des Verantwortlichen oder des Auftragsverarbeiters anzuweisen, alle Informationen bereitzustellen, die für die Erfüllung ihrer Aufgaben erforderlich sind,

b) Untersuchungen in Form von Datenschutzüberprüfungen durchzuführen,

[…]

d) den Verantwortlichen oder den Auftragsverarbeiter auf einen vermeintlichen Verstoß gegen diese Verordnung hinzuweisen,

e) von dem Verantwortlichen und dem Auftragsverarbeiter Zugang zu allen personenbezogenen Daten und Informationen, die zur Erfüllung ihrer Aufgaben notwendig sind, zu erhalten,

f) gemäß dem Verfahrensrecht der Union oder dem Verfahrensrecht des Mitgliedstaats Zugang zu den Geschäftsräumen, einschließlich aller Datenverarbeitungsanlagen und -geräte, des Verantwortlichen und des Auftragsverarbeiters zu erhalten.

Abs. 2

*Jede Aufsichtsbehörde verfügt über sämtliche folgenden **Abhilfebefugnisse**, die es ihr gestatten,*

a) einen Verantwortlichen oder einen Auftragsverarbeiter zu warnen, dass beabsichtigte Verarbeitungsvorgänge voraussichtlich gegen diese Verordnung verstoßen,

b) einen Verantwortlichen oder einen Auftragsverarbeiter zu verwarnen, wenn er mit Verarbeitungsvorgängen gegen diese Verordnung verstoßen hat,

c) den Verantwortlichen oder den Auftragsverarbeiter anzuweisen, den Anträgen der betroffenen Person auf Ausübung der ihr nach dieser Verordnung zustehenden Rechte zu entsprechen,

d) den Verantwortlichen oder den Auftragsverarbeiter anzuweisen, Verarbeitungsvorgänge gegebenenfalls auf bestimmte Weise und innerhalb eines bestimmten Zeitraums in Einklang mit dieser Verordnung zu bringen,

e) den Verantwortlichen anzuweisen, die von einer Verletzung des Schutzes personenbezogener Daten betroffenen Person entsprechend zu benachrichtigen,

f) eine vorübergehende oder endgültige Beschränkung der Verarbeitung, einschließlich eines Verbots, zu verhängen,

g) die Berichtigung oder Löschung von personenbezogenen Daten oder die Einschränkung der Verarbeitung gemäß den Artikeln 16, 17 und 18 und die Unterrichtung der Empfänger, an die diese personenbezogenen Daten gemäß Artikel 17 Absatz 2 und Artikel 19 offengelegt wurden, über solche Maßnahmen anzuordnen,

[...]

i) eine Geldbuße gemäß Artikel 83 zu verhängen, zusätzlich zu oder anstelle von in diesem Absatz genannten Maßnahmen, je nach den Umständen des Einzelfalls,

j) die Aussetzung der Übermittlung von Daten an einen Empfänger in einem Drittland oder an eine internationale Organisation anzuordnen.

Abs. 6

Jeder Mitgliedstaat kann durch Rechtsvorschriften vorsehen, dass seine Aufsichtsbehörde neben den in den Absätzen 1, 2 und 3 aufgeführten Befugnissen über zusätzliche Befugnisse verfügt. Die Ausübung dieser Befugnisse darf nicht die effektive Durchführung des Kapitels VII beeinträchtigen."

Zusammenfassend lässt sich somit feststellen, dass eine Aufsichtsbehörde durchaus als weitreichend zu bezeichnende Untersuchungs- und Abhilfebefugnisse hat. Diese umfassenden Befugnisse kollidieren jedoch oftmals mit den berufsrechtlichen Pflichten eines Arztes wie z. B. der ärztlichen Verschwiegenheitspflicht, die ein sehr hohes Gut der Patientenbehandlung ist. Denn es kann niemals ausgeschlossen werden, dass die Aufsichtsbehörde bei ihren Untersuchungen Kenntnis von Daten erhält, die der ärztlichen Verschwiegenheitspflicht unterliegen. Um diesen Konflikt so gut wie möglich zu lösen, war der EU-Gesetzgeber verpflichtet, diesbezüglich einen entsprechenden Kompromiss zu finden, der zum einen natürlich das Interesse der Aufsichtsbehörde auf umfassende Untersuchungsmöglichkeiten, zum anderen aber natürlich auch das Interesse der Ärzte auf Schutz vor unberechtigter Kenntnisnahme durch eine Behörde ausreichend adressiert. Diesen „Kompromiss" des EU-Gesetzgebers stellt Art. 90 dar.

18.2 Einschränkung

Seit jeher war zwischen Datenschutzaufsichtsbehörden, Ärztekammern, Berufsverbänden usw. umstritten, wie weit die Aufsichtsbefugnisse der Datenschutzaufsichtsbehörden insbesondere bei der Untersuchung in Arztpraxen usw. reichen. Der EU-Gesetzgeber hat diese Frage in der DSGVO adressiert, spielt jedoch bildlich gesagt „den Ball an den nationalen Gesetzgeber" zurück. So heißt es in Art. 90:

*„Die **Mitgliedstaaten** können die **Befugnisse der Aufsichtsbehörden** im Sinne des **Artikels 58 Absatz 1 Buchstaben e und f** gegenüber den Verantwortlichen oder den Auftragsverarbeitern, die nach Unionsrecht oder dem Recht der Mitgliedstaaten oder nach einer von den zuständigen nationalen Stellen erlassenen Verpflichtung dem **Berufsgeheimnis** oder einer gleichwertigen **Geheimhaltungspflicht** unterliegen, **regeln**, soweit dies notwendig und verhältnismäßig ist, um das Recht auf Schutz der personenbezogenen Daten mit der Pflicht zur Geheimhaltung in Einklang zu*

bringen. ***Diese Vorschriften gelten nur in Bezug auf personenbezogene Daten, die der Verantwortliche oder der Auftragsverarbeiter bei einer Tätigkeit erlangt oder erhoben hat, die einer solchen Geheimhaltungspflicht unterliegt.***"

Diese Regelung hat zusammenfassend zur Konsequenz, dass der deutsche Gesetzgeber somit gefordert war, Regelungen zu treffen, um die Zutritts- und Zugangsbefugnisse der Aufsichtsbehörde entsprechend den Anforderungen der berufsrechtlichen Verschwiegenheit entsprechend einzuschränken. Auf Druck entsprechender Organisationen hat der deutsche Bundesgesetzgeber dieses insbesondere in § 29 Abs. 3 BDSG umgesetzt. So heißt es dort:

„Gegenüber den in § 203 Absatz 1, 2a und 3 des Strafgesetzbuchs genannten Personen oder deren Auftragsverarbeitern bestehen die Untersuchungsbefugnisse der Aufsichtsbehörden gemäß ***Artikel 58 Absatz 1 Buchstabe e und f*** *der Verordnung (EU) 2016/679 nicht, soweit die Inanspruchnahme der Befugnisse zu einem Verstoß gegen die Geheimhaltungspflichten dieser Personen führen würde. Erlangt eine Aufsichtsbehörde im Rahmen einer Untersuchung Kenntnis von Daten, die einer Geheimhaltungspflicht im Sinne des Satzes 1 unterliegen, gilt die Geheimhaltungspflicht auch für die Aufsichtsbehörde."*

§ 29 Abs. 3 BDSG legt damit fest, dass die grundsätzliche Befugnis einer staatlichen Aufsichtsbehörde, Zugang zu allen von ihr benötigten personenbezogenen Daten zu erhalten, bei einem Geheimnisträger und seinen Auftragsverarbeitern **keine Anwendung** findet, wenn die entsprechenden Daten, auf die die Aufsichtsbehörde zugreifen könnte, (auch) vom Geheimnisschutz erfasst sind. Das Gleiche gilt hinsichtlich der Verpflichtung des Geheimnisträgers, der Aufsichtsbehörde Zutritt zu den Geschäftsräumen, einschließlich aller Datenverarbeitungsanlagen und -geräte zu erteilen, wenn dadurch die Gefahr besteht, dass die Aufsichtsbehörde von den Daten, die dem Geheimnisbereich unterliegen, Kenntnis erlangen könnte.

Mithin bleibt es nach wie vor dabei, dass für die Daten, die vom Geheimnisschutz erfasst sind, im Prinzip ausschließlich die jeweilige (Berufs-) Kammer die zuständige Aufsichtsbehörde ist. Die staatlichen Datenschutzaufsichtsbehörden sind damit primär für die reine Überprüfung der technischen organisatorischen Maßnahmen zuständig. Die Ärztekammern dürften damit weiterhin für die Überwachung der Einhaltung der ärztlichen Verschwiegenheitspflicht zuständig sein.

Darüber hinaus erweitert § 29 Abs. 3 S. 2 BDSG die Geheimhaltungspflicht des Geheimnisverpflichteten auf etwaige Auftragsverarbeiter/gemeinsame Datenverarbeiter hinsichtlich aufsichtsbehördlicher Maßnahmen, wie z. B. Kontrollen/Untersuchungen bei einem IT-Dienstleister, der als Auftragsverarbeiter für den Geheimnisträger tätig wird. Um zu vermeiden, dass bspw. die Auftragsverarbeiter der Geheimnisträger vertragsbrüchig werden, wenn sie die ihnen anvertrauten Daten gegenüber den Aufsichtsbehörden offenlegen müssten, erfasst § 29 Abs. 3 BDSG neben den Geheimnisverpflichteten deshalb auch den Auftragsverarbeiter. Daher entspricht diese Regelung dem § 97 Strafprozessordnung (StPO).

Diese Erweiterung des Bereichs der Geheimnisverpflichteten ist auch insofern konsequent, als diese Neuregelung komplementär zum neugefassten § 203 Abs. 4 Strafgesetzbuch (StGB) ist. Zwingend erforderlich ist diesbezüglich jedoch, dass der Auftragsverarbeiter auf seine Verschwiegenheitspflicht und die diesbezüglich daraus resultierenden Pflichten verpflichtet wird.

PRAXIS-TIPP

In Übereinstimmung mit den bislang geltenden Rechtsprechungsgrundsätzen dürfte es für den Ausschluss der Kontrollbefugnisse ausreichen, wenn der Arzt, die Arztpraxis, das MVZ die an sie gerichteten Auskunfts-, Zugangs- und Betretungsgesuche der Aufsichtsbehörde mit dem schlichten Hinweis auf einen möglichen Verstoß gegen seine Geheimhaltungspflichten zurückweist.

Eine genaue Darstellung, wieso dies der Fall ist, dürfte aufgrund der Stellung als Berufsgeheimnisträgers grundsätzlich entbehrlich sein. Dieses dürfte jedoch wiederum nicht für die Fälle gelten, in denen Geheimhaltungspflichten offensichtlich nicht in Betracht kommen. Solche Fälle dürften bspw. Kontrollen wegen Verstoßes gegen Bestimmungen des Beschäftigtendatenschutzes darstellen. In solchen Fällen muss der Arzt darlegen, wieso in diesem Fall seine Geheimhaltungspflicht tangiert ist und die Datenschutzaufsichtsbehörde daher zur Durchführung ihrer Kontrollen nicht befugt ist.

Ebenso dürfte der Kontrollausschluss keine Anwendung finden, wenn die Aufsichtsbehörde eine Einwilligung des von der Geheimhaltungspflicht betroffenen Patienten vorlegen kann. Insoweit verbliebe nur dann ein Zurückweisungsrecht des Arztes, wenn neben dem einwilligenden Patienten gleichzeitig auch andere Patienten vom konkreten Auskunfts-, Zugangs- und Betretungsverlangen der Aufsichtsbehörde betroffen sein können.

Durch die Einschränkung der aufsichtsbehördlichen Befugnisse wird abermals deutlich, dass der Schutz der ärztlichen Verschwiegenheitspflicht ein sehr hohes Gut ist, um das Vertrauensverhältnis zwischen Arzt und Patient unbedingt zu schützen.

Was jedoch durch den Wortlaut von Art. 90 und § 29 Abs. 3 BDSG auch deutlich wird, ist, dass sich die Einschränkung der Befugnisse lediglich auf die Zugangs- und Zutrittsbefugnisse der Aufsichtsbehörde beschränken, wenn dabei die Gefahr besteht, dass die Aufsichtsbehörde Kenntnis von Daten bekommen würde, die sich auf die ärztliche Verschwiegenheitspflicht beziehen. Daraus folgt wiederum, dass sämtliche andere Befugnisse der Aufsichtsbehörde gegenüber den Ärzten weiterhin bestehen bleiben.

Soweit jedoch bspw. eine Regelung wie Art. 58 Abs. 1 a) den Arzt dazu verpflichtet, der Aufsichtsbehörde auf Anweisung alle Informationen bereitzustellen, sollte ein Arzt darauf achten, dass er der Aufsichtsbehörde nur die Informationen zur Verfügung stellt, die keinen Rückschluss auf Informationen, die das Patientengeheimnis einbeziehen, zulassen. In einem solchen Fall sollte er die Fragen eher allgemein beantworten und vermeiden, patientenbezogene Informationen mitzuteilen.

19 Verstöße gegen die DSGVO/ den Schutz von Daten und drohende Sanktionen

Um ehrlich zu sein: Vor Geltung der DSGVO hat keiner den Datenschutz so wirklich ernstgenommen. Warum? Na, weil keine ernsthaften Sanktionen bei einem Verstoß gegen den Datenschutz drohten. Die Sanktionen, die drohten, waren im Prinzip nicht der Rede wert. Darüber hinaus wurden sie von den Aufsichtsbehörden/Gerichten nur in seltenen Ausnahmefällen verhängt. All dieses führte dazu, dass der Datenschutz seit jeher eine stiefmütterliche Rolle einnahm, auch wenn, wie in *Kapitel 3* (*DSGVO als Revolution oder Evolution*) beschrieben, die damals schon existierenden Regelungen sehr ähnlich zu denen der DSGVO waren. Das, was heute gefordert ist, war eigentlich früher schon gefordert, doch hat es halt keinen so wirklich interessiert ...

Wie in *Kapitel 2* (*Gesetzesdschungel*) dargestellt, ist der Datenschutz nur ein Teil des Bereichs „Schutz von Daten". Das wiederum hat zur Konsequenz, dass für einen Datenschutzverstoß weitere, nicht von der DSGVO oder dem BDSG vorgesehene Sanktionen verhängt werden können, die man ebenfalls nicht auf die leichte Schulter nehmen sollte. Die jeweiligen Sanktionsmöglichkeiten sind, weil sie aus den unterschiedlichsten Rechtsgebieten stammen, auch getrennt voneinander zu betrachten und zu prüfen. Ferner unterscheiden sich auch die Akteure (Personen/Behörden) in diesen Fällen. Bei einem Verstoß gegen den „Schutz von Daten" können daher diese Sanktionen kumulativ auf einen Arzt/eine Praxis „einprasseln".

So ist es etwa nicht unwahrscheinlich, dass sich bei einem schwerwiegenden, sehr umfangreichen „Datenschutz-"Verstoß ein Arzt/eine Praxis bspw. einem behördlichen Datenschutz-Bußgeldverfahren mit einem nicht zu unterschätzenden Bußgeld sowie ggf. einem strafrechtlichen und sogar berufsrechtlichen Verfahren ausgesetzt sehen kann. Zusätzlich ist auch ein zivilgerichtliches Schadensersatzverfahren eines Geschädigten gegen einen Arzt/eine Praxis denkbar. Ist der „Täter" Angestellter in der Praxis, können ihn durchaus auch arbeitsrechtliche Konsequenzen treffen.

!

Es gilt, sich immer klarzumachen, dass „Verantwortlicher" nicht nur der jeweilige Arzt/die Praxis ist. Vielmehr kann es auch bspw. ein Mitarbeiter des Arztes/der Praxis sein, der im Alleingang (in Eigenverantwortung) Daten verarbeitet (z. B. an die Presse oder Pharmaunternehmen, etc. verkauft). Darauf sollte man seine Mitarbeiter auch in entsprechenden Sensibilisierungsschulungen aufmerksam machen.

Auch ein Auftragsverarbeiter, der im „Alleingang" Daten verarbeitet, wird von Gesetzes wegen schnell zu einem eigenständigen Verantwortlichen für diese Verarbeitung (siehe Art. 28 Abs. 10 und *Kapitel 17.3.6*). Darüber hinaus kann auch ein „gemeinsamer Verantwortlicher" „Verantwortlicher" sein (*vgl. Kapitel 17.2.4*) sowie ein Verantwortlicher, der die Daten des Arztes/der Praxis eigenverantwortlich verarbeitet (*vgl. Kapitel 17.4*).

Ein Aspekt, den man bei den Sanktionen des Datenschutzes möglicherweise auch noch nicht so wirklich auf dem „Schirm" haben dürfte, ist das Zusammenspiel der gerichtlichen/behördlichen Verfahren mit der in *Kapitel 7.10* dargestellten „Rechenschaftspflicht". Wie dargestellt, bringt diese Pflicht mit sich, dass ein Verantwortlicher (Arzt/Praxis) alles für den Datenschutz Wesentliche dokumentieren muss, um sich bei einem Vorwurf, dass er gegen den Datenschutz verstoßen habe, zu verteidigen und sich vom Vorwurf „exkulpieren" zu können. Durch die mit der Rechenschaftspflicht verbundene Beweislastumkehr auf den Verantwortlichen ändert sich damit möglicherweise auch die Frage der Beweislast in den jeweiligen gerichtlichen Verfahren.

Um den Sanktionen zu entgehen, muss man daher als Verantwortlicher (Arzt/Praxis) beweisen, dass man alles richtig gemacht hat. Gerade weil alles aufgeschrieben/dokumentiert sein muss, werden möglicherweise die Aufsichtsbehörden/Staatsanwaltschaften/Gerichte usw. immer mehr auf diese Dokumente auch in gerichtlichen Verfahren zurückgreifen wollen. Ob sich meine diesbezügliche Vermutung in der Praxis bestätigen wird, bleibt abzuwarten. Man sollte jedoch als Arzt/Praxis darauf vorbereitet sein, um nicht auf dem „falschen Fuß" erwischt zu werden.

Die bei einem Datenschutzverstoß drohenden „Sanktionsmöglichkeiten", finden sich in Art. 82–84. Aufgrund der in diesen Regelungen enthaltenen Öffnungsklauseln finden sich diesbezüglich konkretisierende Regelungen auch im BDSG (§§ 41–43 BDSG). Somit beinhalten die DSGVO und ggf. das BDSG Regelungen zu Haftung/Schadensersatz von Geschädigten sowie Regelungen zu Bußgeldern, die von Aufsichtsbehörden verhängt werden können. Darüber hinaus finden sich Regelungen zu „sonstigen" Sanktionen, die im Wesentlichen mit dem Datenschutz-Strafrecht zusammenhängen.

Im Nachfolgenden sollen diese relevanten Regelungen der DSGVO und des BDSG komprimiert zusammengefasst dargestellt werden. Daran anschließend erfolgt eine kurze Darstellung weiterer, für einen Arzt/eine Praxis relevanter, nicht von der DSGVO erfassten Sanktionsmöglichkeiten, die jedoch immer in Zusammenhang mit einem Datenschutzverstoß im Hinterkopf behalten werden sollten.

19.1 Haftung und Recht auf Schadensersatz

Art. 82 sieht die Möglichkeit eines Geschädigten (z. B. Patient) vor, Schadenersatz vom Verantwortlichen oder vom Auftragsverarbeiter zu verlangen, wenn ihm wegen eines Verstoßes gegen die Regelungen der DSGVO ein (materieller oder immaterieller) Schaden entstanden ist. Insofern kann ein Geschädigter materielle Schäden, die aufgrund einer Datenschutzverletzung entstanden sind, wie bspw. Vermögensschäden oder Schäden an der Gesundheit, gegenüber dem Arzt/der Praxis aber möglicherweise auch gegenüber einem eingeschalteten Auftragsverarbeiter geltend machen. Darüber hinaus ist es mit Art. 82 aber nunmehr auch möglich, dass der Geschädigte immaterielle Schäden, wie z. B. Ehrverletzungen, als Schmerzensgeldanspruch geltend machen kann.

In diesem Zusammenhang fällt auf, dass sich die DSGVO gerade nicht nur an den „Betroffenen" wendet. Vielmehr bezieht sich Art. 82 auf jede Person, die in ihren Rechtsgütern durch den Verstoß gegen die Regelungen der DSGVO einen wie auch immer gearteten Schaden erlitten hat.

Viele der in Art. 82 enthaltenen Regelungen bringen für Deutschland, u. a. aufgrund der bisherigen BGB-Haftungsregelungen sowie der diesbezüglich umfangreichen und weit entwickelten Rechtsprechung, nicht viel Neues. Im Grundsatz gilt daher, dass ein Verantwortlicher (Arzt/Praxis) für den Schaden haftet, der durch eine nicht mit der DSGVO in Einklang stehenden Verarbeitung (vorsätzlich oder fahrlässig) verursacht wurde!

Ein Auftragsverarbeiter, der im Auftrag des Arztes/der Praxis tätig wird, haftet für den durch seine Verarbeitung verursachten Schaden nur dann, wenn er seine Pflichten (*vgl. Kapitel 17.3*) nicht beachtet, gegen Anweisungen verstoßen oder eigenverantwortlich gehandelt hat.

Der Verantwortliche oder der Auftragsverarbeiter wird jedoch gem. Art. 82 Abs. 3 von der Haftung befreit, wenn er nachweisen kann, dass er in keinerlei Hinsicht für den Umstand, durch den der Schaden eingetreten ist, verantwortlich ist. Auch hierin spiegelt sich das in *Kapitel 7.10* näher behandelte Rechenschaftsprinzip wider. Denn der Verantwortliche/Auftragsverarbeiter muss nachweisen, dass ihn kein Verschulden am Schaden trifft, was er wiederum nur kann, wenn er alles entsprechend dokumentiert hat.

Falls mehrere Schadensverursacher an einer unzulässigen Datenverarbeitung beteiligt sind und jeder von ihnen für den Schaden verantwortlich ist, haftet jeder einzeln für den gesamten Schaden (vgl. § 421 BGB – gesamtschuldnerische Haftung). Aus dieser sog. gesamtschuldnerischen Haftung resultiert wiederum, dass ein Verantwortlicher oder Auftragsverarbeiter, der den vollständigen Ersatz für den erlittenen Schaden dem Geschädigten geleistet hat, von den übrigen Schadensverursachern entsprechend ihrem Verschuldensanteil den jeweiligen Teil des Schadenersatzes einfordern kann (*vgl. hierzu auch Kapitel 17*). Mit den Schadenersatzverfahren sind die Gerichte zu befassen, die nach den Rechtsvorschriften des Mitgliedstaats zuständig sind. In Deutschland dürften das regelmäßig die Zivilgerichte (Landgerichte bei einem Streitwert ab 5 000 €) sein.

Doch gerade weil es oftmals schwer ist, einen Schaden wegen eines Datenschutzverstoßes zu beziffern und vor Gericht geltend zu machen, dürfte ein Arzt/eine Praxis eher vor den drohenden Bußgeldern Sorge haben.

19.2 Verhängung von (verhältnismäßigen) Bußgeldern

Art. 83 ist möglicherweise einer der Hauptgründe, weshalb viele Verantwortliche (Ärzte/Praxen) aber auch Auftragsverarbeiter sich mit den Regelungen der DSGVO intensiv auseinandersetzen. Die hohen in der DSGVO vorgesehenen Geldbußen sind meiner Erfahrung nach durchaus geeignet, eine abschreckende Wirkung zu entfalten und zu bewirken, dass den DSGVO-Regelungen eine immer größere Bedeutung beigemessen wird, was wiederum durchaus zu einem gewissen „Umdenken" führen kann.

So sieht Art. 83 vor, dass Aufsichtsbehörden neben ihren übrigen Maßnahmen empfindliche Geldbußen verhängen können, die in jedem Fall

- wirksam,
- verhältnismäßig, aber immer auch
- **abschreckend**

sein müssen. Durch das Wort „abschreckend" wird meiner Ansicht nach deutlich, dass die deutschen Aufsichtsbehörden nicht mehr an ihrer „wohlwollenden Bußgeldpraxis" festhalten können. Vielmehr muss durch das Bußgeld dem Verantwortlichen (Arzt/Praxis) bzw. Auftragsverarbeiter aufgezeigt werden, dass Datenschutz kein „Kindergeburtstag" ist. Je nach Einzelfall kann daher die Behörde anstelle oder zusätzlich zu ihren Maßnahmen Bußgelder verhängen, wobei die Frage, ob eine Geldbuße verhängt werden und wie hoch diese sein soll, von folgenden Faktoren abhängen soll:

- Art, Schwere und Dauer des Verstoßes (Intensität)
- Vorsätzlichkeit oder Fahrlässigkeit des Verstoßes
- Maßnahmen zur Minderung des den betroffenen Personen entstandenen Schadens
- Grad der Verantwortung des Verantwortlichen oder des Auftragsverarbeiters
- frühere Verstöße des Verantwortlichen oder des Auftragsverarbeiters
- Umfang der Zusammenarbeit mit der Aufsichtsbehörde, um abzuhelfen und nachteilige Auswirkungen zu mindern
- Kategorien personenbezogener Daten, die von dem Verstoß betroffen sind
- Art und Weise, wie der Verstoß der Aufsichtsbehörde bekannt wurde (eigenständige Meldung des Arztes/der Praxis?)
- Einhaltung der in Bezug auf denselben Gegenstand (in der Vergangenheit) angeordneten Maßnahmen
- Einhaltung von genehmigten Verhaltensregeln nach Artikel 40 oder genehmigten Zertifizierungsverfahren nach Artikel 42
- sämtliche weiteren erschwerenden oder mildernden Umstände im jeweiligen Einzelfall wie
  - durch den Verstoß erlangte finanzielle Vorteile oder
  - vermiedene Verluste

Die zu verhängenden Geldbußen können daher je nach Verstoß im Einzelfall naturgemäß unterschiedlich hoch ausfallen. Wichtig ist jedoch, dass eine Behörde bei Verhängung des Bußgelds immer diese Erwägungsgründe heranzieht und in seinem Bußgeldbescheid dazu Stellung bezieht.

Für den Fall, dass ein Arzt/eine Praxis oder ein Auftragsverarbeiter mehrere gleichartige Datenschutzverstöße begangen haben sollte, darf der Gesamtbetrag der Geldbuße nicht den Betrag des schwerwiegendsten Verstoßes übersteigen. Mithin gilt es in einem solchen Fall, eine „Gesamtstrafe" zu bilden, deren Betragsgrenze der am höchsten zu bewertende Verstoß ist.

Beim „kleinen" Bußgeld gem. Art. 83 Abs. 4 können Geldbußen von

- bis zu 10 000 000 EUR oder
- im Fall eines Unternehmens (MVZ, Krankenhaus etc.) von bis zu 2 % seines gesamten weltweit erzielten Jahresumsatzes des vorangegangenen Geschäftsjahrs (je nachdem, welcher der Beträge höher ist)

verhängt werden.

Das kleine Bußgeld kann bspw. verhängt werden bei Verstößen gegen

- die Pflichten des Verantwortlichen/Auftragsverarbeiters, wie z. B. der „Sicherheit" (*siehe Kapitel 12*),
- die Einbeziehung in die Datenverarbeitung von Externen (*siehe Kapitel 17*),
- die Datenschutzfolgenabschätzung (*siehe Kapitel 14*),
- die Meldepflichten (*siehe Kapitel 13*) oder
- die Bestellung eines Datenschutzbeauftragten (*siehe Kapitel 15*).

Beim „großen" Bußgeld gem. Art. 83 Abs. 5 können Geldbußen von

- bis zu 20 000 000 EUR oder
- im Fall eines Unternehmens (MVZ, Krankenhaus etc.) von bis zu 4 % seines gesamten weltweit erzielten Jahresumsatzes des vorangegangenen Geschäftsjahrs (je nachdem, welcher der Beträge höher ist),

verhängt werden, wenn gegen Folgendes verstoßen wird:

- die Grundprinzipien des Datenschutzes gem. Art. 5 (*siehe Kapitel 7*)
- die Legitimationen der Verarbeitung, einschließlich der Bedingungen für die Einwilligung, gemäß den Art. 6, 7, 9 (*siehe Kapitel 8*)
- die Rechte der betroffenen Person gemäß den Art. 12 bis 22 (*siehe Kapitel 9*),
- die Übermittlung personenbezogener Daten an einen Empfänger in einem Drittland gem. Art. 44 bis 49,
- die Vorgaben in besonderen Verarbeitungssituationen, wie bspw. wissenschaftliche Forschung, Beschäftigtendatenschutz, sowie
- bei Nichtbefolgung von Anweisungen einer Aufsichtsbehörde.

Wie die Behörden ihre Bußgeldpraxis gestalten werden, bleibt abzuwarten. Insbesondere wird es auch interessant werden zu sehen, wie sie festmachen, ob bei einem Verstoß der große oder kleine Bußgeldrahmen eröffnet sein soll. Denn wie schnell klar werden sollte, dürfte jeder Verstoß gegen die Regelungen der DSGVO einen Verstoß gegen die Grundprinzipien gemäß Art. 5 darstellen. Damit wäre strenggenommen immer der große Bußgeldrahmen eröffnet …

Die Ausübung der Befugnisse einer Aufsichtsbehörde darf jedenfalls niemals willkürlich sein und muss sich immer im ordnungsgemäßen Ermessen bewegen.

Weil die Verhängung von Bußgeldern dem Ordnungswidrigkeits-/Strafverfahren zuzuordnen ist, enthält Art. 82 eine entsprechende nationale Öffnungsklausel, von der der deutsche

Gesetzgeber durch die Regelungen in § 41 und § 43 BDSG (im entsprechenden Umfang) regen Gebrauch gemacht hat. So sieht § 41 Abs. 1 vor, dass für Verstöße gegen die DSGVO (Art. 83 Abs. 4–6) das Gesetz für Ordnungswidrigkeiten (OwiG) Anwendung findet. Weil der Bereich des OwiG ein durchaus komplexes und verschachteltes Konstrukt ist, wird vorliegend auf die weiteren Ausführungen verzichtet. Sollte gegen einen Arzt/eine Praxis ein Bußgeld verhängt worden sein, empfiehlt sich immer die Einschaltung eines auf diesen Bereich spezialisierten Rechtsanwalts.

Was durch den Verweis auf das OwiG jedoch deutlich wird, ist, dass ein Verstoß gegen den Datenschutz nicht nur eine Ordnungswidrigkeit, sondern in manchen Fällen sogar eine Straftat darstellen kann. Auch dieser Thematik widmet sich die DSGVO mit der Vorschrift von Art. 84.

19.3 Sanktionen (Datenschutzstrafrecht)

Wie bisher können Verstöße gegen das Datenschutzrecht eine Straftat darstellen. Da jedoch der EU-Gesetzgeber hinsichtlich der genauen Ausgestaltung der Strafrechtsregelungen keine ausschließliche Regelungsbefugnis hatte, ist der in der DSGVO diesbezüglich relevante Art. 84 relativ „schmal" gehalten und stellt im Prinzip eine einzige nationale Öffnungsklausel dar. Durch diese wurde es den Mitgliedstaaten ermöglicht, eigene Sanktionen bzw. Vorschriften über (andere) Sanktionen für Datenschutzverstöße festzulegen, für die die DSGVO keine eigenständigen Sanktionen vorsieht. Der deutsche Gesetzgeber hat von dieser Öffnungsklausel mit der Regelung des § 42 BDSG Gebrauch gemacht.

So sieht § 42 Abs. 1 nunmehr Freiheitsstrafen von bis zu drei Jahren oder Geldstrafen vor, wenn der Täter wissentlich (und willentlich) unberechtigt (ohne entsprechende Legitimation) nicht allgemein zugängliche personenbezogenen Daten einer großen Zahl von Personen entweder einem Dritten übermittelt oder dem Dritten auf eine andere Art und Weise zugänglich macht und dabei gewerbsmäßig handelt.

Ein Fall, der von § 42 Abs. 1 BDSG erfasst sein könnte, wäre bspw. der, in dem ein Arzt oder eine Arzthelferin wiederholt (nicht nur einmalig) einem Pharmaunternehmen ohne die dazu notwendige Berechtigung (keine Legitimation), gegen entsprechende Bezahlung (gewerbsmäßig), (nicht allgemein zugängliche/bekannte) Gesundheitsdaten von einer nicht unerheblichen Anzahl seiner Patienten (< 10) verschafft.

§ 42 Abs. 2 BDSG enthält einen weiteren Straftatbestand, der mit bis zu zwei Jahren Freiheitsstrafe oder Geldstrafe sanktioniert werden kann. Dieser ist ziemlich offen formuliert und stellt die entgeltliche wirtschaftliche Bereicherungsabsicht des Täters in den Mittelpunkt. So muss der Täter zur Erfüllung dieses Straftatbestands nicht allgemein zugängliche, personenbezogene Daten, entweder

- verarbeiten, ohne hierzu berechtigt zu sein, oder
- sich die Daten durch unrichtige Angaben (Täuschung) erschlichen haben,

und zwar

- gegen Entgelt (bspw. durch entgeltlichen Verkauf) oder
- mit einer entsprechenden Bereicherungsabsicht (also mit der Absicht, sich oder einen Dritten bereichern zu wollen).

Auch hier wird es spannend werden zu sehen, wie eng oder weit die Gerichte diese Vorschrift auslegen. Bei einer engen Auslegung könnten möglicherweise viele der heute gängigen gewerblichen Datenverarbeitungspraxen, bei denen bspw. Verbraucher durch falsche Angaben getäuscht werden und ihre Daten preisgeben, neben einem Bußgeldtatbestand auch noch einen Straftatbestand erfüllen.

Wie bisher stellen die Straftaten des neuen BDSG gem. § 42 Abs. 3 sog. Antragsdelikte dar. Das bedeutet, dass die entsprechende Straftat nur auf entsprechenden Antrag verfolgt wird.

Antragsberechtigt sind insofern der Betroffene (der Patient), der (betroffene und möglicherweise getäuschte) Verantwortliche, der Bundesbeauftragte und die entsprechende (Landes-) Aufsichtsbehörde.

Die DSGVO sieht in Art. 84 Abs. 1 S. 2 BDSG ferner vor, dass alle Sanktionen, genauso wie Geldbußen (vgl. Art. 83) stets wirksam, verhältnismäßig und abschreckend sein müssen.

Neben den vorstehend dargestellten, existieren im Bereich „Schutz von Daten" wie gesagt noch weitere Sanktionsmöglichkeiten, die neben denen der DSGVO im Einzelfall Anwendung finden können und durchaus nicht zu verachten sind.

19.4 Weitere Möglichkeiten/Maßnahmen, die bei Verstoß gegen die DSGVO drohen

Wie in *Kapitel 2* aufgezeigt, sind die datenschutzrechtlichen Sanktionsregelungen nicht die einzigen aus dem Bereich Schutz von Daten, die Sanktionen bei einem Verstoß vorsehen.

So sollte sich ein Arzt als Verpflichteter der berufsrechtlichen ärztlichen Verschwiegenheitspflicht (siehe § 9 MBO-Ä) immer diesen Regelungen, die seit Jahrtausenden Relevanz haben, bewusst sein. Denn ein Verstoß gegen diese Pflicht kann durchaus als „unzulässiges und unwürdiges Verhalten" im Sinne von § 3 Abs. 1 Nr. 2 der Bundesärzteordnung (BOÄ) gewertet werden, das in extremen Fällen den Entzug seiner Approbation zur Folge haben kann. Da ein Verstoß gegen die ärztliche Schweigepflicht auch einen Straftatbestand darstellt (siehe § 203 StGB), droht neben den berufsrechtlichen Konsequenzen u. U. noch eine strafrechtliche Geld- oder Freiheitsstrafe.

Begeht ein Mitarbeiter des Arztes/der Praxis einen schweren Datenschutzverstoß, der zugleich auch einen Verstoß gegen die ärztliche Verschwiegenheitspflicht darstellt, der er als berufsmäßig tätiger Gehilfe des Arztes unterliegt, können ihn auch arbeitsrechtliche Konsequenzen treffen. Ein schwerer Verstoß gegen den Datenschutz bzw. die ärztliche Verschwiegenheitspflicht rechtfertigt in jedem Fall eine Abmahnung. Meistens dürfte ein solcher schwerer Verstoß aber sogar auch die Voraussetzungen für eine außerordentliche, fristlose Kündigung erfüllen.

Daneben besteht auch die Möglichkeit, dass ein Patient wegen Verletzungen des „Schutzes von Daten", die durchaus auch als eine Haupt- bzw. Nebenpflicht des Behandlungsvertrag gesehen werden können, zivilrechtlich, den Arzt/die Praxis wegen vertraglicher Pflichtverletzung in Regress nehmen kann.

Auch die nicht-ordnungsgemäße Absicherung/Schutzvorkehrung von Medizinprodukten, die sich daran anschließende „falsche Datenverarbeitung" und ein daraus resultierender gesundheitlicher Schaden eines Patienten, kann u. U. auch als vertragliche Nebenpflichtsverletzung gesehen werden, die den geschädigten Patienten zum Schadensersatz berechtigt.

Neben diesen Sanktionen beinhalten fast alle der in *Kapitel 2* aufgeführten Gesetze auch eigene Sanktionsmöglichkeiten, deren Darstellung jedoch den vorliegenden Rahmen sprengen würde.

20 Nützliche Internetadressen

Die Datenschutz-Grundverordnung (DSGVO) im Wortlaut:
https://eur-lex.europa.eu/legal-content/DE/TXT/?uri=celex%3A32016R0679

Das Bundesdatenschutzgesetz (BDSG) im Wortlaut:
http://www.gesetze-im-internet.de/bdsg_2018/index.html

Unterschiedliche Kurzpapiere der Aufsichtsbehörden, die einen guten Überblick über wesentliche Themen der DSGVO geben:
https://www.datenschutzkonferenz-online.de/kurzpapiere.html

Die Kassenärztliche Bundesvereinigung und diverse Dokumente zum Datenschutz:
https://www.kbv.de/html/datensicherheit.php

Die Deutsche Gesellschaft für Medizinische Informatik, Biometrie und Epidemiologie (GMDS) e.V. mit mannigfaltigen Dokumenten, an denen ich zumeist mitgewirkt habe, und diversen weiterführenden Links rund um das Thema Gesundheitsdatenschutz:
http://www.ds-gvo.gesundheitsdatenschutz.org/html/index.php

Ein Blog, der sich mit diversen Themen der Informationssicherheit kritisch auseinandersetzt:
https://www.kuketz-blog.de/

Nachwort des Verfassers

Bewusst habe ich das Kapitel „Sanktionen“ ans Ende dieses Buches gestellt, um nochmals eindrücklich darauf hinzuweisen, wie wichtig es heutzutage ist, den „Schutz von Daten“ ernst zu nehmen. Die bei einer unzulässigen Datenverarbeitung drohenden Sanktionen sind traurigerweise meiner Ansicht nach das einzig wirksame Mittel, um deutlich zu machen, wie wichtig der Respekt vor dem Anderen/dem Patienten und wie wichtig die Wahrung des Vertrauens in die Ärzteschaft eigentlich ist. Durch diese hohen, mannigfaltigen Sanktionen dürfte sich, wenn man selber oder ein Bekannter von ihnen erwischt wurde, der durchaus anerkannte Erziehungsgrundsatz „Lernen durch Schmerzen“ schnell bewahrheiten. Denn wenn man selber oder ein enger Bekannter mal ein „abschreckendes“ Bußgeld bezahlt hat, wird man höchstwahrscheinlich diesen Fehler nicht nochmals machen und den Schutz der Daten ein wenig ernster nehmen …

Es kann und darf jedenfalls nicht sein, dass der Einsatz von immer mehr IT bzw. wahlloser Digitalisierung dazu führt, dass wir immer mehr unseren Nächsten vergessen bzw. sein Wohl vernachlässigen. Gerade weil Patienten den von ihnen ausgewählten Ärzten einen hohen Vertrauensvorschuss entgegenbringen, muss der Arzt heute mehr denn je alles daransetzen, dieses Vertrauen nicht zu enttäuschen. Um dieses zu gewährleisten, ist es meiner Ansicht nach beim vermehrten Einsatz von IT erforderlich, in gewisser Weise umzudenken. Ein Arzt sollte sich daher immer darüber im Klaren sein, dass die Daten des Patienten bzw. des Betroffenen nicht irgendwelche Zahlen, Buchstaben usw. sind. Vielmehr steckt hinter diesen Daten immer eine lebende Person. Aus diesem Grund gilt es auch, diesen vermeintlich unbedeutenden Zahlen und Buchstaben denselben Respekt entgegenzubringen wie dem menschlichen Patienten bzw. Betroffenen.

Die erhöhten Maßnahmen, die zum Schutz dieser Daten getroffen werden müssen, sind daher im Prinzip die bittere Pille, die man schlucken muss, um die rechtlichen Anforderungen beim Einsatz von immer mehr vernetzter IT zu erfüllen. Um all diese gesetzlich geforderten Maßnahmen erfüllen zu können, ist das A und O die Schaffung von Transparenz über die Datenverarbeitung. Denn nur, wenn man den Durchblick über seine Prozesse gewonnen hat, ist man in der Lage, diese rechtlichen Anforderungen zu erfüllen und anderen den Durchblick zu verschaffen. Ferner wird man dann möglicherweise sogar ein „Optimierungspotenzial" feststellen, weshalb die Schaffung von Transparenz oftmals nicht das Schlechteste ist. In diesem Zusammenhang eine kleine Anekdote: Im „DSGVO-Wahn" im Jahre 2018 durfte ich einige Arztpraxen hinsichtlich des „Datenschutzes" beraten. Ich kann nur sagen, es war nicht einfach, die „schlechten Nachrichten" zu überbringen. Vielmehr traf ich auf viel Gegenwehr. Insbesondere die Transparenzschaffung erwies sich oftmals als sehr umfangreiches und konfliktbehaftetes Unterfangen. Nachdem jedoch erst einmal Transparenz geschaffen war, kam es sogar dazu, dass einige Mandanten sich bei mir entschuldigten. Sie teilten mir mit, dass sie ja wohl oft über mich geschimpft hätten, mir aber letzten Endes sogar sehr dankbar seien. Denn weil sie nun endlich Transparenz haben, wissen sie zum ersten Mal wirklich, was sie eigentlich tun und was noch zu tun ist …

Auch wenn es nicht zeitgemäß klingen mag, ist es sicher auch oftmals nicht das Schlechteste, ein wenig „digitale Demut" an den Tag zu legen. Man sollte daher der IT immer mehr mit „Respekt" bzw. Vorsicht begegnen. Daher sollte man in all dem in den Medien verbreiteten Digitalisierungswahn sich immer offen und ehrlich damit auseinandersetzen, ob die IT, die man einsetzen will, wirklich zwingend erforderlich ist. Denn möglicherweise übersteigen die Risiken, die mit dem Einsatz von immer mehr, immer vernetzterer IT einhergehen, schnell den Mehrwert, den man aus dieser Digitalisierung eigentlich ziehen will. Oder anders gesagt: Vielleicht holt man sich mit der „modernen" IT mehr Probleme ins Haus, als einem lieb ist.

Zusammenfassend stellen für mich im Prinzip die Kernvorgaben der DSGVO die jahrtausendealte und bewährte sog. „Goldene Regel" dar, die da lautet:

„Das, was du nicht willst, das man dir antut, tue auch keinem anderen an!"

Insofern sollte man daher als Arzt, trotz all dem Stress und Trouble, der im Praxisalltag herrscht, niemals die Empathie mit dem Patienten zu kurz kommen lassen. Denn nur, wenn man den Patienten und damit auch seine Daten offen, respektvoll und vertrauenswürdig behandelt, erfüllt man das, was man eigentlich bei der Aufnahme in die Ärzteschaft (den Eid des Hippokrates) geschworen hat. Nur dann ist es auch meiner Ansicht nach möglich, das Vertrauen in die Ärzteschaft auch noch im 21. Jahrhundert zu wahren und möglicherweise sogar zu festigen.

In diesem Sinne hoffe ich, dass ich Ihnen mit dem vorliegenden Buch einige wichtige Tipps an die Hand geben und möglicherweise auch eine andere, menschenfreundlichere Sicht auf den Datenschutz geben konnte.

Mit den besten Grüßen

Ihr Gerald Spyra

Stichwortverzeichnis